U0621725

国家社会科学基金（教育学）重大项目（VDA200004）阶段性研究成果
北京外国语大学"双一流"建设标志性项目（BW202018）阶段性研究成果

"一带一路"国家文化教育大系　　　　　总主编　王定华

新西兰文化教育研究

New Zealand
Culture and Education

徐瑞　徐一帆 著

外语教学与研究出版社
FOREIGN LANGUAGE TEACHING AND RESEARCH PRESS
北京 BEIJING

图书在版编目 (CIP) 数据

新西兰文化教育研究 / 徐瑞，徐一帆著. —— 北京 ：外语教学与研究出版社，
2023.8 (2023.10 重印)
（"一带一路"国家文化教育大系 / 王定华总主编）
ISBN 978-7-5213-4724-1

I. ①新… II. ①徐… ②徐… III. ①教育研究－新西兰 IV. ①G561.2

中国国家版本馆 CIP 数据核字 (2023) 第 136397 号

出 版 人　王　芳
项目负责　孙凤兰　巢小倩
责任编辑　姚希瑞
责任校对　王　菲
封面设计　李　高　锋尚设计
版式设计　李　高
出版发行　外语教学与研究出版社
社　　址　北京市西三环北路 19 号（100089）
网　　址　https://www.fltrp.com
印　　刷　北京盛通印刷股份有限公司
开　　本　787×1092　1/16
印　　张　17　　彩插 1 印张
版　　次　2023 年 8 月第 1 版 2023 年 10 月第 2 次印刷
书　　号　ISBN 978-7-5213-4724-1
定　　价　150.00 元

如有图书采购需求，图书内容或印刷装订等问题，侵权、盗版书籍等线索，请拨打以下电话或关注官方服务号：
客服电话：400 898 7008
官方服务号：微信搜索并关注公众号"外研社官方服务号"
外研社购书网址：https://fltrp.tmall.com

物料号：347240001

"一带一路"国家文化教育大系编写委员会

顾　　问：顾明远　　马克垚　　胡文仲

总主编：王定华

委　　员（按姓氏音序排列）：

常福良	戴桂菊	郭小凌	金利民	柯　静	李洪峰
刘宝存	刘　捷	刘生全	刘欣路	钱乘旦	秦惠民
苏莹莹	陶家俊	王　芳	谢维和	徐　辉	徐建中
杨慧林	张民选	赵　刚			

"一带一路"国家文化教育大系编审委员会

主　　任：王　芳

副主任：徐建中　　刘　捷

秘书长：孙凤兰

委　　员（按姓氏音序排列）：

蔡　喆	柴方圆	巢小倩	杜晓沫	华宝宁	焦缨添
刘相东	刘真福	马庆洲	彭立帆	石筠弢	孙　慧
万作芳	王名扬	杨鲁新	姚希瑞	苑大勇	张小玉
赵　雪	祝　军				

普卡基湖

新西兰的草原

毛利会堂

毛利草裙

惠灵顿城市风光

坎贝尔免费幼儿园旧址

奥克兰迈尔斯幼儿园

马克图幼儿园野餐活动

马塔科希学校旧址

奥克兰斯通菲尔德学校教室

基督城女子高中旧址

奥克兰奥尔巴尼高中

奥塔哥女子高中

奥塔哥大学

俯瞰奥克兰大学

惠灵顿维多利亚大学

南太平洋自然医学院图书馆

爱德华国王技术学院学生宿舍

基督城师范学校旧址

新西兰高等教育、技能与就业部代表团访问外研社

出版说明

2013 年 9 月 7 日，国家主席习近平提出共建"丝绸之路经济带"重大倡议。2013 年 10 月 3 日，习近平主席提出共建"21 世纪海上丝绸之路"重大倡议。两者合称"一带一路"倡议。以 2013 年金秋为起点，"一带一路"倡议作为构建人类命运共同体的伟大设想，在开拓和平、繁荣、开放、绿色、创新、文明之路的非凡征程中，孕育生机和活力，汇聚信心和期待，在世界范围内广受欢迎和响应。

文化交流、文明互鉴是构建人类命运共同体的人文基础。文化发展，教育先行。作为"共和国外交官的摇篮"、文化教育的主动践行者、"一带一路"倡议的踊跃响应者和构建人类命运共同体的积极参与者，北京外国语大学在党委书记王定华教授的带领下，放眼世界，找准坐标，勇于担当，主动作为，深耕文化教育相关领域，研究、策划并组织编写了"一带一路"国家文化教育大系（以下简称大系）。国内相关高校和研究机构的众多专家学者献计献策，踊跃参加，形成了一个范围广泛、交流互动、共同进步的"一带一路"国家文化教育学术研究共同体。大系旨在填补国内相关研究领域的学术空白，实现"一带一路"国家教育研究全覆盖，为中国教育"走出去"和相关国家先进教育理念"请进来"提供科学理论和实践指导，具有重要的学术价值。同时，大系服务国家重大战略，通过分期分批出版，形成规模和品牌，向中国共产党建党一百周年和"一带一路"倡议提出十周年献礼，具有深远的意义。

作为国家社会科学基金（教育学）重大项目"新时代提升中国参与全球教育治理的能力及策略研究"、北京外国语大学"双一流"建设标志性项目"'一带一路'国家文化教育研究"的课题研究成果和北京外国语大学党委的"奋进之举"，大系秉承学术性与可读性兼顾的原则，对"一带一路"国家文化教育理论与实践问题展开深入研究，从国情概览、文化传统、教育历史、学前教育、基础教育、高等教育、职业教育、成人教育、教师教育、教育政策、教育行政、教育交流等方面，全景擘画"一带一路"国家的教育风貌，帮助读者了解"一带一路"国家教育的历史与现状、经验与特点，为我国教育的发展和对外交流合作提供有益的借鉴、思考与启迪。

肆虐全球的新冠肺炎疫情严重影响了各国人民的生产生活，带来了二战以来人类面临的最严重的全球性危机，同时也再次阐述了人类命运共同体深刻内涵的世界性意义。在疫情防控常态化背景下，大系所有专家学者不畏困难，齐心协力，直面挑战，守望相助，化危为机，切实履行了响应和支持"一带一路"倡议的承诺。在此，特别感谢大系总策划、总主编王定华教授，以及所有顾问、编委和作者的心血倾注、智慧贡献和努力付出。

外语教学与研究出版社对大系的编写和出版工作给予了高度重视。自2019年项目启动以来，外研社抽调精锐力量成立大系工作组，多次组织相关部门和人员召开选题论证会，商建编委会，召开全体作者大会，制订周密、科学的出版计划，以保证项目的顺利开展和图书的优质出版。目前，大系的出版工作已取得阶段性成果，预计在2023年"一带一路"倡议提出十周年前后，将分期分批推出数量和规模可观的、具有相当科研价值和学术价值的系列专著。期望大系的编写和出版能为"一带一路"建设、中外教育交流及我国文化教育发展发挥基础性、服务性、广远性的作用。

外语教学与研究出版社
2021 年 4 月

总　序

王定华

　　改革开放以来，中国各项事业取得了巨大成就。中国经济和世界经济高度关联，中国一以贯之地坚持对外开放的基本国策，构建全方位开放新格局，深度融入世界经济体系。2013 年 9 月和 10 月，习近平主席在出访中亚和东南亚国家期间，先后提出共建"丝绸之路经济带"和"21 世纪海上丝绸之路"的重大倡议（以下简称"一带一路"倡议），得到国际社会的高度关注。其中，"丝绸之路经济带"东边牵着亚太经济圈，西边系着发达的欧洲经济圈，是世界上最长、最具发展潜力的经济大走廊；"21 世纪海上丝绸之路"串起连通东盟、南亚、西亚、北非、欧洲等各大经济板块的市场链，发展面向南海、太平洋和印度洋的战略合作经济带，以亚欧非经济贸易一体化为发展的长期目标。

一、精准把握"一带一路"倡议的时代意蕴

　　"经济带"概念是对地区经济合作模式的创新。其中经济走廊涵盖中蒙

俄经济走廊、新亚欧大陆桥、中国-中亚-西亚经济走廊、孟中印缅经济走廊、中国-中南半岛经济走廊等，以经济增长极辐射周边，超越了传统发展经济学理论。"丝绸之路经济带"概念不同于历史上所出现的各类"经济区"与"经济联盟"，同后两者相比，经济带具有灵活性高、适用性广以及可操作性强的特点，各国都是平等的参与者，本着自愿参与、协同推进的原则，发扬古丝绸之路兼容并包的精神。

"一带一路"倡议是我国在新时代推进全方位对外开放的重要举措，为当今世界提供了一个充满东方智慧、实现共同发展的中国方案，也是对历史文化传统的高度尊重，凝聚了世界各国利益的最大公约数。丝绸之路是起始于古代中国，连接亚洲、非洲和欧洲的古代陆上商业贸易路线，最初的作用是运输古代中国出产的丝绸、瓷器等商品，后来成为东方与西方之间在经济、政治、文化等方面进行交流的主要通道。1877年，德国地质、地理学家李希霍芬（F. P. W. Richthofen）在其著作《中国》一书中，把公元前114年至公元127年，中国与中亚、中国与印度间以丝绸贸易为媒介的这条西域交通道路命名为"丝绸之路"，这一名词很快为学术界和大众所接受，并正式运用。其后，德国历史学家赫尔曼（A. Herrmann）在20世纪初出版的《中国与叙利亚之间的古代丝绸之路》一书中，根据新发现的文物考古资料，进一步把丝绸之路延伸到地中海西岸和小亚细亚，并确定了丝绸之路的基本内涵，即它是中国古代与中亚、南亚、西亚以及欧洲、北非的陆上贸易交往通道。进入21世纪，海上丝绸之路也被纳入丝绸之路的涵盖范围，即从中国沿海港口过南海到印度洋并延伸至欧洲，从中国沿海港口过南海到南太平洋。随着时代的发展，"丝绸之路"成为古代中国与西方所有政治经济文化往来通道的统称。

推进"一带一路"建设既是中国扩大和深化对外开放的需要，也是加强和世界各国互利合作的需要，中国愿意承担更多责任和义务，为人类和平发展做出更大的贡献。文明交流互鉴是构建人类命运共同体的重要途径，是推动人类文明共同进步、实现世界和平发展的重要动力。共建"一带一路"要顺应世界多极化、经济全球化、文化多样化、社会信息化的潮流，秉持开放的区域合作精神，致力于推动"一带一路"各国实现经济政策协调，开展更大范围、更高水平、更深层次的区域合作，共同打造开放、包容、均衡、普惠的区域经济合作架构，维护全球自由贸易体系和开放型世界经济格局。

"一带一路"贯穿亚欧非大陆，一头是活跃的东亚经济圈，一头是发达的欧洲经济圈，中间广大腹地国家经济发展潜力巨大。根据"一带一路"走向，陆上依托国际大通道，以中心城市为支撑，以重点经贸产业园区为合作平台，共同打造新亚欧大陆桥以及中蒙俄、中国-中亚-西亚、中国-中南半岛等国际经济合作走廊；海上以重点港口为基点，共同建设通畅安全高效的运输大通道。

"一带一路"建设是有关国家开放合作的宏大经济愿景，需要各国携手努力，朝着互利互惠、共同安全的目标相向而行：努力实现区域基础设施更加完善，安全高效的陆海空通道网络基本形成，互联互通达到新水平；投资贸易便利化水平进一步提升，高标准自由贸易区网络基本形成，经济联系更加紧密，政治互信更加深入；人文交流更加广泛深入，不同文明互鉴共荣，各国人民相知相交、和平友好。

"一带一路"倡议是具有开放性和包容性的友好建议。当今世界是一个开放的世界，开放带来进步，封闭导致落后。中国认为，只有开放才能发现机遇、抓住并用好机遇、主动创造机遇，才能实现国家的奋斗目标。"一带一路"倡议就是要把世界的机遇转变为中国的机遇，把中国的机遇转变为世界的机遇。正是基于这种认知与愿景，"一带一路"倡议以开放为导向，冀望通过加强交通、能源和网络等基础设施的互联互通建设，促进经济要素有序自由流动、资源高效配置和市场深度融合，开展更大范围、更高水平、更深层次的区域合作，打造开放、包容、均衡、普惠的区域经济合作架构，以此来解决经济增长和平衡问题。"一带一路"倡议的开放包容性是区别于其他区域性经济倡议的一个突出特点。

"一带一路"倡议是超越地缘政治的务实合作的广阔平台。"和平合作、开放包容、互学互鉴、互利共赢"的丝路精神是人类共有的历史财富，"一带一路"倡议就是秉承这一精神与原则提出的新时代重要倡议，通过加强相关国家间的全方位多层面交流合作，充分发掘与发挥各国的发展潜力与比较优势，形成互利共赢的区域利益共同体、命运共同体和责任共同体。在这一机制中，各国是平等的参与者、贡献者、受益者。因此，"一带一路"倡议从一开始就具有平等性、和平性特征。平等是中国坚持的重要国际准则，也是"一带一路"建设的关键基础。只有建立在平等基础上的合作才能是持久的合作，也才会是互利的合作。"一带一路"倡议平等包容的合作特征为其推进减轻了阻力，提升了共建效率，有助于国际合作真正"落地生根"。同时，"一带一路"建设离不开和平安宁的国际环境和地区环境，和平是"一带一路"建设的本质属性，也是保障其顺利推进所不可或缺的重要因素。这些就决定了"一带一路"倡议不应该也不可能沦为大国政治较量的工具，更不会重复地缘博弈的老路。

"一带一路"倡议是政府、企业、团体共同发力的项目载体。"一带一路"建设是在双边或多边联动基础上通过具体项目加以推进的，是在进行充分政策沟通、战略对接以及市场运作后形成的发展倡议与规划。2017年5月发布的《"一带一路"国际合作高峰论坛圆桌峰会联合公报》强调了建设"一带一路"的合作原则，其中就包括市场运作原则，即充分认识市场作用和企业主体地位，确保政府发挥适当作用，政府采购程序应开放、透明、非歧视。可见，"一带一路"建设的核心主体与支撑力量并不是政府，而是企业，根本方法是遵循市场规律，并通过市场化运作模式来实现参与各方的利益诉求，政府在其中发挥构建平台、创立机制、政策引导等指向性、服务性功能。

"一带一路"倡议是与现有相关机制对接互补的有益渠道。参与"一带一路"建设的国家要素禀赋各异，比较优势差异明显，互补性很强。有的国家能源资源富集但开发力度不够，有的国家劳动力充裕但就业岗位不足，有的国家市场空间广阔但产业基础薄弱，有的国家基础设施建设需求旺盛但资金紧缺。我国目前经济总量居全球第二，外汇储备居全球第一，优势产业越来越多，基础设施建设经验丰富，装备制造能力强、质量好、性价比高，具备资金、技术、人才、管理等综合优势。这就为我国与其他"一带一路"建设参与方实现产业对接与优势互补提供了现实可能与重大机遇。因而，"一带一路"倡议的核心内容就是要加强基础设施建设和促进互联互通，对接各国政策和发展战略，以便深化务实合作，促进协调联动发展，实现共同繁荣。由此可见，"一带一路"倡议不是对现有地区合作机制的替代，而是与现有机制互为助力、相互补充。实际上，"一带一路"建设已经与俄罗斯主导的欧亚经济联盟、印尼全球海洋支点发展规划、哈萨克斯坦光明之路经济发展战略、蒙古国草原之路倡议、欧盟欧洲投资计划、埃及苏伊士运河走廊开发计划等实现了对接与合作，并形成了一批标志性项目，如中哈（连云港）物流合作基地。作为新亚欧大陆桥经济走廊建设成果之一，中哈（连云港）物流合作基地初步实现了深水大港、远洋干线、中欧班列、物流场站的无缝对接。该项目与哈萨克斯坦光明之路经济发展战略高度契合。

　　"一带一路"倡议是促进人文交流的沟通桥梁。"一带一路"倡议跨越不同区域、不同文化、不同宗教信仰，但它带来的不是文明冲突，而是各文明间的交流互鉴。"一带一路"倡议在推进基础设施建设、加强产能合作与发展战略对接的同时，也将"民心相通"作为工作重心之一。民心相通是"一带一路"建设的社会根基。民心相通就是要传承和弘扬丝绸之路友好合作精神，广泛进行文化交流、学术交流、人才交流往来、媒体合作、青年和妇女交往、志愿者服务等，为深化双边和多边合作奠定坚实的民意基础。一是扩大相互间留学生规模，开展合作办学；国家间互办文化年、艺术节、电影节、电视周和图书展等活动，深化国家间人才交流合作。二是加强旅游合作，扩大旅游规模，联合打造具有丝绸之路特色的国际精品旅游线路和旅游产品。三是强化与周边国家在传染病疫情信息沟通、防治技术交流、专业人才培养等方面的合作，提高合作处理突发公共卫生事件的能力。四是加强科技合作，共建联合实验室（研究中心）、国际技术转移中心、海上合作中心，促进科技人员交流，合作开展重大科技攻关，共同提升科技创新能力。五是整合现有资源，开拓和推进参与国家在青年就业、创业培训、职业技能开发、社会保障管理服务、公共行政管理等共同关心领域的务实合作。六是充分发挥政党、议会交往的桥梁作用，加强国家之间立法机构、主要党派和政治组织的友好往来，互结友好城市。七是加强各国民间组织的交流合作，重点面向基层民众，广泛开展教育、医疗、减贫开发、生物多样性和生态环保等主题的各类公益慈善活动，改善贫困地区生产生活条件；加强文化传媒领域的国际交流合作，积极利用网络平台，运用新媒体工具，塑造和谐友好的文化生态和舆论环境；通过强化民心相通，弘扬丝绸之路精神，开展智力丝绸之路、健康丝绸之路等建设，在科学、教育、文化、卫生、民间交往等领域广泛合作，使"一带一路"建设的民意基础更为坚实，社会根基更加牢固。"一带一路"建设就是要以文明交流超越文明隔阂，以文明互鉴超越文明冲突，以文明共存超越文明优越，为相关国家人民加强交流、增进理解搭起新的桥梁，为不同文化和文明加强对话、交流互鉴织就新的纽带，推动各国相互理解、相互尊重、相互信任。

"一带一路"是促进共同发展、实现共同繁荣的友谊之路。共建"一带一路"旨在促进各国发展战略的对接和耦合，有利于发掘区域市场的潜力，推动经济要素有序自由流动、资源高效配置和市场深度融合，促进投资和消费，创造需求和就业，增进各国人民的人文交流与文明互鉴，从而让各国人民相逢相知、互信互敬，共享和谐、安宁、富裕的生活。共建"一带一路"符合国际社会的根本利益，彰显了人类社会的共同理想和美好追求，是国际合作及全球治理新模式的积极探索，将为世界和平发展增添新的正能量。中国政府倡议秉持和平合作、开放包容、互学互鉴、互利共赢的理念，全方位推进务实合作，打造政治互信、经济融合、文化包容的利益共同体、命运共同体和责任共同体。

"一带一路"倡议已经得到世界上众多国家和地区的积极响应，成为维护全球自由贸易体系和开放型世界经济的重要支撑。截至 2021 年 1 月 30 日，中国已经同 171 个国家和国际组织签署 205 份共建"一带一路"合作文件。[1] 特别是 2017 年 5 月第一届"一带一路"国际合作高峰论坛、2019 年 4 月第二届"一带一路"国际合作高峰论坛和 2019 年 5 月亚洲文明对话大会的成功举办，充分彰显了我国开放、包容的大国外交风范。在此背景下，我们一方面应致力于向世界介绍中国，推动中国文化"走出去"，讲好中国故事；另一方面也应加强对"一带一路"国家的历史、文化、语言、教育、艺术等方面的介绍和研究，让中国人民更多地了解"一带一路"国家的具体国情，特别是文化传统和教育体系。

"一带一路"倡议合作范围不断扩大，合作领域愈加广阔。它不仅给参与各方带来了实实在在的合作红利，也为世界贡献了应对挑战、创造机遇、强化信心的智慧与力量。

当今世界，新冠肺炎疫情带来诸多挑战，局部战争风险依然存在，经济增长动能不足，"逆全球化"思潮涌动，地区动荡持续，恐怖主义蔓延。和平赤字、发展赤字、治理赤字带来的严峻问题，已摆在全人类面前。这充分说明现有的全球治理体系面临结构性问题，亟须找到新的破解之策与应对方略。作为一个新兴大国，中国有能力、有意愿同时也有责任为完善全球治理体系贡献智慧与力量。面对新挑战、新问题、新情况，中国给出

---

[1] 中国一带一路网. 我国已签署共建"一带一路"合作文件 205 份 [EB/OL].（2021-01-30）[2021-02-23]. https://www.yidaiyilu.gov.cn/xwzx/gnxw/163241.htm.

的全球治理方案是：构建人类命运共同体，实现共赢共享。"一带一路"倡议正是朝着这个目标努力的具体实践。"一带一路"倡议强调各国的平等参与、包容普惠，主张携手应对世界经济面临的挑战，开创发展新机遇，谋求发展新动力，拓展发展新空间，共同朝着人类命运共同体方向迈进。正是本着这样的原则与理念，"一带一路"倡议针对各国发展的现实问题和治理体系的短板，创立了亚洲基础设施投资银行、丝路基金等新型国际机制，构建了多形式、多渠道的交流合作平台。这既能缓解当今全球治理机制代表性、有效性、及时性难以适应现实需求的困境，在一定程度上扭转公共产品供应不足的局面，提振国际社会参与全球治理的士气与信心，又能满足发展中国家尤其是新兴市场国家变革全球治理机制的现实要求，大大增强了新兴国家和发展中国家的话语权，是推进全球治理体系朝着更加公正合理方向发展的重大突破。

"一带一路"倡议涵盖了发展中国家与发达国家，实现了"南南合作"与"南北合作"的统一，有助于推动全球均衡可持续发展。"一带一路"建设以基础设施建设为着眼点，促进经济要素有序自由流动，推动中国与相关国家的宏观政策的对接与协调。对于参与"一带一路"建设的发展中国家来说，这是一次搭中国经济发展"快车""便车"，实现自身工业化、现代化的历史性机遇，有利于推动"南南合作"的广泛展开，同时也有助于增进"南北对话"，促进"南北合作"的深度发展。不仅如此，"一带一路"倡议的理念和方向同联合国《2030 年可持续发展议程》也高度契合，完全能够加强对接，实现相互促进。联合国秘书长古特雷斯表示，"一带一路"倡议与《2030 年可持续发展议程》都以可持续发展为目标，都试图提供机会、全球公共产品和双赢合作，都致力于深化国家和区域间的联系。

二、深入推动"一带一路"国家的教育交流

2020 年 6 月印发的《教育部等八部门关于加快和扩大新时代教育对外开放的意见》指出，教育对外开放是教育现代化的鲜明特征和重要推动力，要以习近平新时代中国特色社会主义思想为指导，坚持教育对外开放不动摇，主动加强同世界各国的互鉴、互容、互通，形成更全方位、更宽领域、更多层次、更加主动的教育对外开放局面。

教育为国家富强、民族繁荣、人民幸福之本，在共建"一带一路"中具有基础性和先导性作用。教育交流为各国民心相通架设桥梁，人才培养为各国政策沟通、设施联通、贸易畅通、资金融通提供支撑。各国间教育交流源远流长，教育合作前景广阔，大家携手发展教育，合力共建"一带一路"，是造福各国人民的伟大事业。推进"一带一路"国家教育共同繁荣，既是加强与各国教育互利合作的需要，也是推进中国教育改革发展的需要，中国愿意在力所能及的范围内承担更多责任和义务，为区域教育大发展做出更大的贡献。

（一）教育合作的原则

"一带一路"国家教育合作应遵循四个重要原则。

一是育人为本，人文先行。加强合作育人，提高区域人口素质，为共建"一带一路"提供人才支撑。坚持人文交流先行，建立区域人文交流机制，搭建民心相通桥梁。

二是政府引导，民间主体。政府加强沟通协调，整合多种资源，引导教育融合发展。发挥学校、企业及其他社会力量的主体作用，活跃教育合作局面，丰富教育交流内涵。

三是共商共建，开放合作。坚持共商、共建、共享，推进各国教育发

展规划相互衔接，实现各国教育融通发展、互动发展。

四是和谐包容，互利共赢。加强不同文明之间的对话，寻求教育发展最佳契合点和教育合作最大公约数，促进各国在教育领域互利互惠。

（二）教育合作的重点

"一带一路"各国教育特色鲜明、资源丰富、互补性强、合作空间巨大。中国将以基础性、支撑性、引领性三方面举措为建议框架，开展三方面重点合作，对接各国意愿，互鉴先进教育经验，共享优质教育资源，全面推动各国教育提速发展。

1. 开展教育互联互通合作

一是加强教育政策沟通。开展"一带一路"国家教育法律、政策协同研究，构建各国教育政策信息交流通报机制，为各国政府推进教育政策互通提供决策建议，为各国学校和社会力量开展教育合作交流提供政策咨询。积极签署双边、多边和次区域教育合作框架协议，制定各国教育合作交流国际公约，逐步疏通教育合作交流政策性瓶颈，实现学分互认、学位互授联授，协力推进教育共同体建设。

二是助力教育合作渠道畅通。推进"一带一路"国家间签证便利化，扩大教育领域合作交流，形成往来频繁、合作众多、交流活跃、关系密切的携手发展局面。鼓励有合作基础、相同研究课题和发展目标的学校缔结姊妹关系，逐步深化和拓展教育合作交流。举办校长论坛，推进学校间开展多层次、多领域的务实合作。支持高等学校依托优势学科和专业，建立"产学研用"相结合的国际合作联合实验室（研究中心）、国际技术转移中心，共同应对各国在经济发展、资源利用、生态保护等方面面临的重大挑战与机遇。打造"一带一路"国家学术交流平台，吸引各国专家学者、青年学生开展研究和学术交流。推进"一带一路"国家优质教育资源共享。

三是促进语言互通。研究构建语言互通协调机制，共同开发语言互通开放课程，逐步将国家语言课程纳入各国的学校教育课程体系。拓展政府间语言学习交换项目，联合培养、相互培养高层次语言人才。发挥外国语院校人才培养优势，推进基础教育多语种师资队伍建设和外语教育教学工作。扩大语言学习国家公派留学人员规模，倡导各国与中国院校合作在华开办本国语言专业。支持更多社会力量助力孔子学院和孔子课堂建设，加强汉语教师和汉语教学志愿者队伍建设，全力满足不同国家的汉语学习需求。

四是推进民心相通。鼓励学者开展或合作开展中国课题研究，增进各国对中国发展模式、国家政策、教育文化等各方面的理解。建设国别和区域研究基地，与对象国合作开展经济、政治、教育、文化等领域研究。逐步将理解教育课程、丝路文化遗产保护纳入各国中小学教育课程体系，加强青少年对不同国家文化的理解。加强"丝绸之路"青少年交流，注重通过志愿服务、文化体验、体育竞赛、创新创业活动和新媒体社交等途径，增进不同国家青少年对其他国家文化的理解。

五是推动学历学位认证标准联通。推动落实联合国教科文组织《亚太地区承认高等教育资历公约》，支持联合国教科文组织建立世界范围学历互认机制，实现区域内双边、多边学历学位关联互认。呼吁各国完善教育质量保障体系和认证机制，加快推进本国教育资历框架开发，助力各国学习者在不同种类和不同阶段教育之间进行转换，促进终身学习社会的建设。共商、共建区域性职业教育资历框架，逐步实现就业市场的从业标准一体化。探索建立各国教师专业发展标准，促进教师流动。

2．开展人才培养培训合作

一是实施"丝绸之路"留学推进计划。设立"丝绸之路"中国政府奖学金，为各国专项培养行业领军人才和优秀技能人才。全面提升来华留学人才培养质量，把中国打造成为深受各国学子欢迎的留学目的地。以国家公派留学为引领，推动更多中国学生到"一带一路"其他国家留学。坚持"出国留学和来华留学并重、公费留学和自费留学并重、扩大规模和提高质量并重、依法管理和完善服务并重、人才培养和发挥作用并重"，完善全链条的留学人员管理服务体系，保障平安留学、健康留学、成功留学。

二是实施"丝绸之路"合作办学推进计划。有条件的中国高等学校开展境外办学要集中优势学科，选好合作契合点，做好前期论证工作，构建科学的人才培养模式、运行管理模式、服务当地模式、公共关系模式，使学校顺利落地生根、开花结果。发挥政府引领、行业主导作用，促进高等学校、职业院校与行业企业深度产教融合。鼓励中国优质职业教育配合高铁、电信运营等行业企业"走出去"，探索开展多种形式的境外合作办学，合作设立职业院校、培训中心，合作开发教学资源和项目，开展多层次职业教育和培训，培养当地急需的各类"一带一路"建设者。整合资源，积极推进与各国在青年就业培训等共同关心领域的务实合作。倡议国家之间开展高水平合作办学。

三是实施"丝绸之路"师资培训推进计划。开展"丝绸之路"教师培训，加强先进教育经验交流，提升区域教育质量。加强"丝绸之路"教师交流，推动各国校长交流访问、教师及管理人员交流研修，推进优质教育模式在各国的互学互鉴。大力推进各国优质教学仪器设备、教材课件和整体教学解决方案的输出，跟进教师培训工作，促进各国教育资源和教学水平均衡发展。

四是实施"丝绸之路"人才联合培养推进计划。推进国家间的研修访学活动。鼓励各国高等院校在语言、交通运输、建筑、医学、能源、环境工程、水利工程、生物科学、海洋科学、生态保护、文化遗产保护等国家发展急需的专业领域联合培养学生，推动联盟内或校际教育资源共享。

3．共建丝路合作机制

一是加强"丝绸之路"人文交流高层磋商。开展国家间的双边、多边人文交流高层磋商，商定"一带一路"教育合作交流总体布局，协调推动各国建立教育双边和多边合作机制、教育质量保障协作机制和跨境教育市场监管协作机制，统筹推进"一带一路"教育共同行动。

二是充分发挥国际合作平台作用。发挥上海合作组织、东亚峰会、亚太经合组织、亚欧会议、亚洲相互协作与信任措施会议、中阿合作论坛、东南亚教育部长组织、中非合作论坛、中巴经济走廊、孟中印缅经济走廊、中蒙俄经济走廊等现有双边、多边合作机制的作用，增加教育合作的新内涵。借助联合国教科文组织等国际组织力量，推动各国围绕实现世界教育发展目标形成协作机制。充分利用中国–东盟教育交流周、中日韩大学交流合作促进委员会、中阿大学校长论坛、中非高校20+20合作计划、中日大学校长论坛、中韩大学校长论坛、中俄综合性大学联盟等已有平台，开展务实的教育合作交流。支持在共同区域、有合作基础、具备相同专业背景的学校组建联盟，不断延展教育务实合作平台。

三是实施"丝绸之路"教育援助计划。发挥教育援助在"一带一路"教育共同行动中的重要作用，逐步加大教育援助力度，重点投资于人、援助于人、惠及于人。发挥教育援助在"南南合作"中的重要作用，加大对相关国家尤其是最不发达国家的支持力度。统筹利用国家、教育系统和民间资源，为相关国家培养培训教师、学者和各类技能人才。积极开展优质教学仪器设备、整体教学方案、配套师资培训一体化援助。加强中国教育培训中心和教育援外基地建设。倡议各国建立政府引导、社会参与的多元化经费筹措机制，通过国家资助、社会融资、民间捐赠等渠道，拓宽教育经费来源，做大教育援助格局，实现教育共同发展。

三、精心组织"一带一路"国家文化教育大系的编著出版

在编写"一带一路"国家文化教育大系过程中，应当全面了解国内外对"一带一路"倡议的响应情况，关注进展，总结做法；应当在新冠肺炎疫情得到控制后到对象国去走一走，看一看，实地感受其教育情况和发展变化；应当广泛收集对象国一手资料，认真阅读，消化分析，吐故纳新；应当多方检索专家学者已经开展的相关研究，虚心参阅已有的研究成果。肆虐全球的新冠肺炎疫情，给人类身体健康和生命安全带来了巨大威胁，对世界格局和世界治理体系产生了重大影响，给全球各行各业带来了巨大挑战。教育置身其间，影响十分明显。因而，对"一带一路"国家文化教育进行研究时，必须观察分析疫情对相关国家文化教育和全球教育治理的深刻影响。

"一带一路"倡议提出后，中外已形成多个"一带一路"多边大学联盟。2015 年 5 月 22 日，由西安交通大学发起的新丝绸之路大学联盟成立，迄今已吸引 38 个国家和地区的 150 余所大学加盟。该联盟是海内外大学结成的非政府、非营利性的开放性、国际化高等教育合作平台，以"共建教育合作平台，推进区域开放发展"为主题，推动"新丝绸之路经济带"国家和地区大学之间在校际交流、人才培养、科研合作、文化沟通、政策研究、医疗服务等方面的交流与合作，增进青少年之间的了解和友谊，培养具有国际视野的高素质、复合型人才，服务"新丝绸之路经济带"及欧亚地区的发展建设。

2015 年 10 月 17 日，丝绸之路（敦煌）国际文化博览会筹委会文化传承创新高端学术研讨会在敦煌举行。中国的复旦大学、北京师范大学、兰州大

学和俄罗斯乌拉尔国立经济大学、韩国釜庆大学等 46 所中外高校在甘肃敦煌成立了"一带一路"高校战略联盟，以探索跨国培养与跨境流动的人才培养新机制，培养具有国际视野的高素质人才。46 所高校当日达成《敦煌共识》，联合建设"一带一路"高校国际联盟智库。联盟将共同打造"一带一路"高等教育共同体，推动"一带一路"国家和地区大学之间在教育、科技、文化等领域的全面交流与合作，服务"一带一路"国家和地区的经济社会发展。

2016 年 9 月，中国、中亚及丝绸之路经济带沿线 7 个国家的 51 所高校共同发起成立了中国-中亚国家大学联盟，旨在打造开放性、国际化互动平台，深化"一带一路"科教合作。

此外，高等教育合作研讨会也日渐增多，既有官方推动形成的研讨会，也有民间自发举办的研讨会。比如，中外大学校长论坛、新加坡-中国-印度高等教育论坛、"一带一路"教育对话论坛，以及北京师范大学举办的"一带一路"国家教育交流与合作高端研讨会，北京外国语大学举办的"一带一路"与行业国际化人才培养高峰论坛，北京理工大学主办的"一带一路"高等教育研究国际会议，浙江大学举办的"一带一路"背景下的工程科技人才培养国际研讨会等。这些多边研讨会的召开，不仅吸引了大量"一带一路"沿线国家的教育研究者与实践者参会，推动了研究与实践合作，而且创新了教育合作模式，促进了国际化高端人才培养，为"一带一路"建设奠定了民意基础。

"一带一路"倡议提出之后，中国学术界迅速开展了关于"一带一路"的研究活动，有关"一带一路"主题的图书主要有以下五类。第一类是倡议解读类图书，一般是梳理"一带一路"倡议的提出、发展及其理论内涵与外延。第二类是经济贸易类图书，专业性较强，主要为理论研究型图书。第三类是国情文史类图书，多为介绍"一带一路"国家国情概览、历史情况、发展概况的工具书，语言平实，部分图书学术性较强。第四类是丝路历史类图书，一般回顾古代丝绸之路的形成与发展、丝绸之路上的人物和大事记等，追古溯源，以便更好地开启"一带一路"新篇章。第五类是法律税收类图书，多为法律指引、税务规范手册等。

可以看出，国内对"一带一路"国家的研究已有一定基础，但是囿于语言翻译的障碍，已经出版的"一带一路"图书，大多是政策解读、数据报告、概况介绍等，对对象国的研究广度和深度还很不够，尤其是针对"一带一路"国家文化教育的系统研究还比较少。

在"一带一路"国家中，遴选具有代表性的对象，对其文化、教育进行系统性的研究，并在此基础上编写"一带一路"国家文化教育大系，分期分批出版，对于帮助中国普通读者和研究人员了解"一带一路"国家的文化教育情况，以及对于拓展我国比较教育研究领域、丰富比较教育研究文献，乃至对于促进中外文明互通、更好地参与推进"一带一路"建设，都具有重要意义。基于对选题背景与意义、相关出版产品调研和北京外国语大学比较优势的分析，"一带一路"国家文化教育大系坚持学术性、可读性兼顾原则，分批次推出，不断积累，以形成规模和品牌。

大系在内容上，一方面呈现"一带一路"国家的文化概貌，展示"一带一路"国家教育发展的文化背景和社会依托。大系采用专题形式，力求用简洁平实的语言生动活泼地介绍"一带一路"国家的自然地理、人文景观、历史发展、风土人情、文化遗产等内容，重点呈现对象国独有的文化现象和独特风貌，集中揭示其民族文化内涵、民族精神、人文意蕴。另一方面，大系重点研究、评价、介绍"一带一路"国家教育的基本情况、发展历史、发展战略、政策法规、现存体系、治理模式与师资队伍等，这方面内容占较大篇幅，是全书的重点和主要内容。

"一带一路"倡议正在成为我国参与全球开放合作、改善全球治理体系、促进全球共同发展繁荣、推动构建人类命运共同体的中国方案。作为国家社会科学基金（教育学）重大项目"新时代提升中国参与全球教育治理的能力及策略研究"的部分研究成果和北京外国语大学"双一流"建设重大标志性成果，"一带一路"国家文化教育大系计划在 2021 年中国共产党建党 100 周年和北京外国语大学建校 80 周年之际，推出首批图书。2023 年"一带一路"倡议提出 10 周年时，推出该项目二期成果。同时积极参与党和国家相关主题纪念活动，以及国家重大图书项目的申报评选工作。

北京外国语大学以外语见长，国际交往活跃，被誉为"共和国外交官的摇篮"，先后培养了 400 多位大使、2 000 多位参赞，以及更多的外交外事外贸工作者。凡是有五星红旗飘扬的地方，都能看到北外人的身影。北外不仅承担着培养各类国际化人才的任务，更担负着向中国介绍世界、向世界介绍中国的历史使命。迄今为止，北外已获批开设 101 种外国语言，成立了 37 个区域与国别研究中心，丰富的涉外资源正在助力"一带一路"国家的研究。

大系由外研社具体组织实施。外研社隶属北外，多年来致力于"一带一路"国家的合作交流，服务讲好"中国故事"，在中华思想文化传播、打造中外出版联盟、推动中外学术互译等方面积累了丰富经验，对于协助研究、编著、出版"一带一路"国家文化教育大系具有良好的工作基础。这也是北外及外研社的使命和担当之所在。

大系编著者以北外教师为主。服务国家重大战略，北外人责无旁贷。同时，国内有研究专长和研究意愿的专家学者也踊跃参与，他们或独自撰著一书，或与北外同仁合作。大系还邀请了驻外使领馆的同志和对象国的学者参加撰写或审稿，他们运用一手资料，开展实地调研，力图提升大系的准确性。

四、结语

"一带一路"倡议植根历史，更面向未来；源于中国，更属于世界。"一带一路"作为文明互鉴的桥梁，从亚欧大陆延伸到非洲、美洲、大洋洲，与世界各国发展战略及众多国际和地区组织的发展实现对接联通，在通路、通航的基础上更好地通商，进而开展文化教育交流与沟通，加强商品、资金、技术、文化、教育流通，达成互学互鉴的文明愿景。"一带一路"倡议的目标是中国与"一带一路"国家在互联互通基础上分享优质产能，共商项目投资，共建基础设施，共享合作成果，内容包括政策沟通、设施联通、贸易畅通、资金融通、民心相通"五通"。"一带一路"倡议肩负重大使命，它要探寻经济增长之道，将中国自身的产能优势、技术与资金优势、经验与模式优势转化为市场与合作优势，实行全方位开放，共享中国改革发展红利；它要实现全球化再平衡，鼓励向西开放，带动西部开发以及中亚、蒙古等内陆国家和地区的开发，在国际社会推行全球化的包容性发展理念，主动向西推广中国优质产能和比较优势产业，惠及沿途、沿岸国家，避免西方国家所开创的全球化造成的贫富差距和地区发展不平衡情况，推动建立持久和平、普遍安全、共同繁荣的和谐世界；它要开创地区新型合作，强调共商、共建、共享原则，超越了马歇尔计划和传统的对外援助活动，给21世纪的国际合作带来了新的理念。所以，新时代中国的教育学者应当将"一带一路"国家文化教育研究作为比较教育新的增长点，全面深入开展研究，以自己的聪明才智丰富学术，为国出力，服务国家重大发展战略；在加强与"一带一路"国家的交流合作中，推动"一带一路"建设高质量发展，努力建设高质量的中国教育体系，并积极参与后疫情时代全球教育治理体系改革，加快构建以国内大循环为主体、国内国际双循环相互促进的新发展格局。

2023 年春
于北京外国语大学

（王定华，北京外国语大学党委书记、博士、教授、博士生导师，国家督学。历任河南大学教师、中国驻纽约总领事馆教育领事、教育部基础教育一司司长、教育部教师工作司司长等。）

本书前言

新西兰是太平洋上一颗璀璨的明珠。中国和新西兰互为重要合作伙伴，建立了全面战略伙伴关系。《中华人民共和国政府和新西兰政府关于加强"一带一路"倡议合作的安排备忘录》是中国在"一带一路"框架下与南太平洋地区国家签署的第一个合作文件。深入研究新西兰文化教育的发展历史、现实状况与未来趋势，了解新西兰文化教育的基本特征与发展经验，分析其所面临的现实挑战与应对策略，对于全面客观地认识新西兰文化教育情况，促进中新两国在文化教育领域的友好交流与合作，助力"一带一路"高质量发展，推动构建人类命运共同体，具有十分重要的意义。

新西兰的文化教育事业取得了令世人瞩目的发展成就。学前教育方面，新西兰坚信高质量的学前教育将为儿童今后的学习和成长打下良好基础，致力于将儿童培养成为拥有积极思想、健康体魄、良好精神和强烈归属感的有自信、有能力的学习者和沟通者。新西兰学前教育的普及工作取得了举世公认的成就。基础教育方面，新西兰在课程、管理、评价等方面逐步形成了自己的独特风格，拥有世界上最优秀的基础教育体系之一，基础教育整体水平在经济合作与发展组织成员中名列前茅。高等教育方面，新西兰积累了独特的成功经验，取得了闻名世界的办学成就，成为世界上拥有大学生比例最高的国家之一，以高水平大学为代表的新西兰高等教育在服务国家发展战略、引领社会发展、助力企业研发等方面发挥着重要作用。职业教育方面，凭借独具特色的职业教育理念、与时俱进的职业教育制度、极富影响的职业教育品牌，新西兰职业教育的综合竞争力处于全球领先地位，在标准制定、教学设计、资金支持等方面优势明显。成人教育方面，以世界先进的成人教育理念为引领，新西兰形成了结构完整、层次清晰、分工明确的成人教育体系，是经济合作与发展组织成员中成人再教育率最高的国家之一，拥有世界上最具活力的成人基本素养教育政策。教师教育方面，新西兰拥有成熟的职前培养体系、以实践为导向的入职指导制度、完善的在职培训制度，职前在职一体化的教师教育培养培训体系与分工明确的教师教育管理体系为新西兰的教育质量提供了坚实保障。教育政策方面，经过长期发展与持续改革，新西兰已在教育领域出台了一系列行之有效的政策法规，建立起一套独具特色的教育政策体系。教育行政方面，新西兰逐步建立起以教育部为主导，由新西兰教育审查办公室、新西兰学历认证局、新西兰高等教育委员会、新西兰教育推广局等机构组成的中央教育行政体系，以及主要由教育部地方办公室和学校董事会构成的地方教育行政体系。

中新两国在文化教育领域的交流与合作呈现出起步较早、发展持续、成果显著、亮点突出、前景可观的鲜明特征。自1974年双方设立政府互换奖学金项目以来，中新两国在留学人员互换、代表团互访、教育信息与资料互换、语言教学、学术研究等方面开展了深入广泛的交流与合作，逐步建立起中新战略性教育伙伴关系框架。新形势赋予中新友好合作以新的使命，中新双方正努力打造利益交融的新格局，开创人文交流的新局面，共同构筑中新双边关系的美好未来。相信在"一带一路"框架下，面向未来的中新文化教育交流与合作一定会取得更多、更大的成就。

本书写作分工如下：徐瑞负责撰写本书前言、第五章、第六章、第七章、第八章、第九章、第十二章、结语、参考文献；徐一帆负责撰写第一章、第二章、第三章、第四章、第十章、第十一章。

非常感谢北京外国语大学党委书记、中国教育学会副会长兼国际教育分会理事长、"一带一路"国家文化教育大系总主编王定华教授的关心和指导。

非常感谢外语教学与研究出版社常务副社长刘捷编审的信任与厚爱，使我们有幸参与到王定华教授主持的"一带一路"国家文化教育大系的编写工作之中，承担《新西兰文化教育研究》一书的撰写工作。感谢外语教学与研究出版社期刊出版分社社长孙凤兰编审、巢小倩副编审、姚希瑞编辑多次给予的帮助、指导与鼓励。感谢曲阜师范大学教育学院展瑞祥、李文美两位老师，王燕玲、孙楠楠两位博士生在本书写作与修改过程中所给予的无私帮助与大力支持。本书的写作得到了许多师友的关心与帮助，参考了许多学者的相关研究成果，在此一并表示诚挚的谢意。

受限于作者的学识与水平，书中可能还有一些错漏缺点，恳请各位方家批评指正，不吝赐教，我们将不胜感激。

徐瑞

2023 年 7 月于曲阜师范大学教育学院

目 录

第一章 国情概览

第一节 自然地理

一、地理位置

新西兰地处南半球，坐落于太平洋西南部，属于大洋洲，西临塔斯曼海，距离澳大利亚东南部约 2 000 千米，与斐济、汤加等岛国互为海上邻国。新西兰领土由北岛、南岛及周围数百个小岛屿组成，北岛和南岛隔库克海峡相望，众多小岛屿则分散在从热带地区到南极洲附近的广袤海域之中。新西兰领土南北长约 1 600 千米，最宽处约 450 千米，国土面积约为 27 万平方千米，海岸线绵长，约为 1.5 万千米。[1]

二、地形地貌

新西兰境内多山，植被覆盖率高，平原面积相对狭小，平原大多分布在沿海地带。

---

[1] 资料来源于新西兰百科全书官网。

新西兰北岛海岸线曲折，多半岛和海湾。北岛中部为群山及火山高原，沿海地区多为平原。中部的众多火山形成特殊的火山地热景观。北岛水系相对发达，湖泊与温泉广布。新西兰最长的河流怀卡托河发源于北岛中部的鲁阿佩胡山，自东南向西北流经北岛，最终注入塔斯曼海。

新西兰南岛海岸线相对平缓，多海滩。南阿尔卑斯山脉自东北向西南贯穿南岛，绵延 480 千米，其中包括新西兰最高峰库克山以及其他约 20 座海拔 3 000 米以上的山峰。南阿尔卑斯山脉冰川广布，新西兰最长的冰川——塔斯曼冰川便位于此地。南岛大部分河流发源于南阿尔卑斯山脉，自西向东注入南太平洋。冰川、积雪与河流造就了南岛东部狭长的冲积平原，其中以坎特伯雷平原最为著名。坎特伯雷平原地势平坦、土壤肥沃，新西兰 80% 以上的农作物皆出产于此。

三、气候水文

新西兰属温带海洋性气候，全年气候温和，日照时间超过 1 800 小时。新西兰气候受海洋、盛行风与山脉的影响较大，全年气温变化相对较小，温差一般小于 10℃，最冷的月份通常是 7 月，最热的月份是 1 月或 2 月。夏季（12 月至次年 2 月）副热带高压占主导地位，天气晴朗，日照充足，全国最高气温在 21℃ 左右。冬季（6—8 月）受温带气旋的影响，潮湿多风，全国最低气温很少低于 10℃。北部地区风力较弱，气候温暖，年平均气温约为 16℃。南部地区风力较强，气候凉爽，年平均气温约为 10℃。受全球气候变暖的影响，新西兰的年平均气温在 20 世纪上升了 0.7℃。[1]

新西兰受厄尔尼诺现象和拉尼娜现象的影响较大。厄尔尼诺现象出现

---

[1] 资料来源于大英百科全书官网。

时，新西兰西南风较强，气温降低，东北部地区更加干燥。拉尼娜现象出现时，新西兰盛行东北风，气温升高，北岛北部与东部地区更加潮湿，南岛上空的气压升高，可能会出现干旱的情况。

受西风和西北风的影响，新西兰境内降水比较丰富，大部分地区的平均年降水量为 600—1 600 毫米。不同地区的降水量受地形影响而有所差异。总体来说，新西兰西海岸较为潮湿，东海岸较为干燥。沿海地区的湿度在 70%—80%，内陆地区则在 10% 左右。[1]

新西兰境内水系发达，河流总长超过 18 万千米。[2] 新西兰境内的河流一般短小湍急，含沙量相对较大。新西兰东海岸的大部分河流夏季流量小，而南岛东部由冰雪融水补给的河流最小流量则出现在冬季和春季。大部分河流流经以自然土地覆盖为主的地区，其余少部分河流则流经农田、人工林、城市居民区等地区。

新西兰有 70 余个主要的流域区，其中北岛 30 余个，南岛 40 余个。北岛山区的河流以河道深、水流急而闻名。位于北岛的怀卡托河是新西兰最长的河流，全长 425 千米。[3] 南岛东部的河流则以发源于冰川的辫状河流闻名，如怀劳河、怀马卡里里河等。位于南岛的克卢萨河是新西兰流量最大的河流，也是该国第二长河。

河流对新西兰自然与经济社会发展发挥着多种重要功能。河流为众多生物提供宝贵淡水，为鱼类和涉水鸟类提供栖息地，是鳗鱼、比目鱼等 40 余种本土鱼类的家园。湍急水流带来的泥沙在沿海地区逐渐沉积，形成平坦肥沃的冲积平原。近年来，水力发电、农业种植等人类活动导致河流水位异常、污染加剧，新西兰政府已经开始采取措施保护河流生态环境。

除了河流以外，新西兰境内还有很多湖泊。除离岛地区，新西兰境内

[1] 资料来源于大英百科全书官网。
[2] 资料来源于新西兰百科全书官网。
[3] 资料来源于新西兰百科全书官网。

有 700 多个直径超过 0.5 千米的湖泊，湖泊总面积约占国土面积的 1.3%。在直径超过 0.5 千米的湖泊中，因火山活动而形成的湖泊全部位于北岛，由冰川作用而形成的湖泊全部位于南岛。新西兰最大的湖泊陶波湖由古老的火山口演变而来，面积约 623 平方千米，位于北岛中部。最深的湖则是位于南岛西部的豪罗科湖，深 462 米，是世界第 16 深的湖泊。[1] 湖泊为新西兰提供淡水，可用于灌溉和发电，为渔业和水上运动提供场所，也是画家、摄影师等艺术创作者的好去处。

四、自然资源

由于与其他大陆隔绝数百万年，新西兰境内有许多独有的动植物。据不完全统计，仅陆上的本土动植物就多达 7 万余种。在人类到达之前，新西兰境内 71% 的鸟类都是当地独有的物种，比如著名的几维鸟。[2] 然而新西兰本土陆地哺乳动物较少，现存的只有两种蝙蝠。目前在新西兰生活的大多数陆地哺乳动物、爬行动物都是随着人类活动入境的外来物种。

除了动物资源以外，新西兰还有超过 1 010 万公顷的森林，其中原始森林约 800 万公顷，人工林约 210 万公顷，森林覆盖率达到 38%。新西兰全境有大约 600 种高山植物，其中 93% 是新西兰独有的物种。北岛以针阔混交林为主，如塔瓦琼楠、新西兰陆均松、黑松等；南岛则多为山毛榉类树木。[3]

新西兰境内有多种金属及非金属矿产资源，开采规模较大的是煤炭、黄金、铁矿砂、天然气。煤炭资源主要分布在北岛西部和南岛南部，半数以上的煤炭出产自怀卡托大区和西岸大区的煤矿。新西兰的预估地下储煤

---

[1] 资料来源于新西兰百科全书官网。

[2] 资料来源于新西兰百科全书官网。

[3] 资料来源于新西兰第一产业部官网。

量超过 150 亿吨，其中 80% 是褐煤。[1] 除煤炭以外，黄金也是新西兰较为丰富的矿产资源。在移民定居的早期，黄金是主要的出口商品。新西兰有三个主要的金矿，分别位于奥塔哥大区、西岸大区和怀卡托大区。

第二节 国家制度

一、国家标志

（一）国名

1642 年，荷兰探险家塔斯曼途经新西兰西海岸，成为第一个发现新西兰的欧洲人。1646 年，荷兰东印度公司的官方制图师琼·布劳将塔斯曼发现的这片土地用拉丁文命名为 "Nova Zeelandia"，相当于荷兰语中的 "Nieuw Zeeland"。其中，"Nieuw" 意为 "新的"，"Zeeland" 指荷兰的泽兰省，"Nieuw Zeeland" 代表这片土地是位于荷兰海外的新泽兰。之后，"Nieuw Zeeland" 被翻译为英语 "New Zealand" 而被大家所熟知，它的中文译名被确定为新西兰。

（二）国旗

新西兰现在使用的国旗是在 1902 年正式确定的，国旗呈长方形，长宽之比为 2：1。旗帜以海军蓝为底，左上角的英国国旗展现了新西兰曾经作

---

[1] 资料来源于新西兰政府石油矿产局官网。

为英国殖民地的历史，右边四颗镶有白边的红色五角星组成南十字星，象征着新西兰在南太平洋的地理位置。

（三）国徽

1956 年，经伊丽莎白二世批准，新西兰国徽最终确定。新西兰国徽正中间是一面盾牌，盾面由五组图案组成：左上方的南十字星象征新西兰在南太平洋的地理位置；左下方的小麦捆代表农业；中间的三艘船展示了海上贸易对新西兰的重要性；右上方的整张羊毛皮代表畜牧业；右下方交叉的两把锤子代表采矿业。盾牌上方的圣爱德华王冠象征着英国王室权威。左侧是一名手持新西兰国旗的欧洲裔女子，右侧则是一名手持毛利传统武器的毛利酋长。下方两片银蕨衬托着写有国名的白色绶带。

（四）国歌

自 1977 年以来，新西兰拥有两首地位相同的国歌：《天佑新西兰》（又译《上帝保佑新西兰》）和《天佑国王》（又译《上帝保佑吾王》）。

1840 年，新西兰成为英国殖民地后，将当时的英国国歌《天佑女王》（又译《上帝保佑女王》）设为新西兰的国歌，当在位君主为男性时，国歌将改为《天佑国王》。1860 年，传教士爱德华·马什·威廉斯将《天佑女王》翻译为毛利语。

目前，作为英联邦国家国歌和皇室颂歌的《天佑国王》一般不作为新西兰国歌演奏，取而代之的是另一首国歌——《天佑新西兰》。

《天佑新西兰》的歌词原本是托马斯·布拉肯于 19 世纪 70 年代创作的一首诗歌，经约翰·约瑟夫·伍兹谱曲后于 1876 年首次公开演出。1878 年，这首歌曲的毛利语版本问世。1940 年，新西兰政府购买了其版权。此后，《天佑新西兰》在新西兰民众中的传唱度与认可度越来越高，在 1972 年与 1976 年两届奥运会的颁奖仪式上，《天佑新西兰》取代《天佑女王》作为新西兰国歌演奏。1977 年，在取得伊丽莎白二世许可后，《天佑新西兰》正式成为与《天佑女王》具有同等地位的新西兰国歌。在日常生活中，新西兰人一般只演唱国歌的第一段，并且习惯先演唱毛利语版本，然后演唱英语版本。

（五）首都

1865 年，惠灵顿取代奥克兰正式成为新西兰的首都。惠灵顿位于新西兰北岛的南端，是新西兰的中心位置。惠灵顿坐落在群山和惠灵顿港之间，位于瑞姆塔卡山以西、卡皮蒂海岸以南，西南濒临库克海峡，与新西兰南岛隔海相望。多样的地形地貌造就了惠灵顿地区独特的自然资源和优美的自然风光。受南半球西风带及狭窄的库克海峡的影响，惠灵顿全年多风，素有"风城"之称。

作为首都的惠灵顿是新西兰的政治中心。新西兰议会大厦、总理府、总督府、最高法院等政府机构及官邸皆位于惠灵顿。惠灵顿也是新西兰重要的经济中心之一，其经济发展以服务业为主。2020 年，惠灵顿的国内生产总值增长率为 2.6%，高于新西兰国内生产总值增长率 1 个百分点。2010—2020 年，惠灵顿国内生产总值贡献率名列前三的行业领域分别为公共管理及安全，专业、科学及技术服务，以及金融和保险服务。此外，惠灵顿的旅游业和电影业等创意产业也蓬勃发展。惠灵顿的人均年收入为 71 150 新西兰元，家庭平均年收入为 124 127 新西兰元。[1] 惠灵顿还是新西兰的文化之都，新西兰国立博物馆、新西兰国家图书馆、新西兰交响乐团、新西兰皇家芭蕾舞团等均坐落于此。

惠灵顿的城市安全性及多样性评级在世界范围内名列前茅。在 2017 年

---

[1] 资料来源于新西兰商业研究机构信息计量官网。

德意志银行的全球调查中，惠灵顿荣登世界宜居城市榜首。[1] 尼尔森数据显示，九成左右的惠灵顿人认为自己的生活质量很高。惠灵顿的公共交通使用指数很高，且拥有 363 千米的山地自行车道与步行道，约有 18 000 人选择步行或慢跑上班。[2]

根据 2020 年的人口数据，整个惠灵顿大区人口约 54.2 万，约占新西兰总人口的 11%。该大区人口族裔多样，人数占比前四的族裔类别分别为欧洲移民后裔（约占 75%）、毛利人（约占 14%），亚裔（约占 13%），太平洋岛裔（约占 8%）。[3] 此外，约有 27% 的惠灵顿居民在海外出生。[4] 新西兰统计局 2018 年的数据显示，33% 的惠灵顿人达到第三级教育水平或同等学力，高于新西兰全国人口 8 个百分点。[5]

二、政治制度

新西兰是议会民主制和君主立宪制国家。新西兰实行一院制，仅设众议院，以英国的威斯敏斯特体系为基础。英国国王查尔斯三世是新西兰的国家元首，仅具有象征性，不参与政府的日常运作。总督代为行使皇家权力，由国王根据首相的建议任命，任期一般为五年。总理是新西兰政府的首脑，由议会多数党的领导人担任，在总督的授权下组建政府。

新西兰议会掌握最高立法权，一项法案在成为正式法律之前一般会经过众议院的三轮审议和投票。第一轮审议通过的法案由特别委员会完善相关信

---

[1] 资料来源于新西兰媒体娱乐集团官网。

[2] 资料来源于新西兰惠灵顿官网。

[3] 新西兰的人口族裔数据来源于新西兰公民的个人身份填报信息。由于新西兰允许一个人拥有多身份认同，因此新西兰人口族裔比例相加大于 100%。

[4] 资料来源于新西兰惠灵顿官网。

[5] 资料来源于新西兰统计局官网。

息后交回众议院进行第二轮审议，如果投票通过则交由全院委员会修改表决后在众议院进行第三轮审议，在第三轮审议中投票通过的法案由新西兰总督签署后成为正式法律。新西兰没有成文的宪法，其宪法是由一系列的书面文件和不成文的惯例组成的。一般来说，新西兰宪法包括：新西兰独立前英国通过的成文法，如《权利法案》；新西兰议会通过的法令，如 1986 年《宪法法案》；重要的法律判决，如《菲茨杰拉德诉马尔登案》；新西兰政府部门的其他文书，如内阁手册；以及宪法惯例等内容。不成文性意味着新西兰宪法具有灵活性，政府拥有更多的权力。20 世纪 80—90 年代，新西兰通过了一系列法律限制行政权力，如《新西兰官方信息法》《新西兰权利法》等。

议会成员依据混合成员比例选举制产生。议员任期三年，仅新西兰公民有权参与竞选。新西兰实行成人普选制，年满 18 岁且未在服刑的新西兰公民和永久居民都有投票权。每个选民有两张选票，一张选择支持的政党，另一张选择支持的当地议员候选人。一个政党在议会中获得的总席位数，取决于其获得的政党支持票数。当该政党没有获得与政党支持票数相匹配的议员支持票时，空缺的议员名额则从该政党选举前拟定的政党候选人名单中按顺序递补。实行混合成员比例选举制使单一政党获得过半数议会席位的可能性降低，也就使得规模较小的党派进入议会的机会增大。为了获得议会中多数席位而成为执政党，获得票数最多的政党需要与规模较小的党派合作组建联合政府。

总督和各部部长组成的行政会议是新西兰最高行政机构，行政会议的主要职能是辅助总督发布枢密令以执行政府的决策。内阁掌握实权，是新西兰最强大的政治实体，负责制定国家重大决策，如政府财政政策、法律条款、国际条约等。内阁成员由部长组成，但不是所有的部长都是内阁成员，内阁的规模及成员由总理决定。内阁的三大原则是保密、一致、信任，即内阁会议中所有内容均须保密，所有内阁成员必须公开支持和捍卫内阁所做的决定，内阁、政府和议会相互信任。

新西兰法院行使司法权，按照等级从高到低分别为：最高法院、上诉法院、高等法院、军事上诉法院、地方法院和各种专门法院。最高法院成立于2004年，取代英国枢密院成为新西兰的终审法院。最高法院的案件一般由首席大法官主持审理，下级法院必须遵从最高法院的决定。上诉法院是新西兰负责受理调解上诉的法院，高等法院则行使初审管辖权和上诉管辖权。法官独立于政府之外，以保证司法公正。除了法院以外，新西兰还设立多个仲裁庭，如土地估价仲裁庭、教师投诉和纪律仲裁庭等，旨在提供较法院处理速度更快、程序更简单、费用更低廉的服务。

三、政治党派

自由党是新西兰第一个正式的政党，于1891年成为执政党。1909年，反对派组成改良党，并于1912年成为执政党。20世纪初，新西兰成立了许多规模较小的党派。1916年，吸收了一些小规模的左翼党派后，工党宣布成立。至此，自由党、改良党、工党成为新西兰的三个主导政党，分别代表了企业、农民和工人的权益。

1936年，自由党和改良党合并，组成国家党，随后，新西兰进入了工党和国家党两党轮流执政时期。除了占主导地位的工党和国家党外，一些规模较小的政党也一直在争取议会中的少数席位，如绿党、新西兰优先党、行动党、毛利党等。

四、行政区划

新西兰全国设有11个大区、5个辖区，共计67个地区行政机构（包括

13 个市政厅、53 个区议会和 1 个查塔姆群岛议会）。按照从北到南的地理顺序，新西兰各行政大区及行政辖区分布如下。

（一）北部大区

北部大区位于北岛的最北端，气候偏亚热带，有"无冬的北方"之称。北部大区人口约 19.5 万人，近半数人口居住在该区最大的城市旺阿雷。[1] 北部大区拥有广阔的白色沙滩、发达的渔业、美丽的岛屿风光、独特的毛利文化。

（二）奥克兰辖区

奥克兰辖区位于北部大区南部，新西兰第一大城市奥克兰就位于该区。1865 年之前，奥克兰曾是新西兰的首都。奥克兰坐落于北岛怀特玛塔港和马努考港两个港口之间的狭长地带。大量的船只往来于港口之间，使奥克兰获得"风帆之都"的称号。

奥克兰是新西兰主要的经济和金融中心。2020 年，奥克兰的国内生产总值为 122 776 亿新西兰元。[2] 奥克兰港口众多，进出口贸易繁忙，集装箱吞吐量约占全国集装箱吞吐总量的三分之一。此外，旅游业也是奥克兰经济的一大支柱。奥克兰国际机场是新西兰最大、最繁忙的国际机场，每年约接待新西兰 70% 的国际游客。近年来，奥克兰创意创新产业发展迅速，使得这里成为新西兰电影、音乐和出版业的中心。

奥克兰辖区约有 170 万人，其中，城市人口约 146 万。[3] 作为新移民到

---

[1] 资料来源于新西兰统计局官网。

[2] 资料来源于新西兰商业研究机构信息计量官网。

[3] 资料来源于新西兰统计局官网。

达新西兰的首选居住地之一，奥克兰是多族裔人口的聚集地。超过三分之一的奥克兰人在海外出生，亚裔、太平洋岛裔和毛利人约占奥克兰总人口的一半。奥克兰是世界上太平洋岛裔人口最多的城市，太平洋岛裔和毛利人社区集中在奥克兰的西部和南部。乡村地区居民多为欧洲移民后裔，而中心城区人口一半以上为亚裔。[1]

优美的环境、丰富的教育资源和充足的休闲设施使奥克兰被经济学人智库评为 2021 年世界上最适宜居住的城市之一。[2] 从市中心驱车一小时可以到达 100 多个海滩，享受"帆船、度假、海滩加烧烤"的典型"奥克兰生活"。新西兰最重要的高等教育和学术研究机构奥克兰大学、最大的体育场伊甸公园、奥克兰美术馆、新西兰海事博物馆、奥克兰战争纪念博物馆、奥克兰爱乐乐团等均坐落于此，可满足居民的教育与休闲需求。

（三）怀卡托大区

怀卡托大区位于北岛中部，以新西兰最长的河流——怀卡托河命名，人口约 50 万。[3] 该地区是世界上最富饶的农牧区之一，也是新西兰许多乳制品企业、农业综合企业、相关研究机构的所在地。怀卡托大区南端是艺术与文化区，有怀卡托博物馆、剧院、咖啡馆、酒吧等，是享受艺术、放松身心的好去处。

汉密尔顿是怀卡托大区最大的城市，是新西兰第四大城市，也是新西兰最大的内陆城市。汉密尔顿全年气候温和湿润，夏季平均气温 18℃，冬季平均气温 9℃。全市人口约有 17 万，包括 80 多个族裔类别，其中欧洲移民后裔约占总人口的四分之三，毛利人约占五分之一。汉密尔顿是一个年

---

[1] 资料来源于新西兰商业研究机构信息计量官网。

[2] 资料来源于经济学人智库官网。

[3] 资料来源于新西兰商业研究机构信息计量官网。

轻的城市，约有半数的居民小于 30 岁。[1] 汉密尔顿是怀卡托大区的主要服务中心、农牧产品集散与加工基地，是世界上最富庶的农牧区之一。[2] 汉密尔顿是南半球最大的农业贸易展——新西兰国家农业节的举办地，也是新西兰许多农业生物技术中心、科学研究基地的所在地。汉密尔顿交通便利，是北岛规划的道路网中心之一，进出口贸易发展迅速。城市绿化程度高，开放空间超过 1 000 公顷，拥有包括汉密尔顿花园在内的 145 个公园、花园以及 63 个运动区。怀卡托美术文化博物馆、怀卡托大学、汉密尔顿动物园等均坐落于此。[3]

（四）普伦蒂湾大区

普伦蒂湾大区因其丰富的鱼类、木材等资源得名，拥有约 260 千米的海岸和连绵的白色沙滩。普伦蒂湾大区人口约 34 万，大部分人口居住在陶朗阿、罗托鲁阿、瓦卡塔尼三个城市。[4] 普伦蒂湾大区是新西兰全年日照时间最长的地区之一，充足的日照和良好的气候为户外活动创造了有利条件。

陶朗阿是普伦蒂湾大区最大的城市，是新西兰第五大城市，也是新西兰土地面积最小的城市之一。陶朗阿人口约 15 万，超过 18% 的陶朗阿人为毛利人，约 20% 的人口年龄在 65 岁及以上。[5] 陶朗阿港是新西兰货物吞吐量最大和集装箱吞吐量最大的港口，国内贸易与进出口贸易繁忙。城市周边地区园艺业、乳品业、渔业十分发达。境内的芒格努伊山是当地的游览胜地，拥有休眠火山、主海滩、飞行员湾海滩等著名景点。温和的气候、便利的交通、天然的海滩以及优美的风景使陶朗阿成为新西兰的度假胜地之一。

---

[1] 资料来源于汉密尔顿市议会官网。

[2] 资料来源于新西兰商业研究机构信息计量官网。

[3] 资料来源于汉密尔顿市议会官网。

[4] 资料来源于新西兰统计局官网。

[5] 资料来源于陶朗阿市议会官网。

（五）吉斯伯恩辖区

吉斯伯恩辖区位于北岛中部东北角，人口约 5 万。[1] 吉斯伯恩辖区以优美的海岸风光、密集的森林山地公园、优质的葡萄园和葡萄酒闻名。吉斯伯恩是该大区内唯一的城市，位于新西兰的最东端。吉斯伯恩辖区毛利文化浓厚，大约 45% 的人口认同自己的毛利人身份。

（六）霍克湾大区

霍克湾大区位于北岛东南侧，人口约 18 万。[2] 该地区气候与地中海气候相似，夏秋季炎热干燥，适宜水果生长，有"北岛水果碗"的称号。霍克湾大区有许多葡萄园，葡萄酒产业发达。内皮尔和黑斯廷斯是该地区重要的城市。内皮尔以其装饰艺术和西班牙布道院风格的城市建筑闻名，黑斯廷斯则是该地区的农业服务中心。

（七）塔拉纳基大区

塔拉纳基大区位于北岛西海岸，人口约 12.5 万。[3] 塔拉纳基大区得名于塔拉纳基山，塔拉纳基山是一座高 2 518 米的休眠火山，也是该地区的地标。得益于特殊的地理环境，塔拉纳基大区以石油化工、工业工程和乳制品产业闻名。新普利茅斯是塔拉纳基大区主要的城市，人口约 7.4 万。[4]

---

[1] 资料来源于新西兰统计局官网。

[2] 资料来源于新西兰统计局官网。

[3] 资料来源于新西兰统计局官网。

[4] 资料来源于新西兰移民局官网。

（八）马纳瓦图-旺阿努伊大区

马纳瓦图-旺阿努伊大区位于北岛的南部，人口约 25.5 万。[1] 马纳瓦图-旺阿努伊大区因其境内的两条河流——马纳瓦图河和旺阿努伊河而得名，马纳瓦图河流经该区东南部，河畔坐落着该区最大的城市北帕默斯顿。北帕默斯顿大约 40% 的人口从事与教育相关的工作。[2] 马纳瓦图河下游是肥沃的平原，农业发达。旺阿努伊河是新西兰最长的通航河流，流经该区北部和西部。马纳瓦图-旺阿努伊大区风景秀丽，既有湍急的河流和壮阔的峡谷，又有广阔的平原和美丽的海滩，是自然探险和旅游的好去处。

（九）惠灵顿大区

惠灵顿大区位于北岛的最南端，新西兰的首都惠灵顿就坐落在这一大区。惠灵顿大区人口超过 54 万，大部分人口居住在西南部的四个城市——惠灵顿、上哈特、下哈特和波里鲁阿。[3] 政府部门、购物中心、教育机构、创意文化企业等在惠灵顿大区各司其职，不断碰撞出新的火花。

（十）莫尔伯勒辖区

莫尔伯勒辖区位于南岛的东北角，以莫尔伯勒峡湾闻名，人口约 5 万。[4] 莫尔伯勒辖区南部和北部是山地，中部是怀劳平原。该区气候温暖、日照充足，适宜葡萄生长，葡萄酒产业发达。布莱尼姆是该区的主要城市，皮克顿则是重要的港口城市。

---

[1] 资料来源于新西兰统计局官网。

[2] 资料来源于新西兰移民局官网。

[3] 资料来源于新西兰统计局官网。

[4] 资料来源于新西兰统计局官网。

（十一）纳尔逊辖区

纳尔逊辖区位于南岛的北部，是新西兰面积最小的行政区，人口约 5.5 万。[1] 著名的浅海湾塔斯曼湾、金湾以及新西兰最大的淡水泉蒂怀科鲁普普泉皆位于此。纳尔逊辖区是新西兰的酿酒之都，新西兰的商用啤酒花大多生长于此。纳尔逊港是澳大拉西亚最大的渔港。

（十二）塔斯曼辖区

塔斯曼辖区位于南岛西北部，得名于该区濒临的塔斯曼海，人口约 5.6 万。[2] 塔斯曼辖区自然环境优美，有阿贝尔·塔斯曼国家公园、纳尔逊湖国家公园、卡胡朗吉国家公园三个景色各异的国家公园。首府里士满是该地区的农业服务中心。

（十三）西岸大区

西岸大区位于南岛西侧，人口约 3 万余人。[3] 西岸大区濒临塔斯曼海，毗邻南阿尔卑斯山，降水丰沛，植被覆盖率高，新西兰许多国家公园都坐落于此。该区主要经济来源为旅游业、矿业和农业，最大的城市是格雷茅斯。

（十四）坎特伯雷大区

坎特伯雷大区位于南岛的东北部，人口约 65 万。[4] 坎特伯雷大区西部

---

[1] 资料来源于新西兰统计局官网。

[2] 资料来源于新西兰统计局官网。

[3] 资料来源于新西兰统计局官网。

[4] 资料来源于新西兰统计局官网。

的南阿尔卑斯山冬天被积雪覆盖，有众多滑雪场。大区东部是平坦的坎特伯雷平原，新西兰 80% 以上的农作物出产于此。坎特伯雷大区濒临南太平洋，拥有绵延的海滩和繁忙的港口。

克赖斯特彻奇是南岛第一大城市，新西兰第三大城市。克赖斯特彻奇又称基督城，得名于牛津基督教堂学院。克赖斯特彻奇坐落于南岛东海岸，南靠海港山，东临太平洋，是前往南极考察的门户城市之一。克赖斯特彻奇约有 39 万人口，约占整个坎特伯雷大区人口的 60%。[1] 克赖斯特彻奇依托城市周边地区发达的种植业与养殖业，其农牧产品加工业发展迅速，农业是其传统经济支柱。近年来，该地区的葡萄酒产业和园艺产业蓬勃发展。克赖斯特彻奇的工业也十分发达，是仅次于奥克兰的新西兰第二大制造业中心，以制造机械和设备、金属制品、聚合物和橡胶制品等闻名。近年来，软件开发、互联网技术等以创新和科技为支撑的产业逐渐成为克赖斯特彻奇的重点发展产业。克赖斯特彻奇城市呈网格状布局，以教堂广场为中心，沿着主路线向四周延伸，市内建筑多为英式风格。雅芳河流经全城，沿岸植被茂盛，风景秀美。位于市中心的哈格利公园是最大的城市开放空间，占地超过 160 公顷，是当地居民运动、娱乐、休闲的场地。知名的自然景点有克赖斯特彻奇植物园、柳岸野生动物保护区、特拉维斯湿地自然遗产公园、新西兰唯一的开放式动物园奥拉纳野生动物园等。得益于遍布城市的公园、保护区以及私家园圃，克赖斯特彻奇被冠以"花园城市"的美称。

（十五）奥塔哥大区

奥塔哥 [2] 大区位于南岛的东南部，人口约 25 万。[3] 奥塔哥大区既有山脉、

---

[1] 资料来源于新西兰统计局官网。

[2] Otago，也译作"奥塔戈"。因 University of Otago 官方中译名为"奥塔哥大学"（获取时间 2023 年 7 月 1 日），为行文统一，本书取"奥塔哥"。

[3] 资料来源于新西兰统计局官网。

河流，也有平原、海滩，风景秀丽。

达尼丁位于新西兰南岛的东南部，是奥塔哥大区的首府，也是新西兰南岛仅次于克赖斯特彻奇的第二大城市，与奥克兰、惠灵顿、克赖斯特彻奇并称为新西兰的四大中心。达尼丁得名于苏格兰盖尔语对苏格兰首府爱丁堡的称呼，其城市规划与建筑遵循典型的苏格兰风格，因此有"南方爱丁堡"之称。达尼丁的经济发展得益于19世纪60年代的淘金热。在繁荣时期，当地政府大力投资城市基础设施建设，修建了奥塔哥博物馆、奥塔哥大学、圣约瑟夫主教座堂、霍肯图书馆等文化教育场所。淘金热潮退却后的达尼丁以畜牧业为主要经济发展点，成为南岛最大的羊毛销售中心。目前，高等教育及其相关产业是达尼丁经济发展的支柱。全市约13万人口中有超过2.5万人为学生，是名副其实的学生城。奥塔哥大学、奥塔哥理工学院、奥塔哥男子高中、奥塔哥女子高中等学校及周边宿舍区、商店、俱乐部等吸引着来自世界各地的学子，持续拉动当地经济发展。[1]华裔占达尼丁总人口的2%以上。1994年，达尼丁正式与中国上海缔结为友好城市。在达尼丁市议会和上海市政府的支持下，新西兰第一座中国传统园林式花园——兰园（又称达尼丁中国花园）于2008年正式对公众开放，并与上海豫园缔结为"友好花园"。[2]

（十六）南部大区

南部大区位于南岛的最南端，较高的纬度使得南部大区居民经常有机会看到南极光。南部大区约有10万人口，是新西兰人口密度最低的地区之一。[3]新西兰最大的国家公园——峡湾国家公园、世界上最大的原料奶加工

---

[1] 资料来源于奥塔哥大学官网。

[2] 资料来源于新西兰百科全书官网。

[3] 资料来源于新西兰统计局官网。

厂、新西兰唯一的铝冶炼厂均坐落于此。首府因弗卡吉尔是新西兰最南端城市，环境优美，氛围轻松，生活成本相对较低。

第三节 社会生活

一、人口、民族与信仰

新西兰每五年开展一次全国性的人口普查，最近一次在 2018 年进行。普查数据显示，2018 年新西兰共有常住人口约 470 万人。根据新西兰统计局的相关统计，新西兰常住人口在 2020 年 3 月达到 500 万，最新一百万人口增长用时 17 年，为新西兰历史上增长速度最快的一次。[1]新西兰男女性别比大致为 1∶1，全国中位年龄为 37.4 岁。0—14 岁人口占比约 19.6%，15—65 岁人口占比约 65.1%，65 以上人口占比约 15.2%。[2]

新西兰的人口密度相对较低，平均每平方千米约 18 人。76.5% 的新西兰人口居住在北岛，大多数人生活在城市地区。截至 2018 年，奥克兰是新西兰人口最多的城市，全国约三分之一的人口居住于此，其他主要人口中心分别为克赖斯特彻奇、惠灵顿、汉密尔顿和陶朗阿。[3]

新西兰人口主要由欧洲移民后裔、毛利人、亚裔及太平洋岛裔组成。欧洲移民后裔人口最多，约为 330 万，约占全国人口的 70.2%。毛利人口约有 77.5 万，约占全国人口的 16.5%，多集中在北岛北部及中部地区。亚裔人口约占全国人口的 15.1%，为近几年人口增长速度最快的群体。太平洋岛裔

---

[1] 资料来源于新西兰统计局官网。

[2] 资料来源于新西兰环境健康情报官网。由于部分原始数据缺失，因此各年龄段人数占比相加不足 100%。

[3] 资料来源于新西兰统计局官网。

约占 8.1%，多居住在奥克兰辖区。由于部分新西兰人具有双重或多重身份认同，因此各群体百分比相加超过 100%。新西兰移民人数多。2018 年人口普查数据显示，超过四分之一的新西兰常住人口出生在海外。[1]

2018 年全国人口普查数据显示，超过 200 万的新西兰人认为自己没有宗教信仰，占全国总人口的 48.2%，这一数据较 2013 年上升 6.3 个百分点。新西兰统计局称，新西兰人正在失去宗教信仰。[2]

新西兰人的宗教信仰多样，有 150 余个宗教类别。约有 36.5% 的新西兰人信仰基督教，其中，信仰人数较多的教派主要有英国国教、罗马天主教和长老宗。约 2.6% 的新西兰人信仰印度教，约 1.1% 的新西兰人信仰佛教。此外，还有部分新西兰人信仰伊斯兰教、毛利宗教信仰、犹太教等。[3]

二、官方语言

新西兰有三种官方语言：英语、毛利语、新西兰手语。

英语是新西兰使用最广泛的语言。2018 年新西兰全国人口普查数据显示，95.4% 的新西兰人为英语使用者。不过，新西兰有自己独特的口音和语言表达习惯，所以即使是以英语为母语的人，初到新西兰时，可能也会不适应新西兰人的英语。

新西兰是世界上唯一使用毛利语的国家，并于 1987 年正式将毛利语确定为官方语言。19 世纪初，毛利语是新西兰地区的主要语言。随着大量欧洲移民者的到来，英语逐渐取代毛利语成为主要语言。20 世纪中期，为了防止毛利语消亡，新西兰采取多种措施复兴毛利语。目前，大约有 4% 的新

---

[1] 资料来源于新西兰统计局官网。

[2] 资料来源于新西兰统计局官网。

[3] 资料来源于新西兰统计局官网。

西兰人为毛利语使用者。

新西兰是第一个将手语作为官方语言的国家。2006 年年初，新西兰政府通过了《新西兰手语法》，正式将新西兰手语确定为官方语言之一。新西兰手语以英国手语（BSL）为母语，同澳大利亚手语（Auslan）关系密切，三者一起构成了名为 BANZSL（British，Australian and New Zealand Sign Language 的缩写）的语系。目前，大约有 0.5% 的新西兰人为新西兰手语使用者。每年 5 月，新西兰会举办新西兰手语周活动，展示新西兰手语，提供学习手语的机会。

三、经济情况

（一）三大产业

新西兰第一产业和第二产业规模较小，第三产业规模较大。根据 2019 年的数据，第三产业约占国内生产总值的 66%。在新西兰国内生产总值贡献前十的产业中，除了属于第二产业的建造业之外，其余九个产业均为第三产业。[1]

新西兰的第一产业主要以畜牧业为主，以林业、渔业、种植业等为辅。传统的第一产业除供给本国之外，还有大量可供出口的羊毛、乳品、木材等原材料。进入 21 世纪以来，新西兰第一产业的大部分原材料出售给了本国的第二产业，经过初加工后再出口海外。因此，农林牧产品加工业是新西兰主要的第二产业。新西兰的第二产业出口额占全国出口额的绝大部分，新西兰 95% 的乳制品销往国外，是新西兰主要的出口创收产品之一。新西

---

[1] 资料来源于新西兰统计局官网。

兰的第三产业规模较大，包括科技产业、商务服务业、交通运输业、通信业、零售业、教育行业、卫生行业等。第三产业提供了大量的就业机会，贡献了新西兰一半以上的国内生产总值。近年来，新西兰的科技产业取得快速的发展。2018 年，新西兰科技部门创造了约 110 亿新西兰元的价值，其中超过 80 亿新西兰元来自技术出口业务，科技部门已成为新西兰第三大出口部门。新西兰统计局的数据显示，2020 年新西兰科技部门有约 2.3 万家公司，雇用了超过 11 万名员工，约占新西兰劳动力总数的 5%。[1]

（二）国际贸易

新西兰约 60% 的经济活动属于国际贸易。2020 年，新西兰进出口总额约为 1 187 亿新西兰元，其中进口额约 585 亿新西兰元，出口额约 602 亿新西兰元。2019 年的数据显示，新西兰的前三大贸易伙伴为中国、澳大利亚、欧盟。[2]

新西兰统计局数据显示，新西兰出口的产品主要以乳制品、肉类、木材、葡萄酒等农副产品为主，出口量约占全国生产总量的 70%—95%。[3] 新西兰是世界第一大乳制品和羊肉出口国，2019 年的牛奶出口额约为 63 亿美元，约占世界牛奶出口总额的 21.8%；羊肉出口额接近 16 亿美元，约占世界羊肉出口总额的一半。新西兰还是世界第二大羊毛出口国，2019 年的羊毛出口额约为 3.5 亿美元，约占世界羊毛出口总额的 10%，主要出口国为中国、意大利、英国、印度和捷克。除农副产品外，旅游、教育、运输、信息技术、电影制作等相关产品和服务出口与对外投资，也是新西兰出口的重要组成部分。截至 2020 年 9 月，新西兰对外直接投资存量约为 2 990 亿

[1] 资料来源于新西兰科技产业协会官网。
[2] 资料来源于新西兰统计局官网。
[3] 资料来源于新西兰统计局官网。

新西兰元。进口货物主要以工业原料和机械为主，如汽车、原油、精炼石油、货车、涡轮机等，主要进口来源国为美国、澳大利亚、日本、德国。[1]

双边及区域性的自由贸易协定是新西兰国际贸易政策的重要组成部分。新西兰是世界贸易组织成员，与中国、澳大利亚、新加坡、马来西亚等国缔结了双边自由贸易协定，签订《全面与进步跨太平洋伙伴关系协定》等区域性自由贸易协定。《2019年营商环境报告》指出，新西兰是世界上最有利于商业发展的国家之一。[2]

（三）金融及货币

新西兰储备银行成立于1934年，是新西兰的中央银行。根据《储备银行法》，新西兰储备银行具有唯一的法定发钞权。此外，新西兰储备银行还履行调整货币政策、维持物价稳定、建立和维持金融秩序、完善和监督支付系统、为银行提供支持服务等职能。

自1987年以来，新西兰金融服务市场中只有注册银行和非银行金融机构两类金融机构。注册银行必须在新西兰储备银行注册，是唯一可以在名称中使用"银行"一词的机构。金融公司、保险公司、小额信贷公司等非银行金融机构提供多样的金融服务，与银行相互补充且相互竞争。

新西兰第一家交易银行是1840年开业的澳大利亚联合银行。19世纪60年代，新西兰银行、澳大利亚银行、新南威尔士银行、奥塔哥银行相继开业。新西兰银行运营至今，而其他银行则逐步成为澳大利亚和新西兰银行集团或西太平洋银行的一部分。除了上述银行之外，新西兰规模较大的银行还有新西兰国家银行、奥克兰储蓄银行、几维银行等。

新西兰的官方货币是新西兰元，货币代码为NZD，货币符号为NZ$。

---

[1] 资料来源于经济复杂度观察站官网。

[2] 资料来源于世界银行官网。

新西兰是最后一个发行本国货币的英国自治领，直到 1933 年才首次发行本国硬币。次年，新西兰储备银行成立并发行第一批临时纸币。1940 年，新西兰发行正式纸币。自 1999 年起，塑料钞取代纸钞开始在新西兰广泛流通。自 1933 年首次发行以来，新西兰硬币的面额与设计经历了多次修改，目前主要流通的硬币面值为 10 分、20 分、50 分、1 新西兰元、2 新西兰元。

四、新闻传媒

新西兰的主要商业广播电视台有新西兰电视台、天空网络电视有限公司、电视三台等。新西兰电视台是接受商业投资的国有广播公司，为新西兰本土及太平洋部分地区提供电视服务。新西兰电视台拥有新西兰电视一台，新西兰电视二台、新西兰电视杜克频道等频道。[1] 天空网络电视有限公司成立于 1987 年，通过卫星、流媒体、互联网等途径为约 100 万名用户提供付费电视服务，有 70 多个卫星频道、12 个体育专用频道和 40 个全天候在线直播频道。[2] 电视三台也是新西兰全国性的电视频道，成立于 1989 年，前身是新西兰第一个私营电视频道 TV3，于 2017 年正式更名。目前，电视三台提供免费电视剧、戏剧、时事新闻等数字电视服务，是新西兰 25—54 岁人群最喜爱的频道之一。[3]

新西兰的报纸种类繁多，具有很强的地域性。各大报纸与当地社区联系密切，读者群相对独立。目前在新西兰影响力较大的报纸有《新西兰公报》《奥塔哥每日时报》《新闻报》等。《新西兰公报》是新西兰历史上第一份报纸，是新西兰政府的官方报纸，发布官方的政策及经济通告。2014 年，

---

[1] 资料来源于新西兰电视台官网。

[2] 资料来源于天空网络电视有限公司官网。

[3] 资料来源于电视三台官网。

《新西兰公报》在线版正式取代纸质版。《奥塔哥每日时报》是新西兰历史上第一份日报，也是新西兰目前发行量较大的报纸之一，其总部位于达尼丁。《新闻报》是南岛发行量最大的日报，其总部位于克赖斯特彻奇。

随着互联网的普及，新西兰报纸行业面临巨大的冲击。报纸的种类和印量整体呈现下降趋势。然而，新西兰人仍然将报纸视为获取信息的重要途径之一。为了迎合读者需求，许多报纸也开始提供在线阅读服务。澳大利亚市场调查公司罗伊·摩根的调查结果表明，2019年仍有超过300万的14岁以上的新西兰人平均每周至少阅读一次纸质版或在线版报纸，报纸行业仍有发展空间。[1]

在新西兰，除了电视与报纸，杂志是另一重要的信息传播媒体。根据罗伊·摩根2019年的调查结果，新西兰最受读者欢迎的杂志是《AA指南》，平均每期读者人数约为48.5万。之后依次是《新西兰妇女日》《电视指南》《澳大利亚妇女周刊（新西兰版）》等。[2]

五、医疗卫生

新西兰政府制定了多项法律法规以完善本国的医疗卫生体系。新西兰医疗卫生系统的资金主要来自政府的财政支持和保险公司的意外事故赔偿。2020—2021财年，新西兰政府投入约202亿新西兰元支持医院和其他医疗机构的发展，以期为新西兰人提供优质的卫生和残障服务。[3] 新西兰公民、居民和持有两年及以上有效期工作签证的人均可享受免费或低价的公共医疗服务。民众可以从医院、家庭医生、健康专线等处获得医疗卫生服务。

---

[1] 资料来源于罗伊·摩根官网。

[2] 资料来源于罗伊·摩根官网。

[3] 资料来源于新西兰卫生部官网。

新西兰通过普及疫苗接种、开展癌症筛查项目、倡导健康的生活方式等提高新西兰公民的身体素质。新西兰儿童可以免费接种白喉、肺结核、脊髓灰质炎等疫苗，但其全面免疫接种率低于大多数发达国家。此外，新西兰越来越多的政策和服务关注心理健康及疾病预防，将心理健康问题视为公共卫生问题的一部分。新西兰人可以从政府、医疗机构和心理健康倡导团体等处获得心理健康服务。

六、体育与休闲

体育文化是新西兰文化的重要组成部分。19世纪，英国移民将传统的英国体育项目带到新西兰，板球、赛马、划船、橄榄球、网球等体育运动开始在新西兰流行起来。早期，新西兰的运动以职业体育和体育博彩为主。19世纪末20世纪初，越来越多的新西兰民众参与到体育运动中，群众性体育迅速发展起来。19世纪末以前，板球是新西兰开展最广泛、最受欢迎的运动。之后，橄榄球逐渐取代板球的位置。新西兰国家橄榄球队多次在国际比赛中获得冠军。进入21世纪以后，人们的生活理念和工作节奏改变，新西兰人进行体育运动的方式也有了变化。自行车、游泳、散步、健身等越来越受欢迎。登山、滑雪、狩猎、垂钓等户外活动也成为城市居民放松身心、亲近自然的方式。2017年一项有关新西兰成年人体育与休闲活动项目参与度的调查显示，参与度最高的五项活动为散步、园艺、器械健身、跑步、与孩子玩游戏。[1]

---

[1] 资料来源于全球统计数据库官网。

第二章 文化传统

第一节 历史沿革

新西兰地区的人类活动历史较短，直到约 13 世纪末，该地才被毛利人的祖先发现。19 世纪 40 年代，大规模的欧洲移民活动使新西兰成为英国殖民地的前哨。随着社会经济的不断发展和移民人数的增长，新西兰逐渐成为拥有多元文化的国家。

一、13 世纪末至 19 世纪初

学界对于人类第一次定居新西兰的具体时间仍有争议，目前较为主流的观点认为，约在 13 世纪末，波利尼西亚人航海探险来到新西兰，并成为最初的定居者。几个世纪之后，波利尼西亚人开始自称毛利人，取其"普通""普通人"之意。

早期的毛利人的生活形式为部落群居，以狩猎和采集为生。海豹和现已灭绝的摩亚鸟是他们的主要猎物，鱼类和贝类也是其饮食的重要组成部分。时至今日，许多居住在南岛的毛利人依旧保持着这种生活方式。在温暖的北方，毛利人种植红薯和山药。在欧洲移民到达之前，新西兰的毛利

人数量可能已经超过 10 万。[1]

早期的毛利人没有自己的文字，部落历史、传说等大都口口相传，毛利人也运用雕刻、结绳、编织等方式辅佐记事。背诵系谱华卡帕帕（Whakapapa）是宣告自身身份和融入部落群体的一项活动，也是毛利人交流的重要方式。毛利部落中流传着一系列关于波利尼西亚人移民新西兰之前的传说故事，这些传说故事已经融入部落的谱系框架之中，成为毛利人新西兰原住民身份认同的核心。

（一）文化核心

玛纳（mana）、塔普（tapu）和乌图（utu）是毛利文化的核心，也是毛利社会秩序和争端的根源，影响着毛利人日常生活的方方面面。

玛纳是一种超自然的力量，指地位、威望等。玛纳是毛利人的信仰阿图阿（atua）授予万物的精神礼物，代表阿图阿的意志，是一种持久且不可毁灭的力量。人类在出生时便继承了玛纳，血统越高贵玛纳便越强大。玛纳也存在于其他生命体和无生命物体之中，因为它们都是阿图阿的产物。玛纳几乎与所有活动息息相关，部落将玛纳赋予酋长，使他拥有部落事务的决策权以及组织和管理各项活动的权力。同时，酋长也会将玛纳赋予其人民、土地、水源等。虽然玛纳是被赋予的，但个人或部落也会通过行动而获得或因行为而失去它。例如，成功的探险或部落活动可以增加个人及部落的玛纳，反之则会减少。因此，毛利人在日常生活中极力捍卫和提升自己的玛纳，有时可能会因此做出过激的行为。

塔普是另一种超自然的力量，代表限制和禁止。塔普意味着一个人或事物被奉献给阿图阿从而进入了神圣的领域，塔普无法在世俗中被触及或

---

[1] 资料来源于新西兰百科全书官网。

普遍使用。玛纳和塔普相辅相成，一个人的地位越高，玛纳和塔普就越强。每个人从出生开始拥有塔普，每个人都有责任保护自己的塔普且尊重其他人及其他事物的塔普。在女性分娩、战士出征、死亡等特殊情况下，个人的塔普会更加强盛。酋长或其他地位高的人作为阿图阿的代理人可以赋予某个人或物体塔普。由于害怕阿图阿因愤怒降下疾病或灾难，部落居民一般不会违抗塔普。违抗塔普会遭到报应，有时甚至会造成违抗者和相关人员的死亡。适当的毛利祈祷活动——卡拉基亚（Karakia）可以减轻这些负面影响。由于自然资源也来源于阿图阿并拥有塔普，因此在采集资源前后也需要通过卡拉基亚来安抚它们。塔普的作用是约束人类对待彼此及其他事物的方式，以维护自然资源与社会繁荣。

乌图常被翻译为复仇，但其实乌图的含义很广泛。除复仇、报复之外，乌图还指互惠、回报，同时指代福报和恶报。乌图的文化价值建立在以下观念之上：个人和团体之间存在着相互维系彼此关系的义务，如果关系受到干扰，需要用乌图维护和恢复社会内部的平衡与和谐。交换礼物是乌图的重要形式之一，各方以此履行互惠义务、建立和维护永久的联系和社会纽带。乌图的另一种形式是姆鲁（muru），指使用个人财产对自己伤害个人、部落或社会的行为进行赔偿。如果交换礼物和赔偿方式的乌图仍无法恢复社会的平衡，毛利人可能需要通过远征等其他形式寻求暴力恢复。尽管乌图的形式多样，其具体运用取决于当事人及其意图、玛纳、事件性质等因素，但乌图的目的都是纠正错误，维护个人和群体之间的和谐关系以及毛利社会的稳定秩序。

有学者认为，毛利人的文化核心，尤其是玛纳和乌图，是导致其发起广泛战争的根源。但事实上，毛利人的战争是偶发的，它被毛利人视为一种维护社会秩序和分配资源的手段。在大多数情况下，毛利人都过着和平的生活。他们通常住在没有设防的定居点或营地，而不是帕堡[1]之中。

---

[1] 帕堡，毛利语为 pā，通常指有栅栏和防御平台的山丘堡垒或防御型村庄。

（二）物质文化

毛利人擅长砍伐、雕刻，建造独木舟及各种建筑，用石头和骨头制作工具和装饰品。

毛利人认为，提供雕刻木材的树木是森林之神塔尼的代表，这些木材也被称为塔尼的化身，因此砍伐树木时需要进行特殊的仪式。当这些木材被雕刻后，他们就继承了被雕刻的原型的特质。在毛利文化中，雕刻木材是一项仪式，有许多要求和禁忌，如木雕师不能将木屑和刨花吹走，木材边角料不能作为烹饪的燃料。毛利雕刻师只能根据所选木材的形状和大小进行雕刻，将多余部分移除的同时不能使用其他的木材进行补充，这体现了毛利人的减法艺术。完成的雕刻品通常会用红赭石上色，在毛利文化中，红色是高贵的颜色。毛利人常用的木雕工具有锛、凿子、木槌等，这些工具一般由木头、鲸骨、石头、新西兰玉制作而成。锛用于粗琢出木雕的基本形状，凿子则主要用于雕刻细节。毛利人认为工具具有主人的塔普，他人不得在未经主人的许可下使用这些工具。欧洲人到达新西兰后，钉子、钻头等金属工具经改造后也被广泛用于木雕。

毛利人擅长利用不同的石头制作多种多样的工具。玄武岩被用于制作锛、凿子等，砂岩用于制作磨刀石，燧石用于制作石片工具和钻孔工具。大石头可以用作独木舟的锚，小石头和浮石则可以用作渔网的浮子或捕鱼的诱饵。此外，石头和鲸骨是制作短柄武器巴图（Patu）的常用原料。除了工具和武器，石头和骨头也被毛利人制作成装饰品。早期装饰品通常用蛇纹石制作而成，风格与同时期波利尼西亚装饰品类似。蛇纹石多产于纳尔逊辖区，颜色有深棕色、绿色，质地柔软，易于雕刻。早期的毛利人将蛇纹石拧成线，串着同样用蛇纹岩打造的圆盘状或鲸鱼牙齿状的坠饰，制成项链。约16世纪，新西兰玉才开始被广泛用于制作项链吊坠和耳坠。

二、19 世纪初至 20 世纪初

19 世纪初，许多欧洲传教士经由澳大利亚抵达新西兰。1814 年，出生于英国的澳大利亚传教士塞缪尔·马斯登建立了新西兰第一个基督教传教站。

传教士的到来对欧洲文明在新西兰的传播起到了非常重要的作用。传教士的首要任务是向毛利人传授基督教教义，使毛利人皈依基督教。为此，传教士亨利·威廉姆斯对传教士提出要求：熟练掌握毛利语，集中在传教站附近地区布道，参加教会学校的教学活动。这一系列措施取得了显著成效，毛利人开始皈依基督教。各地的传教士和他们的家人开办了教会学校，教当地的毛利人阅读和书写，为之后毛利文字的创制工作做出了贡献。

19 世纪上半叶，大量欧洲移民定居新西兰，毛利人将这些白人称为帕克哈（Pākehā）。欧洲移民的涌入加速了英国政府殖民新西兰的进程，也促进了新西兰白人文化（Pākehā culture）的形成、传播与发展。有学者认为，新西兰白人本身没有自己的文化传统，他们是通过借鉴英国文化和毛利文化逐渐创造出自己的文化。一方面，19 世纪末 20 世纪初，大部分定居新西兰的白人依旧将自己视为欧洲人，与英国保持着密切的文化联系，同时又形成了以爱尔兰、意大利和其他欧洲群体的文化为基础的亚文化。另一方面，受到新西兰当地生存环境和毛利文化的影响，新西兰白人文化与英国文化又有所差别。与当时英国森严的阶级制度截然相反，新西兰白人文化具有平等主义色彩，不把个人出身或地位与个人成就相联系，因此文化氛围更加宽松。新西兰白人文化具有个人主义倾向，崇尚自力更生、强健体格、创新意识、适应力和解决问题的能力。在崇拜强者的同时，新西兰白人文化也强调对弱者的关爱，在社交活动中重视谦逊。

三、20 世纪初至 20 世纪末

20 世纪初，一些新西兰艺术家和作家将新西兰视为文化荒漠，纷纷移居海外。为改变这一局面，新西兰文艺界自 20 世纪 30 年代中期发起了文化民族主义运动，试图繁荣本国文化，打破英国传统文化的桎梏。人们开始关注新西兰独特的风景和重大的历史事件。"在浓密的灌木丛或起伏的山峦中的社会生活"和"欧洲人发现新西兰的时刻"成为最受欢迎的文化创作主题。

对本国自然环境的极大热爱是新西兰人团结在一起的纽带之一。20 世纪 60 年代，新西兰电视节目开始注重反映新西兰人的生活。1966 年开播至今的《乡村日历》是新西兰最长寿的电视节目，它通过丰富的人物故事展示多样的新西兰乡村生活。随后，越来越多的本土电影导演、制片人将新西兰的风景和文化融入作品之中，成为向世界展示新西兰文化的重要窗口。

复兴毛利文化是新西兰 20 世纪下半叶文化发展的一大主题。20 世纪 50—80 年代，大量毛利人从乡村移居到城市，但毛利文化遭到城市主流文化——新西兰白人文化的排斥，毛利人被贴上懒惰、不守时、做事不专业等标签。受到新西兰白人文化和城市化的影响，居住在城市的毛利人产生了毛利大家庭的观念，来自不同部落和地区的毛利人视彼此为兄弟，兄弟文化一度盛行。20 世纪 60—70 年代，受到美国黑人民权运动的激励，毛利人开展了反对边缘化和种族隔离的抗议活动。为了更好地推广毛利语和毛利文化，毛利领导人开展了毛利语复兴运动。毛利语言委员会、毛利广播电台、毛利电视台相继成立，毛利语教育也发展起来，逐渐形成从学前教育到高等教育全覆盖的体系。1987 年，新西兰政府颁布《毛利语法》，宣布毛利语正式成为新西兰的官方语言之一。毛利语言的复兴带动了毛利文化的复兴和发展，文身等习俗和毛利新年等传统节日受到更多的关注。

四、进入 21 世纪以来

得益于本国人口的多样性和流动性，新西兰文化日益多元化。2001 年，新西兰侨民协会成立，旨在连接海内外的新西兰人并向世界宣传新西兰。人口的跨国流动已经成为新西兰国家认同的一部分，新西兰年轻人也将出国旅游、出国工作等海外经历视为重要的人生经历。

生活在多元文化中的新西兰人对新思想、新事物普遍持开放包容的态度，同时也将平等主义和自由主义的传统延续至今。新西兰人认为，无论个人背景如何，每个人都有改善自己生活状况的平等机会。新西兰人通常会尽最大努力来理解和包容差异，为弱势群体提供相应的支持。为保护女性的政治权利，新西兰于 1893 年成为世界上第一个承认妇女选举权的国家。毛利文化、太平洋文化和其他文化逐渐融入新西兰主流文化中，成为新西兰人身份认同的一部分。在毛利文化中占有重要地位的银蕨、几维鸟等成为新西兰重要的文化符号，许多毛利语词汇进入新西兰英语。新西兰的嘻哈音乐和雷鬼音乐中融入了毛利文化元素和太平洋文化元素，呈现出独特的风格。其他群体的文化也通过艺术作品、风俗习惯等得以展现，推动了新西兰多元文化的形成与发展。因此，当代新西兰人通常会用平等、开放、包容、创新等词汇来形容本国文化。

第二节 风土人情

一、饮食

在欧洲移民到达新西兰之前，毛利人一般每天只吃早餐和晚餐。在一些偏远的毛利社区，一日两餐的饮食模式一直延续到 20 世纪后半叶。窑烤是毛利人的传统烹饪方式：人们将烧热的石头放在挖好的土坑中，上面放置用叶子、布等包裹的肉类和蔬菜，最后覆盖泥土保持坑内热度烹饪 2.5—4 个小时。窑烤中常见的肉类有羊肉、猪肉、鸡肉、鱼肉等，常见的蔬菜有红薯、南瓜等。窑烤的食材体积一般较大，烹饪完成后会进行切片等处理，以便享用。

大量到来的欧洲移民改变了当地的饮食习惯，一日三餐辅以两到三顿茶点或零食的欧式饮食习惯逐渐成为新西兰的主流饮食模式。早餐被称为早茶，晚餐前的茶点则被称为下午茶，一般为家庭自制的烘焙食品。晚餐是新西兰人一天中最正式的一餐。新西兰几乎没有本土蔬菜和水果，卷心菜、胡萝卜、豌豆、洋葱、苹果、梨、桃子等蔬果均从欧洲引进。从 20 世纪 90 年代起，亚洲蔬菜也逐渐进入新西兰市场。

"一荤三素"是多数欧裔新西兰人的饮食搭配方式，一般肉食为主菜，配以一份碳水化合物、一份绿色蔬菜、一份其他蔬菜。得益于发达的畜牧业和绵长的海岸线，肉类成为新西兰传统饮食的主要组成部分。经济合作与发展组织 2018 年发布的报告显示，新西兰是全球十大食肉国家之一，每人每年吃掉大约 75 千克的肉。[1] 海鲜是毛利人传统饮食的重要组成部分，也逐渐融入新西兰移民的饮食中，牡蛎、贻贝、鲑鱼、蓝鳕鱼等深受欢迎。2019 年的一项调查表明，大约 10% 的新西兰人为素食主义者。[2] 白面包是新西兰人的传统主食。随着新移民的到来，米饭、意大利面食等也逐渐成为新西兰常见的主食。牛奶、黄油、奶酪、酸奶等乳制品是新西兰人餐桌上的必备品。

饮食是新西兰人社交、庆典和宗教仪式的重要组成部分。每逢重大事件或纪念日，毛利人会举办盛大的传统宴会。好客的毛利人用丰盛的食物

---

[1] 资料来源于新西兰斯塔弗（Stuff）新闻官网。

[2] 资料来源于新西兰斯塔弗（Stuff）新闻官网。

款待客人，认为客人吃得越多越好。宴会既是新西兰人与家人、朋友交流感情的重要方式，也是移民后裔传承家乡文化的重要方式。

二、服饰

现代新西兰人的穿着一般比较随意，以西式服装为主。20 世纪中后期开始，新西兰人的服饰开始以简单、宽松、舒适为发展方向，牛仔裤、T 恤等逐渐流行。

毛利人的传统服饰是新西兰特有的服饰。毛利人的传统服饰由衣服、头饰、凉鞋、其他装饰品等组成，除了保护身体外还有区分社会地位的作用。毛利人一般用当地植物和动物皮毛制作服饰，编织是最常用的制作方式。衣服包括斗篷、系在腰间的围裙、条纹流苏短裙。毛利人一般光脚走路，但在岩石地面上行走时则会穿着由亚麻或植物叶子编织的凉鞋。传统的毛利饰品有装饰性的梳子、由新西兰玉等制成的吊坠、由羽毛制成的耳饰等。随着大量欧洲移民定居于此，毛利人开始穿着欧式服装或改良过的毛利服装。现代毛利人的日常穿着与其他新西兰人几乎没有差异，一般只在节日等特殊场合才会穿着传统服饰。

身体和面部的文身在一定程度上被视为原始服饰的一种象征，可看作毛利传统服饰的一部分。毛利人有在手臂、躯干等处文身的习俗，一些毛利人也将文身视为一种成年礼。毛利人也爱文面，比较有名的是塔莫科。塔莫科是毛利人从波利尼西亚带来的文面技艺，一般由曲线和螺旋状的纹样构成，是文面者身份、社会地位、权力等的象征。男性塔莫科通常由八部分组成，用以显示其个人信息和地位。额头中央的图案表示其社会地位，眉毛下面的图案表示其职位，眼睛和鼻子周围的图案表示其所在亚部落的等级，鬓角处的图案表示其婚姻状况，鼻子下面的图案为个人签名，面颊处的图案表示其工作性质，下巴处图案代表其声望，下颌处的图案表示其出生信息。不同于男性的全脸文面，女性文面一般只在下巴、嘴唇和鼻子处。

三、民居

受到英国居住文化的影响并得益于相对丰富的土地资源，新西兰大多数民居都是独立式住宅，一般都配备庭院、花园或者菜园。半独立式住宅、排屋等并不常见，公寓楼房多位于城市中心地段。

传统的毛利人过着群居的生活，以家庭为单位组成部落。每个家庭住在用芦苇、亚麻、木材等建造而成的传统棚屋中，部落中还有仓库、伙房、会议室等公共建筑。第一批定居新西兰的欧洲移民多定居在毛利部落附近，住在毛利风格的棚屋或类似棚屋的房子里。

新西兰欧式风格住宅建设和流行的原因之一是传教士希望以此向毛利人展示先进的欧洲文明。早期的新西兰民居以砖石为主要建筑材料，配以茅草或木瓦屋顶。1848 年和 1855 年的两次大地震使新西兰人更加注重房屋的抗震性，木材逐渐成为主要建筑材料，屋顶则主要使用金属薄板，或者由陶瓷、混凝土等材料制成的瓦片。

新西兰全国住房拥有率在 20 世纪末达到约 74% 的峰值，随后，住房拥有率整体呈下降趋势，2018 年已下降至 64.6%，为近 70 年来的最低值。[1]

---

[1] 资料来源于新西兰统计局官网。

四、节庆

目前，新西兰共有 23 个公共假日。其中全国性公共假日 11 个，分别是元旦、元旦次日、怀唐伊日、耶稣受难日、复活节星期一、澳新军团日、国王生日、玛塔里基日、劳动节、圣诞节、节礼日。在全国性公共假日，新西兰的学校、政府部门和许多私营企业都会关闭。此外，新西兰还有 12 个地区性公共假日，分别是奥克兰纪念日、惠灵顿纪念日、霍克湾纪念日、塔拉纳基纪念日、莫尔伯勒纪念日、纳尔逊纪念日、坎特伯雷纪念日、南坎特伯雷纪念日、奥塔哥纪念日、南部纪念日、查塔姆群岛纪念日、韦斯特兰纪念日。许多公共假日每年的日期并不相同，如果节庆日在周末，则一般下周周一休息。

（一）元旦和元旦次日

每年公历 1 月 1 日是元旦，1 月 2 日是元旦次日。当元旦或元旦次日是周末时，假期则会定为下一周的周一或周二。新西兰地理位置靠近国际日期变更线，是世界上最早进入新年的国家之一。由于地处南半球，1 月的新西兰正处于夏季。许多地区会举办新年烟花表演、新年庆祝巡游、新年派对等大型活动。许多新西兰人会利用元旦和元旦次日走亲访友、观看板球比赛、参加元旦赛马嘉年华、逛集市等。

（二）怀唐伊日

每年 2 月 6 日的怀唐伊日是新西兰的国庆日，以纪念《怀唐伊条约》的签订。1840 年 2 月 6 日，英国王室代表与 40 余位毛利酋长签署了《怀唐伊条约》。同年 9 月，又有约 500 名毛利酋长签署了该条约的副本。由于《怀唐伊条约》是英国政府与毛利酋长关于建立民族国家并组建政府的政治协议，因而该条约一般被视为新西兰的建国文件。

1934 年，第一次官方的《怀唐伊条约》签订纪念活动于怀唐伊举行，超过一万名毛利人参与。1960 年，新西兰颁布了《怀唐伊法案》，正式将每年的 2 月 6 日定为全国感恩节，以纪念《怀唐伊条约》的签订。1974 年，怀唐伊日被定为新西兰国庆日，成为国家公共假日，并更名为新西兰日。然而新西兰人对于将怀唐伊日更名为新西兰日一直存在争议，认为更名行为是对《怀唐伊条约》的轻视。于是，1976 年，新西兰通过法案废除了此前的更名举措，重新启用"怀唐伊日"这一名称。

在怀唐伊日，所有新西兰人都能享受一天的假期。如果当天是周末，假期则会顺延到下周的周一。怀唐伊日的正式庆祝活动在《怀唐伊条约》签署地举行。在民间，人们聚集在一起开展各种纪念活动，如制作并享用毛利大餐、表演卡帕哈卡舞、植树等。

（三）耶稣受难日

耶稣受难日又称圣周五、沉默周五等。耶稣受难日在复活节前的星期五，是新西兰复活节四天假期的开始。这一天，许多教堂会举行特别的礼拜仪式或守夜祈祷，一些教会还会进行斋戒。短途旅行、走亲访友等是新西兰人常见的假期安排。

（四）复活节星期一

复活节星期一是复活节后的第一个星期一，是耶稣复活后的第二天，也是新西兰复活节四天假期的最后一天。许多新西兰人会参加和复活节相关的活动，如制作和寻找复活节彩蛋、制作兔子形状的糖果、参加教会的礼拜仪式等。鸡蛋、兔子、动物幼崽等是复活节活动中的常见元素，象征着大自然的重生和繁衍，寄托了人们美好的愿景。大部分短途旅行和走亲访友的人会在这天返回家中。

（五）澳新军团日

每年的 4 月 25 日为澳新军团日，是澳大利亚和新西兰两个国家的公共假日。1915 年 4 月 25 日，澳大利亚和新西兰军队登陆土耳其，在 8 个月的交战中，大约有 3 000 名新西兰士兵阵亡。许多新西兰人会在澳新军团日当天参加游行、黎明仪式、敬献花圈等纪念活动。

（六）国王生日

新西兰人在每年 6 月的第一个星期一庆祝国家元首英国国王的生日。从 18 世纪开始，新西兰人会在国家元首的生日当天举办庆祝活动。1936 年，英国国王乔治五世去世，乔治五世国王生日为 6 月 3 日。1937 年，新西兰政府颁布《君主生日庆祝法》，将庆祝日固定在每年 6 月的第一个星期一。这一法律规定一直延续至今。因此，虽然查尔斯三世的实际生日是 11 月 14 日，新西兰的国王生日纪念日仍为 6 月的第一个星期一。

（七）玛塔里基日

玛塔里基日是毛利人的新年，于 2022 年正式成为新西兰第 11 个全国性公共假日。玛塔里基是毛利语中的昂宿星团，昂宿星团在 6 至 7 月上升，象征着毛利新年的开始。玛塔里基日根据毛利历法确定，每年的日期并不固定，通常在 6 月底 7 月初。在玛塔里基日，毛利人聚集在一起，缅怀故人、庆祝一年的收获并展望未来。

（八）劳动节

新西兰的劳动节定在每年十月的第四个星期一，以纪念新西兰人成功争取到八小时工作制的权利。新西兰工人是世界上最早主张八小时工作制的人群之一，1840 年，木匠塞缪尔·帕内尔在惠灵顿为工人争取到这一权益。1890 年 10 月 28 日，新西兰首次庆祝劳动节。

（九）圣诞节

每年 12 月 25 日的圣诞节是基督教纪念耶稣诞生的节日。这一天，教堂会举行圣诞节特别仪式。人们与亲友共度节日时光，用圣诞树、圣诞袜、彩灯、圣诞花环等装饰住宅，互相赠送礼物，交换圣诞卡片，享用圣诞火腿、烤火鸡、烤蔬菜、自制肉汁等圣诞大餐。由于圣诞节时值新西兰的夏季，故海滩、游泳池等是新西兰人常去的度假场所。

（十）节礼日

圣诞节的第二天 12 月 26 日为节礼日，是大多数英联邦国家的公共节假日。节礼日的由来众说纷纭，一说这一天是封建时期英国领主向佃户发放奖金或布料、农具等礼物的日子。由于这些东西装在盒子（box）里，因此这一天得名节礼日（Boxing Day）。也有一种说法是教堂在圣诞节后打开施舍箱（alms box），将里面的金钱或物品分发给教区的穷人。许多人在节礼日一边吃美食，一边看电视，继续享受假期生活。许多商店会在节礼日提前开门营业并提供大额折扣。

五、礼节

在正式场合，新西兰人通常行握手礼，女士有时会互相行贴面礼。在传统聚会或重大仪式上，毛利人习惯将鼻子和前额轻轻碰在一起行碰鼻礼，之后可能还会行握手礼。初次见面时，应称呼对方的姓氏，并冠以"先生""女士""爵士""女爵士"等称呼或称谓。关系亲近后，一般可以直接称呼名字。在交谈时，使用"请""谢谢"等礼貌用语。认真倾听是必要的社交礼仪，而打断他人对话、谈论收入等个人隐私问题、交谈时使用电子设备被视为不礼貌的行为。新西兰人重视个人空间，即使在公共场合也会与他人保持适当的社交距离。

新西兰人举办家庭聚会时通常会要求受邀者"带一个盘子"（bring a plate），即带一盘食物与参加聚会的人一起分享。所以，去做客时，新西兰人一般会带葡萄酒、巧克力、鲜花等作为礼物。开始吃饭前，许多有宗教信仰的新西兰人会祈祷，其他人则需要等待祈祷完毕后一起用餐。参加一般的家庭聚会只需要穿着干净整洁的休闲服装即可，但在婚礼、葬礼等场合，需要按照邀请函标注的着装要求穿着正式服装。

与毛利人交往时要注意遵守毛利文化中的相关礼节。在毛利文化中，人的头是神圣的，随便触摸他人的头是非常不礼貌的行为，与头相关的物品也需要谨慎对待。例如，不能坐在枕头上、吃饭时不能戴帽子。进入毛利人家中要脱鞋，不能坐在桌上或者把包放在桌上。毛利社会等级森严，尤其是当地位高的人在讲话时，其他人不能随意走动，要等到讲话结束后再移动；必须移动时，经过讲话者时需要蹲下表示尊重。

第三节 文化名人

一、学者

（一）比尔·艾雷

比尔·艾雷（1897—1968）是新西兰著名历史学家及社会活动家。

艾雷出生于奥克兰。1920—1921 年，艾雷在奥克兰文法学院短暂任教，之后前往牛津大学深造。在此期间，艾雷接触历史，并开始研究战争的成因及造成的危害。1923 年，艾雷返回新西兰。次年，在基督城培训学院获得了历史和英语讲师的职位。1929 年，艾雷在奥克兰大学教授历史，直至退休。艾雷最重要的学术成就是修订了约翰·康德利夫于 1925 年出版的《新西兰简史》。艾雷修订的《新西兰简史》多次重印，成为学校的标准教材。

二战期间，艾雷对马克思主义产生浓厚的兴趣。艾雷多次为《明天》《政治学》《新西兰月报》等期刊撰写文章，并于 1954 年出版了题为《与新西兰社会发展和当前世界趋势有关的新西兰外交政策》的小册子，为新西兰及世界和平做出了贡献。

（二）约翰·比格尔霍尔

约翰·比格尔霍尔（1901—1971）是新西兰著名历史学家。1958 年，比格尔霍尔被授予圣米迦勒及圣乔治勋章，以表彰其在历史研究和文学领域的贡献。1970 年，比格尔霍尔获得英国功绩勋章，成为第二位获此殊荣的新西兰人。此外，他还获得了牛津大学、维多利亚大学、奥塔哥大学、悉尼大学的荣誉学位。

比格尔霍尔的主要研究对象是英国皇家海军军官、航海家、探险家和制图师詹姆斯·库克。他最突出的学术成就是修编了库克的三本探险日记，并撰写了一本倍受赞誉的库克传记《詹姆斯·库克船长的一生》。此外，比格尔霍尔还完成了《库克船长之死》《太平洋探险》等著作。除学术研究之外，比格尔霍尔还担任许多社会职务。他曾长期任职于联合国教科文组织新西兰国家委员会，担任新西兰公民自由委员会主席、新西兰国际事务研究所所长等职。

（三）克拉伦斯·毕比

克拉伦斯·毕比（1902—1998）是新西兰著名教育学家和心理学家，新西兰教育学院终身会员，美国全国教育科学院外籍顾问，坎特伯雷大学、奥塔哥大学、惠灵顿维多利亚大学荣誉博士，还是伊丽莎白二世加冕勋章、圣米迦勒及圣乔治勋章、圣格雷戈里大帝爵级大十字勋章、新西兰勋章获得者。

毕比对新西兰教育体系的发展有着重要的影响。1936年，毕比成为新西兰教育研究委员会的第一任会长，并用四年的时间将新西兰教育研究委员会发展成为一个独立的、高质量且备受尊敬的全国性研究组织。1940年，毕比被任命为新西兰教育部部长，对新西兰公共教育进行改革。在其任期内，新西兰学前教育在政府和志愿组织的合作下逐渐发展起来，对小学课程进行了全面的修订，为教师提供了更多的指导与教学资料；新西兰政府还开发了面向残疾儿童的特殊教育服务，关注偏远农村地区儿童的教育问题；高等教育逐渐覆盖到更广泛的学生群体。

此外，毕比对国际教育的发展也做出了重要的贡献。1948—1949年，毕比担任联合国教科文组织助理总干事，负责教育政策和工作方法的相关工作。

1960 年，他被任命为联合国教科文组织执行委员会成员，并于 1962 年当选为执行委员会主席。此后，毕比先后在哈佛大学和伦敦大学任职。1968 年，毕比回到惠灵顿，继续为新西兰和国际教育事业贡献力量。

二、文学艺术家

（一）罗宾·海德

罗宾·海德（1906—1939）是新西兰著名的诗人、小说家、记者。海德出生于南非开普敦，不满一岁便随父母移居到新西兰惠灵顿。在惠灵顿女子学院就读时，海德为学校杂志撰写诗歌和短篇小说。1925 年，海德成为惠灵顿《自治领报》的记者，主要为女性专栏撰稿。1929 年，海德出版了第一本诗集《荒凉之星》。1935—1938 年，海德出版了《地狱护照》《星期三的孩子》《岁月不可责》等小说。海德的作品种类和数量繁多，大都围绕"对于处在社会边缘的人群的同情，在充满敌意的世界中寻找归属的强烈愿望，在自己的复杂情绪中寻求平衡，以及主张性别的完全平等"等主题展开。[1] 她的小说富有想象力、政治性和创新性，因其女权主义政治和实验主义等特点吸引了大量的读者和文学评论家。

（二）科林·麦卡宏

科林·麦卡宏（1919—1987）是新西兰杰出的艺术家，被誉为新西兰最重要的现代艺术家之一，与托斯·伍拉斯顿、丽塔·安格斯一起被视为 20

---

[1] 资料来源于阅读新西兰官网。

世纪中叶将现代主义引入新西兰的先驱人物。麦卡宏的著名画作有《奥塔哥半岛》《我是》等，许多作品现收藏于新西兰国家博物馆。

麦卡宏的作品风格多样，常以宗教问题为创作核心。20世纪40年代起，文字开始出现在麦卡宏的绘画作品中。尽管这一创作风格经常招致外界的批评，麦卡宏却认为绘画中出现文字有着悠久的历史传统，在宗教艺术中更是常见，直截了当的文字可以帮助人们更好地理解图像。基于这一理念，麦卡宏创作了许多以黑色为底，上用白色文字书写宗教内容的画作，并以此闻名。此外，麦卡宏也十分擅长风景画，其风景画作以在新西兰现代风景中绘入宗教场景为特点。

（三）托斯·伍拉斯顿

托斯·伍拉斯顿（1910—1998）是新西兰20世纪最杰出的画家之一。1979年，伍拉斯顿被授予下级勋位爵士，成为新西兰艺术界第一位被授予爵士头衔的人。

伍拉斯顿早年以诗歌创作为主，20世纪30年代将重心转移到绘画上。伍拉斯顿深受法国画家保罗·塞尚和德国画家汉斯·霍夫曼的影响颇深，致力于挖掘描绘特定景观和规范构图之间的创作张力。他曾在墨尔本、奥克兰、马纳瓦图等地举办作品展，出版画集《埃鲁阿》。在绘画创作之余，伍拉斯顿经常参与学术和文化辩论。他认为艺术家应该专注于艺术层面的事务，而非政治和社会问题。此外，伍拉斯顿坚持文学创作，先后出版演讲集《远山：新西兰风景沉思录》、自传《鼠尾草茶：自传》等。

（四）丽塔·安格斯

丽塔·安格斯（1908—1970）被誉为20世纪新西兰艺术的领军人物之

一。安格斯主要从事油画和水彩画创作，尤以风景画和肖像画闻名。

1927—1933 年，安格斯在坎特伯雷学院艺术学院学习。尽管最终并未获得文凭，安格斯依然接受了系统的绘画培训，深受拜占庭艺术和立体主义的影响。20 世纪 30—40 年代，安格斯集中绘制了新西兰坎特伯雷和奥塔哥两地的风景。安格斯因其作品的现实主义风格和对特定地点的颂扬被称为"地区主义者"。其画作《卡斯》最为著名，该作品描绘了位于坎特伯雷内陆的卡斯火车站。在 2006 年的一次民调中，这幅画被评为新西兰最受喜爱的绘画作品。[1]《奥塔哥中部》《船，岛湾》等作品也十分有名。除风景画外，安格斯也绘制了许多肖像画，如《毛利男孩的头》《贝蒂·库诺的肖像画》、自画像《太阳女神》等。

（五）彼得·杰克逊

彼得·杰克逊（1961—）是新西兰著名导演、编剧及制片人。2002 年，杰克逊获得新西兰国家荣誉勋章，2010 年，被封为爵士。

杰克逊的职业生涯开始于 1987 年执导并主演的恐怖喜剧《宇宙怪客》。杰克逊以对细节的关注和对场景的多角度拍摄闻名，他擅长用广角拍摄演员的特写。1995 年，杰克逊凭借《罪孽天使》获得奥斯卡最佳原创剧本奖提名。杰克逊最出名的作品当数此后由他担任导演、编剧和制片人的《指环王》三部曲和《霍比特人》三部曲。2004 年，杰克逊凭借《指环王：王者无敌》获得了包括最佳导演奖在内的多项奥斯卡金像奖。2014 年，杰克逊被授予好莱坞星光大道明星称号，成为星光大道上第 2 538 颗星。截至 2022 年，杰克逊执导的电影全球总票房超过 65 亿美元，使他成为有史以来票房第四高的电影导演。[2]

---

[1] 资料来源于克赖斯特彻奇市议会官网。

[2] 资料来源于纳什信息服务（Nash Infomation Service）官网。

第三章 教育历史

第一节 历史沿革

一、19 世纪末之前

在大规模欧洲移民到达新西兰之前，毛利人作为新西兰这片土地的原住民一直使用传统的方法开展教育活动。毛利传统教育在孩子出生前就已经开始，母亲在怀孕时经常给未出生的孩子唱摇篮曲，以此进行胎教。刚出生的婴儿会交给巫神举行仪式，确定其在部落中的角色。之后，孩子会在成长过程中着重学习与自身角色相对应的技能，如采集、编织、雕刻、烹饪、作战等。

由于这一时期的毛利人没有自己的文字，因而其教育一般通过言传身教的形式进行。家族长辈和部落领袖通过讲述部落历史和传说故事、背诵系谱华卡帕帕、唱毛利歌曲等方式传授毛利历史、价值观和行为规范。[1] 同时，毛利人注重在实践中、在环境中、在集体中教学。[2] 模仿是早期学习的重要方式，毛利儿童一般通过进行模仿成人行为的游戏学习相关知识和

---

[1] 资料来源于新西兰百科全书官网。

[2] METGE J. Tauira: Māori methods of learning and teaching[M]. Auckland: Auckland University Press, 2015.

技能。家族中每一个长辈在教育中都扮演着重要的角色，为晚辈提供指导。当毛利儿童长大正式履行部落职责后，他们会在实践中边做边学，每完成一个阶段的学习，他们都会举行相应的仪式进行记录，有时还会进行测试和考核，这形成了类似学徒制的教育形式。

二、19 世纪末至 20 世纪中叶

19 世纪末，大量欧洲移民定居新西兰，他们传播欧洲的教育理念，并在此基础上构建新西兰的教育系统。19 世纪末至 20 世纪中叶，新西兰逐渐建立起由学前教育、基础教育、高等教育组成的三阶段教育体系。

（一）学前教育

19 世纪末，随着社会对女性角色定位的改变和对儿童发展认知的不断进步，新西兰正规的学前教育和保育服务开始发展。正规学前教育和保育服务出现之前，新西兰幼儿的保育工作一般由家庭成员或雇佣的保姆承担。社会福利机构和志愿组织在这一时期为新西兰学前教育的发展做出了突出的贡献。19 世纪末 20 世纪初，为减轻职业女性和单身母亲的育儿压力，志愿组织建立了新西兰的第一批育婴所。1903 年，惠灵顿的圣约瑟夫育婴所是当时最成功、最著名的育婴所之一。20 世纪 30 年代，一些市中心开设了短时育婴所，供妇女们在购物时暂时寄养幼儿。然而，这一时期的育婴所数量少且分布零散，所能满足的托儿需求有限，也无法提供学前教育方面的服务。

1889 年，受德国教育家福禄贝尔的影响，新西兰第一所幼儿园在达尼丁的贫民区建立。新西兰最初的幼儿园服务被视为"儿童救助"服务，是中产阶级志愿者为帮助工人阶级 3—5 岁儿童做好入学准备而设立的，只提

供日间课程。之后，克赖斯特彻奇（1904 年）、惠灵顿（1906 年）和奥克兰（1910 年）等地先后建立了幼儿园。这些幼儿园主要靠慈善募捐运营，独立于政府。1904 年，新西兰政府首次为幼儿园拨款。1906 年，政府按入园人数为幼儿园提供小额补贴。第一次世界大战期间，许多幼儿园延长营业时间并扩大入园年龄范围，以此将妇女从育儿事务中抽离出来，支持她们填补因男性参战而空出的社会工作岗位。

1907 年，志愿机构新西兰皇家普朗凯特协会成立，学前教育与保育这一议题被引入政治领域。1941 年，新西兰第一个游戏中心在惠灵顿成立。游戏中心是新西兰独有的学前教育与保育机构，它重视自由游戏和家长在儿童成长中的作用。与关注贫困地区学前教育的幼儿园不同，游戏中心最先建立在富裕的郊区，旨在减轻母亲的育儿负担，促进儿童的全面发展。同年，第一所由政府支持的托儿所在达尼丁成立，该托儿所还得到了新西兰皇家普朗凯特协会及其他志愿机构的支持。

20 世纪 40 年代，新西兰政府逐渐接手新西兰学前教育相关事务。学前教育被视为国家教育愿景的一部分。学前教育与保育成为国家重要议题，政府为学前教育与保育机构提供资助并制定相关政策法规完善学前教育体系，力图为更多幼儿和家庭提供高质量服务。1947 年，第一届工党政府发布了战后学前教育大纲《学前教育咨询委员会报告》（又称《贝利报告》）。这一报告表明政府将学前教育正式纳入政府职责。该报告从政治层面肯定了学前教育的重要性，建议国家接管幼儿园的运营并资助学前教育教师进行相关培训。

（二）基础教育

新西兰的基础教育包括初等教育和中等教育，初等教育主要由小学实施，中等教育主要由中学实施。新西兰的基础教育是欧洲移民的产物，遵循英国的教育模式，初期的主要目标是教授英语和传播欧洲文化。

1877 年通过的新西兰《教育法（1877 年）》对初等教育和中等教育做了区分，只有初等教育被视为公民的普遍权利，所有 7—13 岁的新西兰儿童必须接受免费义务教育。教育课程设计沿用英国传统的"三 R"课程（即阅读reading、写作 writing、算术 arithmetic），同时安排历史课、地理课、女生针线课 / 男生军事训练课。政府依法设立由 1 名部长和 12 个地区教育委员会组成的教育部，负责管理地区教育委员会的教育经费。地区教育委员会有权建立学校、聘用和解雇教师、安排教师培训等，地区教育委员会还为小学生提供补助，并为有天赋的学生提供继续接受中等教育的奖学金。同时，新西兰政府还建立了学校督查系统，负责监督教师工作情况及课程实施情况。

1904 年，新西兰修订了小学课程标准，首次规定了初等教育的教学目标并提供教学建议。人们认为，现代教育应评估学生的学术和实践能力，帮助儿童成为合格的公民。因此，新的小学课程标准引入了道德礼仪、公民准则、健康教育、自然研究等新内容。学校鼓励教师合理安排各项课程，将学校教育与儿童的个人需求联系起来。1930 年，《新西兰教育重建》（又称《阿特莫尔报告》）发布。该报告建议扩大过渡学校的规模，在小学和中学之间建立更密切的联系。然而，受"大萧条"的影响，教育经费的削减限制了教育体系的进一步扩大与发展，上述建议也未被落实。1936 年，小学能力考试被废除，小学开始颁发毕业证书，获得小学毕业证书的儿童均可继续接受免费的中等教育。

1903 年，新西兰通过《中学法》，通过能力考核的学生均可免费接受中等教育，这一举措使接受中等教育的人数稳步增加。新西兰中学课程遵循英国教育体系的安排，中等教育的目的并非满足社区需求，而是使学生达到大学入学考试的要求，与初等教育之间的联系十分松散。直到 20 世纪初期，中等教育仍以达到大学入学标准为目标。

《教育修正法（1914 年）》推动了中等教育职业化，利用学校课程使中等教育和初等教育联系起来。1915—1935年，新西兰教育界对中学课程的安排展开了持续的辩论，批判现有课程过分关注学术科目的现状。为增加课程的多样性，中学引入打字、会计等新课程。1917年，农业和乳品科学成为所有九年级和十年级学生的必修课，家庭科学成为该阶段女生的必修课。1929年，第一个完全适用于毛利学校的课程体系《新课程指南》（又称《红皮书》）发布，《新课程指南》引入木工等针对性课程。1944年，《托马斯报告》发布，建立了一个通用的核心中学课程体系，这个核心中学课程体系包括英语语言和文学、社会研究、普通科学、初级数学、音乐、美术、体育等科目。该报告要求教师了解每个学生的特点，根据学生的能力选择教学内容，因材施教，成为新西兰课程发展的一个里程碑。

新西兰教育部先后成立了博物馆教育服务处（1937年）、学校图书馆服务处（1938年）、学校出版物处（1939年）、国家电影图书馆（1942年）等机构，以提高中等教育的管理水平和专业度。

为适应初等和中等教育的快速发展，教师培训迫在眉睫。19世纪80年代初，达尼丁、奥克兰、惠灵顿、克赖斯特彻奇等地先后建立了教师学院，但参与教师培训的人数很少。1883年，新西兰教育学院成立。作为新西兰最大的教育联盟，新西兰教育学院为教师提供讨论课程安排、人员配备和培训等主题的论坛。新西兰教育学院维护教师权益、解决教师纠纷、定期组织关于教师问题的讨论，促进建立更高的教育标准。1935年，新西兰开始了一项为期3年的学校建设计划，重新开放了"大萧条"期间关闭的两所教师学院。20世纪90年代，新西兰对教师培训进行了多次审查，以确定最佳的教师培训形式。

（三）高等教育

高等教育机构可分为学术型和非学术型两类。新西兰大学及其附属学院组成了新西兰早期学术型高等教育机构，遵循英国教育模式开展教学和学术研究。非学术型高等教育机构由理工学院、技术学院等组成，主要面向完成基础教育后立即进入劳动市场的学生。

1869年，新西兰第一所大学——奥塔哥大学成立。1870年，学院制大学——新西兰大学根据新通过的《新西兰大学法》成立。新西兰大学由多个学院组成，按照加入新西兰大学的时间顺序排序分别为坎特伯雷大学学院（1873年）、奥塔哥大学（1874年）、奥克兰大学学院（1883年）、坎特伯雷农业学院（1896年，原坎特伯雷大学学院农业学院）和梅西农业学院（1928年）。最初的新西兰大学只授予学术学位，直到1904年《大学学位法》通过，大学才被赋予授予职业学位的权力。1874—1961年，新西兰大学是新西兰唯一一所可以授予学位的大学。在这一时期，新西兰大学负责设置考试和授予学位，各个学院则负责具体的教学活动。教学大纲严格遵循英国教育模式，1939年之前，试卷都被送往英国进行评分。1925年，皇家大学委员会成立。皇家大学委员会提议通过选拔优秀的学术负责人和校长推动新西兰高等教育的改革和发展。1926年，《大学修正法》通过，学术委员会正式成立。1934年，新西兰教育研究委员会成立。这是新西兰独立的教育、研究和发展组织，于1945年成为新西兰法定机构，通常在与公共和私营部门的合作下开展教育研究，提供相关信息和建议。1961年，新西兰大学解散并将权力转移给各个学院，附属学院变成独立大学。

非学术型高等教育在19世纪后期逐渐发展。1886年，新西兰第一所技术学院——惠灵顿设计学院成立，开启了各地建立技术学院的序幕。技术学院由地区教育委员会管理，一般在晚上开设课程，为完成基础教育后立即进入劳动力市场的学生提供培训。到1904年，大约有来自50个城镇的13 700名学生注册了技术学院的课程。20世纪40年代是新西兰高等职业技术教育发展的重要时期。1946年，技术函授学校（后称为开放理工学院）在惠灵顿成立，为学生提供技术和职业教育。1948年通过的《学徒法》

首次要求学徒参加贸易课程，主张培训应在工作场所以外的专业学校进行。1949 年，新西兰贸易认证委员会成立，负责监督新西兰贸易培训、制定课程和标准、组织考试。1955 年，新西兰开始颁发工程证书，为工程技术人员提供认证，后来在建造、建筑设计、土地测量等领域也相继实行证书认证制度。随着学习技术证书课程的学生人数的增加，1958 年，新西兰技师认证局成立，新西兰技师认证局负责规范相关课程和教学大纲，并组织全国性的认证考试。

三、20 世纪中叶至 1990 年

在 20 世纪中叶以前，新西兰的教育以欧洲文化和教育体系为蓝本，以传播欧洲文明为目的，并未满足毛利人和其他少数族裔的教育需求。1941 年，毛利人地区高中成立，在此之前，小学毕业后希望继续接受教育的毛利人只能选择几乎没有毛利学生的普通高中或毛利教派寄宿学校 [1]。1947 年，"土著"（native）这一称呼正式被"毛利人"（Māori）所取代。在 1969 年之前，专门为毛利人设立的土著学校系统和新西兰公立学校系统一直平行并存。

20 世纪 50 年代，毛利人开始反对边缘化和种族隔离，呼吁复兴毛利文化。顺应这一潮流，学前教育、基础教育、高等教育均做出了相应的努力和调整，以保障毛利人和其他少数族裔受教育的权利。1955 年，教育部成立了毛利人教育全国委员会，并由毛利人领袖担任大部分职位。委员会向教育部呈交大量与初等教育有关的提案，并建议增加中等教育奖学金数量，使来自农村地区的毛利中学生能够继续学习。20 世纪 60 年代，毛利人

---

[1] 毛利教派寄宿学校由教会创办，主要目的也是传播欧洲价值观和文化，通过教育优秀的毛利青少年影响他们所在的毛利社区，进而加快毛利人融入欧洲移民社会的速度。

和太平洋岛裔群体的学前教育问题逐渐进入公众视野。在毛利妇女福利联盟和毛利人教育基金会等组织的努力下，二百多个毛利游戏中心在北岛北部成立。1960年，《毛利人事务部报告》（又称《洪恩报告》）发布，该报告指出教育在毛利人发展和社会进步中所发挥的重要作用以及只有极少数毛利人能够接受高中教育的现状，建议国家设立毛利人教育基金会，为毛利人接受中学和大学教育提供援助，用融合政策取代同化政策。1962年，《新西兰教育委员会报告》（又称《柯里报告》）否认了毛利人和欧洲移民之间存在智力差异，肯定了教育在激发毛利人潜力中所发挥的积极作用。1969年，毛利人学校的管理权移交给地区教育委员会。1972年，新西兰第一所太平洋岛裔幼儿园成立。但这一时期的太平洋岛裔幼儿园多用英语教学，将西方文化作为主要教学内容。直到20世纪80年代中后期，太平洋岛裔幼儿园才开始以太平洋岛裔的母语和文化为教学语言和内容。1982年，第一所毛利"语言巢"幼儿园成立。"语言巢"将幼儿园比作孵化毛利语言和文化的巢穴，通过为毛利学龄前儿童营造毛利语环境帮助其学习本族语言和文化，是毛利人自决运动的产物，是遏制毛利语使用人数持续下降趋势的对策，也是第一个以毛利人为中心的国家学前教育与保育方案。同年，"语言巢"全国托管协会成立，旨在保护毛利家庭的权益，保护并传承毛利语。1981年，第一家为毛利人提供培训的教育和研究机构瓦南加成立。[1] 1989年，《教育法（1989年）》通过，这为新西兰整个教育系统建立了法律框架；大学教育资助委员会被废除；新西兰高等教育委员会、新西兰学历认证局、大学校长委员会等机构与组织相继成立，对高等教育进行专业的管理和指导。1990年，《教育修正法（1990年）》通过，确定了新西兰的高等教育机构由大学、理工学院、教育学院、专科学院、瓦南加组成，使所有高等教育机构处于平等地位。瓦南加被认证为新西兰高等教育机构，体现了新西

---

[1] 瓦南加是新西兰毛利教育和研究机构的总称，提供毛利背景下的高等教育、教师教育、职业教育等各级各类教育。

兰为保护和发展毛利文化所做出的努力。同年，根据毛利文化建立的公立学校——毛利语言浸入式学校正式成立，毛利语言浸入式学校将毛利语作为主要教学语言。

四、1990 年至今

1990 年以来，新西兰教育体系继续发展完善。学前教育方面，1996 年，新西兰第一个学前教育与保育课程《编席子：早期儿童教育课程（1996 年）》发布。毛利人事务部部长将毛利语中的"特法瑞奇"（Te Whāriki）翻译为编席子，喻示着学前教育课程由四个基本原则（赋权、整体发展、家庭和社区、互相联系）和五个影响幼儿发展的因素（健康、归属、贡献、交流、探索）交织而成。《编席子：早期儿童教育课程（1996 年）》重视学前教育的多样性，成为新西兰学前教育的全国性课程。

在基础教育方面，课程框架得到进一步规范。1993 年，《新西兰课程框架》提出一个将"基于探究的学习"与"培养学生成为有责任心的公民"两者有机结合的综合课程框架。2007 年，《新西兰课程》发布，规定了八个学习领域：英语、艺术、健康和体育、语言学习、数学和统计、科学、社会科学、技术，强调鼓励、示范、探索在基础教育中的价值，重视终身学习和外语学习能力，要求教学应与高期望值、文化多样性、包容性、连贯性、关注未来、《怀唐伊条约》、社区参与度、学会学习八个原则相一致。《新西兰课程》没有规定具体的课程内容，而是为教师提供每个领域可以使用的教学资源，鼓励学校与社区合作，在国家课程框架内确定本校的核心价值观并制定课程。

普及教育、维护弱势群体受教育权依旧是这一时期教育发展的重点之一。2000 年，新西兰政府推出新的奖学金激励计划，以增加毛利人和太平洋岛裔学前教育合格教师的数量。2001年的第一次陶玛塔毛利知识大会审议了毛利人的教育愿望框架，根据毛利人的信仰、教育目的、教育质量等提出107项建议。2008年，《获得成功：毛利人教育战略（2008—2012年）》发布，该战略为毛利人制定了教育战略，以期最大限度地发挥毛利人的潜力。2010年发布的《特殊教育回顾》和《人人成功——每一所学校，每一个孩子》旨在促进新西兰建立一个全面、包容的基础教育体系。2010—2014年，强化社区参与计划和动员优先家庭计划相继开展。强化社区参与计划旨在帮助家庭解决阻碍其获得学前教育和保育服务的具体困难。动员优先家庭计划针对3—4岁儿童，帮助家庭开展学习活动。这些计划的目标地区都是参加学前教育和保育人数低于全国平均水平的社区，目的在于提高学前教育的入学率。2012年，《提供更好的公共服务：支持弱势儿童成长行动计划》发布。该行动计划旨在帮助弱势家庭，减少其在学前教育和健康等方面的支出，从而支持毛利社区和太平洋岛裔社区的发展。2013年，《加速成功（2013—2017年）》发布，该文件将毛利基础教育发展的重点放在毛利教师培训方面。

与此同时，接受高等教育被更多的新西兰人纳入人生规划。2013年，青年服务机构成立，以期吸引、鼓励和支持更多未就业、未接受教育和培训的年轻人继续学习。各类教育机构之间的流通性不断增强，接受高等教育的毛利人和太平洋岛裔人数也在不断增加。为提高高等教育的入学率，新西兰政府投入大量资金，学生贷款成为常态。

总体来说，目前新西兰维持由学前教育、基础教育、高等教育组成的三阶段教育体系。学前教育主要面向5岁以下儿童，以高质量和全国性课程而世界闻名。基础教育涵盖小学（一至七年级）、初中（八至九年级）和高中（十至十三年级）教育。其中，6—16岁的新西兰儿童（多为一至十一年级学生）必须接受义务教育。5—19岁的新西兰公民或永久居民可以在公立学校接受免费的教育。高等教育则包括由大学、理工学院、瓦南加等教育机构提供的所有高中后教育。促进教育公平，维护毛利人、太平洋岛裔及其他弱势群体受教育权利依旧是新西兰教育发展的重点之一。

第二节 教育家

新西兰教育发展历程中涌现出一批知名教育家。

一、玛格丽特·马吉尔

玛格丽特·马吉尔（1888—1962）是新西兰教育家、新西兰教育研究院的首任女性院长。

1906年，马吉尔进入惠灵顿师范学院学习，1910年，获得教师资格证。马吉尔最初在幼儿园任教，之后担任桑顿师范学校的校长。1926年，马吉尔当选为新西兰教育研究院执行委员会成员，1933年，她成为该机构历史上首位女性院长。1931年，马吉尔当选伊斯特本市议会议员，1933年，她成为该市副市长。1940年，马吉尔被任命为伊斯特本治安法官。1945年，马吉尔从新西兰教育研究院执行委员会和学校退休，但依然在伊斯特本市议会工作。除了教育与政府事务外，马吉尔还积极参与东港妇女俱乐部、红十字会等组织的活动。1956年，马吉尔被授予大英帝国勋章，用以表彰其在社会服务领域的突出贡献。

马吉尔强调早期教育和师范教育的重要性，提倡为学龄前儿童提供教育，反对关闭师范学校。马吉尔还十分重视和平教育，主张在学校教育中宣扬反战思想。1933年，马吉尔发表了名为《教育，世界的希望》的演讲，强调教育在反军备竞赛等方面的潜在影响力。同时，她认为教师必须是心

智健全、过着健康有序生活的人，这样才能向学生充分地展现并传承人类
文明中最好的部分，将学生塑造为健全的个体。

二、伦纳德·怀尔德

伦纳德·怀尔德（1889—1970）是新西兰教育家、农业科学家、作家。

怀尔德出生于南部大区。在南部男子中学就读期间，怀尔德对科学产
生了浓厚兴趣。之后，怀尔德考入奥塔哥大学。1910 年，怀尔德获得文
学学士学位，1917 年，获得理学学士学位，1921 年，获得文学硕士学位。
1911 年，怀尔德在莫尔伯勒高中担任科学教师。1912—1919 年，怀尔德在
《新西兰研究所学报》上发表了几篇有关地质学的论文，并当选为伦敦地质
学会会员。1915 年，他成为坎特伯雷农业学院（现林肯大学）的化学讲师。
1921 年，怀尔德担任基督城师范学院的科学讲师，1922 年，他成为菲尔丁
技术高中（后发展成为菲尔丁农业高中）的首任校长。1937 年，怀尔德前
往欧洲、北美洲等地考察农村高中、成人教育和社区发展情况。1938 年，
教育部部长帮助怀尔德以菲尔丁农业高中为中心建立了新西兰第一个国家
资助的社区中心，开展社区教育实验。1946 年，怀尔德退休。退休后，他
依旧关注着新西兰农村和农业教育。

怀尔德是新西兰农村和农业教育的先驱。在他的领导下，菲尔丁农业
高中将农业教育与普通教育、学校生活、社区生活有机地结合在一起，为
学生提供丰富的教育资源。该校学生饲养的动物经常在全国农业评比中获
奖，菲尔丁农业高中也因此赢得了国内和国际声誉。怀尔德为农民撰写了
《新西兰的土壤和肥料》一书，向他们普及农业科学知识。他还参与 1966
年版《新西兰百科全书》的编纂工作，撰写了农业社会、农业教育、农业
大学、大学教育等词条。1946 年，怀尔德被授予大英帝国士官勋章，并于

1952 年被授予大英帝国司令勋章。1953 年，他被授予伊丽莎白二世加冕勋章，以表彰其在教育和科学领域做出的贡献。

三、格温德琳·露西·萨默塞特

格温德琳·露西·萨默塞特（1894—1988）是新西兰教育家、作家。

萨默塞特出生于新西兰坎特伯雷大区的斯普林菲尔德，12 岁时随全家移居克赖斯特彻奇，14 岁进入基督城女子高中学习，毕业后成为一名小学老师。1915 年，萨默塞特成为坎特伯雷学院的非全日制学生。1917 年，她任职于东基督城学校，将艺术、戏剧、歌唱和运动融入教学中。1920—1921 年，萨默塞特在工人教育协会开办的暑期班进修，后前往牛津东区高中任教。1936—1937 年，萨默塞特与丈夫在卡耐基基金的支持下前往欧洲、美国等地研究成人教育、农村中等教育、学前教育。1938 年，菲尔丁农业高中邀请萨默塞特夫妇与其共同建立一个隶属学校的成人教育及社区中心。萨默塞特还创立并管理了一所以自由游戏为办学原则的幼儿园，向当地母亲和高中女生介绍儿童发展与教育的相关研究。之后，萨默塞特被任命为维多利亚大学学院成人教育地区理事会成员和惠灵顿自由幼儿园协会教育委员会及咨询教育委员会成员。1949 年，萨默塞特当选为新西兰幼儿游戏中心联合会的第一任会长。1975 年，萨默塞特被授予惠灵顿维多利亚大学荣誉法学博士学位，成为第一位获得该学位的女性。

萨默塞特对新西兰学前教育和成人教育发展做出了重要贡献，并因此在 1965 年获得大英帝国勋章。由于在暑期进修班学习过程中受到詹姆斯·雪莱的影响，萨默塞特对成人教育产生了浓厚兴趣。她的丈夫克劳福德·萨默塞特也是一名成人教育领域的专家，夫妻二人为成人教育的发展做出了巨大贡献。萨默塞特认可自由游戏和自由表达在学前教育中的价值，是将自由游戏应用于学前教育的先驱。在欧洲和美国考察期间，萨默塞特收集了许多关于教育游戏用具规格的资料，这些资料后来被广泛应用于新西兰的幼儿园。她撰写了《童年早期的重要游戏》等有关自由游戏的图书和手册，还为学前教育从业人员编写指南，为幼儿撰写童书、编排戏剧等。萨默塞特还积极参加工人教育协会和自由幼儿园运动的相关活动，传授有关儿童发展的相关知识。

四、路易·艾黎

路易·艾黎（1897—1987）是新西兰著名教育家、作家，曾在中国生活60余年，为中国职业教育发展做出了突出贡献。

艾黎出生在新西兰坎特伯雷大区的斯普林菲尔德，父亲是一名校长，母亲则是禁酒和妇女权利活动家，姐姐是格温德琳·露西·萨默塞特。1912年，艾黎进入基督城男子高中学习。1916年，他加入新西兰军队并被派往法国。一战结束，艾黎返回新西兰，与朋友一起经营农场。1927年，出于对中国的好奇，艾黎前往中国。1927—1938年，艾黎的政治信仰逐渐从保守主义转为共产主义，并积极参与进步的社会活动。

抗日战争全面爆发后，艾黎发起工合运动并成立中国工业合作社，为抗战筹集和运输物资。1942年，艾黎与英国人乔治·何克在陕西创办了培黎学校，该校于1944年迁往甘肃省山丹县。1945年，艾黎成为山丹培黎学校的校长。1953年，他定居北京，工作重心转到文学创作和翻译上，出版了《有办法》《充满生气的北京的片段》《鲐背之年：我的中国岁月回忆录》等著作。1982年，北京市人民政府授予艾黎"荣誉市民"称号。1985年，艾黎被授予英国女王社会服务勋章。1987年，艾黎在北京逝世。

艾黎十分重视乡村教育培训的作用，培黎学校的创立就是这一教育思想的体现。校名培黎有"为中国的黎明培养人才"之意，旨在将工农子弟等培养成建设中国的技术领导者。培黎学校对中国职业技术教育的影响深远，今天的兰州城市学院、北京培黎职业学院等院校的前身均是培黎学校。

艾黎去世后，他位于上海和陕西的故居得到了保护，他的家乡新西兰斯普林菲尔德也为艾黎修建了纪念公园。2009 年，艾黎与白求恩、李约瑟等一起被评为"中国缘·十大国际友人"。2017 年，中新两国共同举行系列活动纪念艾黎 120 周年诞辰、来华 90 周年、逝世 30 周年。2019 年，中新双方在奥克兰举办艾黎 122 周年诞辰及中国工业合作社成立 80 周年纪念活动。

五、比阿特丽斯·埃莉诺·毕比

比阿特丽斯·埃莉诺·毕比（1903—1991）是新西兰教育家、新西兰幼儿游戏中心运动的关键人物。

1921 年，毕比在坎特伯雷学院读书时深受老师詹姆斯·雪莱的影响，将教育视为人生事业。1924 年，毕比获得文学学士学位，毕业后留在克赖斯特彻奇教书。1926 年，毕比同丈夫前往英国曼彻斯特，担任特殊教育教师。1932 年，返回新西兰的毕比夫妇与其学生一起建立了一个自由游戏中心，旨在观察 5 岁儿童的行为与发展。20 世纪 40 年代初，毕比与琼·伍德、英奇·史密斯尔斯一起建立了新西兰第一个游戏中心，用以缓解二战期间因丈夫在外作战而独自抚养孩子的女性的育儿压力，为后来游戏中心组织的发展打下了基础。1941 年，游戏中心协会正式成立，毕比担任第一任会长。20 世纪 50 年代后，毕比将工作重心转移到国际事务中，曾在美国、印度尼西亚等国担任教育顾问。

六、西尔维娅·康斯坦丝·阿什顿-沃纳

西尔维娅·康斯坦丝·阿什顿-沃纳（1908—1984）是新西兰著名教育家、作家、钢琴家。阿什顿-沃纳在儿童教育领域享有世界盛名，她提出的以儿童为核心的有机读写教学法在世界范围内得到传播和应用。

阿什顿-沃纳出生于新西兰北岛，其父亲是一名簿记员，母亲是一名教师。受母亲的影响，阿什顿-沃纳对教育产生了兴趣，并成为一名教师。1926—1927年，阿什顿-沃纳就读于怀拉拉帕学院。1928年，阿什顿-沃纳就读于奥克兰教师培训学院（现奥克兰教育学院）。之后的十多年，阿什顿-沃纳先后在新西兰各地的多所学校任教。1941年，阿什顿-沃纳定居旺阿努伊河东岸的皮皮里基，并在当地学校任职。1957年，阿什顿-沃纳辞去工作，成为一名全职作家。1970年，阿什顿-沃纳受邀前往美国协助建立阿斯彭社区学校。随后，她前往加拿大西蒙菲莎大学担任客座教授。1973年，阿什顿-沃纳返回新西兰。1982年，阿什顿-沃纳被授予大英帝国勋章，以表彰其在教育和文学领域做出的贡献。

有机读写教学法和关键词教学法是阿什顿-沃纳最重要的教育贡献。在皮皮里基任教期间，阿什顿-沃纳从毛利儿童学习识字的过程中总结经验，形成一套系统的识字教学理论。受弗洛伊德精神分析法的影响，阿什顿-沃纳认为恐惧和性是影响儿童识字过程的两个重要因素，表达相关感受和经历是儿童识字的最佳途径。关键词实验证实了儿童对"鬼"和"吻"两个词最敏感，儿童在短时间内便可掌握这两个词语的意义。阿什顿-沃纳之后将"关键词"定义为具有强烈个人意义或与本人经历具有密切联系的词语。她认为儿童可以快速识别和掌握关键词，并利用这些关键词进行下一步的学习活动。阿什顿-沃纳的相关思想也体现在语言经验教学法中。语言经验教学法将儿童自己的语言和经验视为学习语言的最佳资源，这一方法在美国识字教育中大获成功。

阿什顿-沃纳的教育思想影响广泛，相关文章发表在《新西兰听众》等杂志上，其教育思想在她的自传和小说中也多有提及。她的生平被改编为传记电影《西尔维娅》。1987 年，奥克兰大学教育和社会科学学院图书馆被命名为阿什顿-沃纳图书馆，阿什顿-沃纳的收藏也陈列于此。1998 年，以阿什顿-沃纳教学方法为指导思想的阿什顿学校在多米尼加共和国建立。2008 年，奥克兰大学教育学院举行了纪念阿什顿-沃纳 100 周年诞辰的学术会议。

七、玛丽·贝尔

玛丽·贝尔（1922—2012）是新西兰教育家、儿童及父母权益保护活动家。贝尔在教育领域工作了近 75 年，终身致力于推广以儿童为中心的教育实践，营造为家长提供教育支持的社会环境。

贝尔出生于惠灵顿，其父是荣高泰男子中学的教师，在惠灵顿教育界颇有名气。1939 年，贝尔进入惠灵顿师范学院学习，同时在维多利亚大学学院（现惠灵顿维多利亚大学）攻读艺术学位。1947 年，贝尔获得教育学文凭，并前往英国伦敦大学教育学院深造。1951 年，贝尔完成学业并返回新西兰，在一所幼儿园担任园长。1963 年，贝尔在惠灵顿参与了新西兰第一所家长合作制学校——马塔兰加学校的建立工作，并成为该校的第一任校长。1974—1982 年，贝尔在新西兰教育部任职。1985 年，贝尔被任命为惠灵顿维多利亚大学委员会委员以及教师申诉委员会和地区健康指导委员会主席。2004 年，贝尔在惠灵顿维多利亚大学攻读博士学位，是该校历史上最年长的毕业生。

儿童友好思想是贝尔学前教育思想的核心理念。在惠灵顿师范学院，贝尔第一次接触到在当时新西兰教育界并不常见的主张进步和儿童友好的教育理念，这一理念为她后来的教育事业奠定了基础。教师的工作经历和照看儿子约翰的生活经历使贝尔对学前教育产生了浓厚的兴趣。在英国伦敦大学教育学院学习期间，贝尔受教于多萝西·加德纳、安娜·弗洛伊德、约翰·鲍比等儿童发展理论家，并在一所注重儿童自由游戏的幼儿园工作。这些经历加深了贝尔对儿童友好教育思想的理解，并为她之后在新西兰开展学前教育活动提供了参考和指导。时任教育部部长毕比发起新西兰教育体系改革，学前教育的重点开始向以儿童为导向的教学转移。正是这一改革，帮助贝尔将儿童友好和自由游戏的教育理念顺利引入新西兰学前教育。贝尔还将以儿童为导向的教育理念引入小学，提倡让儿童在兴趣的引导下学习学校课程。除了以教师的身份在幼儿园和小学课堂亲自践行儿童友好教育理念之外，贝尔还通过组织教师培训、参加教育组织、举办教育研讨会等形式教授和传播儿童友好思想，强调进步、快乐、课堂创新的重要性。2006 年，贝尔因其对学前教育的杰出贡献获得新西兰荣誉勋章。

贝尔教育工作的另一个重要组成部分是为父母争取教育权益，让父母充分参与到儿童的教育活动中。家长合作制的马塔兰加学校是新西兰当时最先进的小学之一，其办学理念的核心是保证家长的高参与度。贝尔常年参与新西兰最大的育儿支持和教育组织——家长中心（Parents Center）的工作，致力于保障父母在分娩和育儿事务上的发言权。贝尔曾代表家长中心参与新西兰婴儿和学前保健服务咨询委员会的相关事务。1976 年，贝尔主持了在惠灵顿举行的关于女性参与社会和经济发展的总理会议，强调了女性在儿童早期教育中的重要作用，推动将儿童早期教育与女性角色之间的联系纳入政治议程。贝尔的工作保障了父母，尤其是母亲在育儿和儿童早期教育方面的权益，提高了父母参与儿童教育的积极性。

八、尼尔·唐纳德·弗莱明

尼尔·唐纳德·弗莱明（1939—2022）是新西兰教育家。

弗莱明曾在多所高中、教师教育中心、大学任职，有超过 40 年的教学经历。他曾担任 9 年的高级督学，其间观摩了新西兰南岛百余所高中的 9 000 多堂课。在这一时期，弗莱明观察到学生学习方式和教师教学方式的差异，着手构建视觉、听觉、读写、动觉（Visual、Aural、Read-write、Kinesthetic，以下简称 VARK）模型。之后，弗莱明在新西兰林肯大学任职，并于 1987 年同林肯大学的师生一起创建并发展了 VARK 测试工具。他在多国举办学术研讨会，并将自己的教育理念应用到商业、体育等领域。

VARK 模型是一种个体学习方式模型，它将学习者接受和表达信息的方式分为四种：视觉（如通过图片、图表、视频等）、听觉（如通过音乐、讲座、对话等）、读写（如通过图书、笔记、清单等）和动觉（如通过实验、手工、运动等），这四种学习方式并没有绝对的界限，有时也可以相互结合形成混合模式。弗莱明认为，受到个人经历影响和能力限制，每个学习者适合的学习方式有所不同。当学习方式被受教育者接纳时，他们的学习动力会增强。教育者根据适合受教育者的学习方式提供相应的学习资料，从而帮助他们更好更快地掌握相关知识和技能。据此，弗莱明及同事开发了 VARK 测试工具。该测试工具包含 16 个问题和各种与学习方式相关的资料，以帮助学习者判断自己的学习方式偏好并加以利用。VARK 模型是对神经语言程序学和当时常见的视觉、听觉和动觉模式的发展，与加德纳的多元智能理论关系密切。自提出以来，VARK 模型被应用于世界多国的多个领域并不断被发展创新。然而，也存在一些关于 VARK 模式对个体学习活动的效用的疑虑。质疑者认为，没有确凿的证据表明使用 VARK 模式判断受教育者的学习方式偏好并以此组织教育教学活动可以改善学习效果。尽管其效用仍需在之后的教育实践中不断检验，但 VARK 模式仍然为有效组织教育教学活动提供了一种新思路。

第四章 学前教育

第一节 学前教育的发展和现状

学前教育是新西兰教育的第一层次。在新西兰，学前教育并不属于义务教育的范畴。新西兰学前教育的对象涵盖从出生到小学入学之前的所有儿童。新西兰政府认为，高质量的学前教育将为儿童今后的学习和成长打下良好基础。在新西兰，儿童从一出生就被视为学习者。将儿童培养成为拥有积极思想、健康体魄、良好精神和强烈归属感的，有自信、有能力的学习者和沟通者，是新西兰学前教育的基本理念与重要目标。

一、学前教育的历史沿革

新西兰学前教育的发展大致经历了早期萌芽阶段（1889—1988 年）、蓬勃发展阶段（1989—2009 年）、纵深发展阶段（2010 年至今）。[1]

---

[1] 朱培芳，余丽. 新西兰学前教育的发展、策略及启示 [J]. 湖北师范大学学报（哲学社会科学版），2020（3）：121-126.

（一）早期萌芽阶段（1889—1988年）

1889年，达尼丁创建了新西兰历史上的第一所幼儿园在达尼丁创建，新西兰迈出普及学前教育的第一步。

20世纪初期，受德国教育家福禄贝尔的教育思想以及当时关于儿童学习观念的影响，幼儿园、婴儿农场机构等各种学前教育机构开始在新西兰大量涌现。学前教育机构的出现推动了学前教育的普及。1941年，受杜威教育哲学思想以及弗洛伊德思想的影响，新西兰第一个游戏中心建立。游戏中心由父母合作社[1]的中产阶级负责运作，逐渐被工薪阶层家庭接受。

二战以后，新西兰政府颁布《教育的今天和明天》，该文件谈及当时新西兰学前教育发展所面临的全日制幼儿园的供需问题、学前教师教育问题。此后，新西兰政府一度将鼓励幼儿自由玩耍确立为幼儿园教育督导的主要方向，这客观上加快了新西兰学前教育多样态普及的步伐。

（二）蓬勃发展阶段（1989—2009年）

1987年，新西兰掀起第一次教育改革浪潮。此后，新西兰政府通过整合教育资源、推进课程改革、实施免费学前教育等一系列措施，极大地推进了新西兰学前教育的普及化，使新西兰学前教育进入蓬勃发展阶段。

1989年，新西兰政府的学前教育政策发生了根本性变革。这其中的一个重要改革举措是对学前教育资源首次进行系统整合，教育部整合此前互相独立的幼儿保育与学前教育系统，推行学前教育保教一体化政策，为新西兰学前教育的普及提供了行政保障与稳定的资金支持。

20世纪80年代末，新西兰政府深入开展学前教育课程改革，陆续出台

---

[1] 在新西兰，一些拥有相同或相似学前教育理念的父母组成父母合作社，共同聘请优秀教师为儿童提供学前教育。

了一系列有关课程改革的政策文件。

1996 年，新西兰历史上第一个统一的学前教育国家课程标准颁布，对新西兰学前教育的高质量普及具有无可替代的作用。

2000 年，新西兰政府制定"学前教育战略规划"，并明确提出了"改善行动十年计划"，规定新西兰学前教育发展战略规划以每十年为一个周期。2007 年，新西兰政府出台《20 小时免费学前教育计划》（后更名为《20 小时学前教育计划》），出资为 3—5 岁儿童提供每天最多 6 小时、每周最多 20 小时的免费教育。新西兰学前教育免费政策在有效保障学前教育公平的同时，提高了学前教育在毛利儿童、太平洋岛裔儿童、经济欠发达地区弱势群体儿童中的普及程度与普及质量，助力新西兰学前教育蓬勃发展。

（三）纵深发展阶段（2010 年至今）

2010 年以后，新西兰政府在融合教育理念指导下，重新定义了儿童的受教育权，学前教育普及进入纵深发展阶段。这一时期，新西兰学前教育普及率保持在高位水平，普及范围更广，普及质量优良，教育普及的最终目标是为所有 0—5 岁儿童提供优质的学前教育。

2010 年，新西兰政府出台新的学前教育普及政策《人人成功——每一所学校，每一个孩子》。《人人成功——每一所学校，每一个孩子》坚持融合教育的基本理念，强调尊重、多样、参与、平等的学前教育普及策略，尊重特殊儿童的受教育权，将特殊儿童融入普通教育系统，希望尽快结束此前单独设置特殊教育机构的做法，实现特殊教育与普通教育的融合。《人人成功——每一所学校，每一个孩子》强调教育系统应该具有包容性，应该关注到每一所学校、每一个孩子，要求所有的注册学校都要实施这种将特殊儿童融入普通教育系统的全纳教育。

2014 年，新西兰教育审查办公室发布《2014—2017 年战略目标》，旨在落实政府的教育优先发展规划，持续保障学前教育质量与效能。该目标将儿童、父母、家庭确立为学前教育体系的重心，明确提出使 98% 的 2016 年新入小学儿童接受过学前教育的目标。

在学前教育持续纵深发展的今天，在继续提升学前教育普及率的过程中，新西兰政府力求消除所有因经济、文化、身体以及其他不利因素导致的儿童受教育机会不均等情况。

二、学前教育的现状

在新西兰，无论文化、社会经济情况，所有 0—5 岁的儿童，都有机会接受各种类型的学前教育服务。经过百余年的建设与发展，新西兰学前教育已经走在了世界前列，在战略规划、质量监管、投入保障、教育公平等方面都取得了长足发展。[1]

（一）课程建设与教学活动

2016 年，新西兰教育部颁布了《新西兰雄心：四年计划（2016—2020 年）》。该计划指出，学前教育课程标准是提升学前教育质量的关键，将其确定为学前教育改革的重点对象。2017 年，新西兰教育部对 1996 年的学前教育国家课程标准进行了修订，颁布了《编席子：早期儿童教育课程（2017 年）》，成为新西兰学前教育课程设计与开发、课程实施与评价的重要依据。该课程标准旨在为多元文化社会背景下的儿童学习和发展提供一体化的高

---

[1] 中国驻新西兰大使馆教育处. 新西兰学前教育现状、发展趋势和主要政策 [J]. 基础教育参考，2016（21）：71-74.

质量学前课程，为各类儿童早期教育机构提供课程实践参考。[1]

该课程标准的四大原则包括：赋权原则、整体发展原则、家庭和社区原则、互相联系原则。赋权原则基于对儿童权利的重视和尊重，强调赋予每一个儿童更多的参与机会；整体发展原则强调基于儿童的经验与优势，促进儿童的整体发展；家庭和社区原则要求尊重儿童的家庭背景和文化传统，强调家庭与社区参与儿童学前教育的重要性；相互联系原则强调儿童的学习与成长是在与周围世界的相互联系中进行的。

课程的五大领域包括：健康、归属、贡献、交流、探索。健康领域指涉及儿童的身体健康、情感健康等方面的课程目标与学习成果；归属领域指涉及家庭归属、环境归属、居住地归属、传统和习俗归属等方面的课程目标与学习成果；贡献领域指涉及儿童贡献意识、贡献能力等方面的课程目标与学习成果；交流领域指涉及语言交流技能、非语言交流技能、多元文化中的表达方式等方面的课程目标与学习成果；探索领域指涉及自主游戏、建立自信、探索、思考与推理、经验发展与完善等方面的课程目标与学习成果。[2]

在新西兰的学前教育教学活动中，游戏始终占据十分重要的地位。一般情况下，新西兰幼儿园都采取寓教于游戏活动的形式开展教育教学。新西兰学前教育教学活动的基本特征主要体现为尊重儿童的个性和尊严、重视儿童的实践活动、强调儿童的参与度、注重多元文化、塑造儿童人格特征与提升其综合素质。[3]

新西兰学前教育机构为儿童的个性发展提供了时间、空间以及各种物质保证。在不妨碍他人的情况下，儿童可以自由活动。学前教育机构会根据儿童的年龄特征、兴趣爱好，布置多姿多彩的学习角，利用自然资源、

---

[1] New Zealand Ministry of Education. Te Whāriki: He Whāriki mātauranga mō nga mokopunao Aotearoa/early childhood curriculum[S]. Wellington: New Zealand Ministry of Education, 2017: 2.

[2] 资料来源于新西兰教育部官网。

[3] 黄锦芬. 新西兰儿童早期教育走笔 [J]. 教育导刊·幼儿教育版，1998（4）：44-47.

社会资源为儿童创设各种学具。儿童可根据自己的兴趣爱好在自由活动时间自主选用。

新西兰学前教育主张从做中学，鼓励儿童开展动手、动脑、动口的实践活动。在绝大多数时间里，儿童都根据自己的兴趣进行各种实践活动，学前教育机构通常只安排不到1小时的全班集体活动（集体游戏、讲故事、唱歌等）。[1] 儿童只要能参与活动、独立完成作业，就会得到教师的赞赏与鼓励。学前教育机构注重维护每个儿童的尊严与权益，注重多元文化之间的相互融合，倡导不同族裔、不同文化、不同层级之间的相互认可与尊重，注重培养儿童的健全人格，全面提升儿童的综合素质。

新西兰学前教育机构通常采取纵向评价而非横向评价的方式去评价儿童，教育评价的重点在于儿童素质的全面提升，这种评价方式使得每位儿童都能感受到自己的价值、成长与进步。

（二）学前教育机构

新西兰有各种类型的儿童早期服务机构和中心。根据教育场所可以分为：以家庭为基础的家庭日托；以机构为基础的幼儿园、教育和照顾中心、游戏中心、毛利语言浸入式的家庭早教项目、太平洋岛裔幼儿园、蒙台梭利中心等。根据施教者主体性可以分为：以家长为主要教育人员的游戏中心、社区游戏班；以受过专业培训的工作人员为主要教育者的幼儿园、教育和照顾中心等。根据教育对象可以分为：面向0—5岁儿童招生的学前教育机构，面向3—5岁儿童招生的学前教育机构。除此之外，还可以分为全日制学前教育机构与非全日制学前教育机构；语言浸入式学前教育机构、双语学前教育机构、英文学前教育机构。

---

[1] 李敏. 中国与新西兰幼儿教师教育信念比较研究——以成都市和汉密尔顿市教师为例 [J]. 比较教育研究，2013（6）：87-92.

从办学性质来看，新西兰既有公立幼儿园，也有私立幼儿园，还有各种家庭式的学前教育机构。公立幼儿园是新西兰办学历史最为悠久的学前教育机构。幼儿园分为全日制和半日制两类，其中半日制幼儿园主要有上午班和下午班两种形式。大多数幼儿园提供日间服务，也有少数幼儿园提供夜间服务。一般情况下，上午班招收 4—5 岁儿童，每周一至周五开放；下午班招收 3.5—4 岁儿童，每周仅开放三个下午。

为了体现对毛利文化的尊重，满足毛利儿童接受学前教育的需要，新西兰设立了服务毛利儿童的学前教育机构和满足太平洋岛裔儿童学前教育需求的太平洋岛裔幼儿园。这些机构促进了学前教育在毛利人社区与太平洋岛裔社区的普及。

（三）国家投入与监管

进入 21 世纪以来，学前教育财政投入占整个教育财政支出的比例和占国内生产总值的比例均逐年增长，全日制学前教育生均财政支出大幅提高。

以 2002—2012 年为例，新西兰学前教育财政支出从 2002 年的 5.38 亿新西兰元大幅增长到 2012 年的 15.62 亿新西兰元。学前教育财政投入占国内生产总值的比例从 2002 年的 0.33% 大幅提高到 2012 年的 0.76%。2012 年，新西兰学前教育财政支出占整个教育财政支出的比例达到 13.4%，相比于 2002 年翻了一番。全日制学前教育生均财政支出从 2002 年的 5 700 新西兰元大幅增加到 2011 年的 9 800 新西兰元，增长了 71.9%。根据新西兰政府 2013 年 2 月发布的数据来看，2009 年，约 83% 的学前教育机构支出都来自新西兰政府。[1]

为了实现学前教育机会均等，新西兰政府充分尊重不同族裔文化传统

---

[1] 中国驻新西兰大使馆教育处. 新西兰学前教育现状、发展趋势和主要政策 [J]. 基础教育参考，2016（21）：71-74.

与发展水平，从政策规划、政府拨款、课程设计等方面对毛利儿童、太平洋岛裔儿童等群体提供支持和帮助。新西兰政府专门划拨"促进学前教育公平经费""偏远地区学前教育年度补充经费"，为偏远地区、经济欠发达社区以及有特殊需要的非英语社区的学前教育提供额外的经费支持。新西兰的学前教育国家课程标准也对毛利人的新西兰原住民地位给予认可和尊重，要求开设毛利语言浸入式课程，设立太平洋岛裔幼儿园。

新西兰教育审查办公室是新西兰专门负责学前教育与中小学质量监管工作的政府部门。新西兰教育审查办公室定期评估学前教育机构，公开发布评估报告，辅助新西兰政府落实教育优先发展战略，以期监督指导各学前教育机构不断提升教学质量与管理水平，持续增强各学前教育机构的自我改进能力，确保新西兰学前教育整体质量稳步提升。通常情况下，新西兰教育审查办公室每隔三年对学前教育机构开展一次整体质量评估工作。该评估工作以学前教育机构自评为基础，并充分考虑学前教育机构所处的发展阶段、环境、文化等影响因素。

（四）学前教育师资队伍

根据《2017年学前教育教师资格》的规定，新西兰学前教育教师必须具备本科以上学历和教师资格证书。新西兰的学前教育教师资格分为新教师、完全注册教师、有经验的教师三种类型。

符合要求的学前教育完全注册教师比例持续上升，各类学前教育机构中的生师比普遍低于经济合作与发展组织成员平均水平。近年来，新西兰学前教育机构中的毛利人教师与太平洋岛裔教师的数量，尤其是完全注册教师的数量不断增加。新西兰学前教育师资队伍相对稳定，学前教育教师的流失率与教育培训领域的教师整体流失率大体持平。为了稳定学前教育教师队伍，进一步增加学前教育工作的吸引力，新西兰政府设立了一些针对学前教育师资培养的奖学金项目，学前教育专业的学生与学前教育领域的教职员工可以向新西兰教学联盟提出申请。

（五）学前教育与初等教育的衔接

为了帮助儿童顺利实现从学前教育向初等教育的过渡，新西兰非常重视幼小衔接工作。优质高效的幼小衔接工作在一定程度上提高了儿童的学校适应能力，降低了小学一年级的留级率。2014 年，新西兰采取了一系列措施，使小学一年级的留级率降为 0。[1]

在新西兰，学前教育机构和小学在幼小衔接工作上拥有充分的自主权。学前教育机构的领导与小学校长在幼小衔接的政策制定、指导、培训等方面，发挥着重要作用。

新西兰没有专门的幼小衔接课程，而是将幼小衔接的内容纳入学前教育与保育的最后一年与小学第一年的课程框架之中，以保证课程与教学的连续性，帮助幼儿顺利实现从学前教育向小学教育的过渡。[2]

在新西兰，幼小衔接培训被视为促进学前教育教师和小学教师专业发展的重要组成部分。无论是学前教育教师还是小学教师，在其职前教育阶段都会接受幼小衔接的相关培训。到了在职培训阶段，幼小衔接相关的培训内容有所减少，但仍有所涉及。之所以在教师在职培训中继续包含幼小衔接方面的内容，主要是为了提高教师幼小衔接的实践能力。适用英语教学的《新西兰课程》明确提出，顺利实现幼小衔接的关键在于学校。《新西兰课程》要求教师注重培养儿童与教师以及其他儿童之间的关系，将教学

---

[1] OECD. Starting strong V: transitions from early childhood education and care to primary education[M]. Paris: OECD Publishing, 2017: 56.

[2] OECD. Starting strong V: transitions from early childhood education and care to primary education[M]. Paris: OECD Publishing, 2017: 159.

建立在儿童已有的学习经验基础上。

　　新西兰学前教育国家课程标准非常强调学前课程与学习的连续性。新西兰学前教育国家课程标准要求学前教育教师充分认识幼儿早期学习与《新西兰课程》中所规定的关键能力、价值观以及学习领域之间的内在联系。学前教育国家课程标准的"赋权原则"与《新西兰课程》中的"高期望原则""学会学习原则"等相呼应。

　　在幼小衔接的效果监测方面，新西兰普遍采用家长调查、学前教育机构自我评价等方式来评价幼小衔接的开展情况与工作效果。

第二节　学前教育的特点和经验

　　新西兰学前教育具有普及优质化、保教一体化、课程科学化、规划常态化等显著特征，在学前教育机构许可制度、学前教育经费财政投入、学前教育运行监管框架等方面积累了可资借鉴的经验。

一、学前教育的特点

（一）普及优质化

　　新西兰学前教育普及优质化主要体现在普及率极高、普及范围广泛、公平的学前教育普及机会等方面。

　　经济合作与发展组织公布的相关数据显示，在新西兰，3—4岁接受学前教育的儿童占89%—93%，远超2012年经济合作与发展组织成员的平均值（76%）。[1] 新西兰的学前教育涵盖了多个社会阶层、多种族裔群体的0—5岁的儿童。尽管学前教育不属于义务教育，国家并不强制家长使儿童接受学前教育，但是96.8%的新西兰家长都选择让自己的孩子接受学前教育。[2]

新西兰政府在学前教育领域积极推行全纳教育理念，对弱势群体提供补偿教育，为不同族裔、不同文化背景、不同语言能力、不同经济条件的儿童提供机会均等的学前教育，这有助于新西兰学前教育普及优质化。依据《20小时学前教育计划》，新西兰政府为所有3—5岁的儿童全额资助每周20小时的学前教育经费。为保障处于相对弱势地位的毛利儿童与太平洋岛裔儿童的学前教育权，新西兰政府在教育政策与拨款等方面都进行了相应的补偿。统计数据显示，与2012年相比，2013年毛利儿童、太平洋岛裔儿童、亚裔儿童的学前教育入学率分别增长了6.2%、6.3%、12%，三者之和占同年新西兰学前教育入学增长率的98%。[3]

新西兰还通过设立毛利语言浸入式课程、设立太平洋岛裔幼儿园、将特殊教育融入普通教育系统等措施，进一步提高学前教育优质化普及程度。

（二）保教一体化

新西兰是世界上最早开展学前教育保教一体化改革的国家之一，也是学前教育保教一体化改革最为成功的国家之一。

教育行政管理机构的有效整合，是深化保教一体化改革的前提条件。1972年，新西兰政府将社会保障部和教育部儿童福利司合并组建社会福利部。儿童保育与学前教育分属社会福利部与教育部管理的状况持续了14年。1986年，新西兰政府重新将儿童保育的管理职权划归教育部。从此，教育

---

[1] OECD. New Zealand education at a glance 2018: OECD indicators[M]. Paris: OECD Publishing, 2018: 1-7.

[2] 资料来源于新西兰教育部官网。

[3] 中国驻新西兰大使馆教育处. 新西兰学前教育现状、发展趋势和主要政策 [J]. 基础教育参考，2016（21）：71-74.

部成为儿童保育中心的管理者和监督者，负责新西兰幼儿保育与学前教育领域的行政事务，学前教育保教分离的状况得到了根本性改变，学前教育保教一体化改革步入快车道。[1]

政府主导是新西兰学前教育保教一体化政策能够有效推行的重要保障。1988年，新西兰政府就强调必须为所有的学前教育机构和学前保育机构提供一定的资助和服务。此后，新西兰政府通过一系列改革措施，有力推进了学前教育保教一体化水平。新西兰政府对学前教育保教一体化的主导作用主要体现为：公平对待各类保教机构，推行单轨管理体制；在尊重本土文化多样性的基础上，推行一体化的国家课程标准；改善保教人员工作条件，推行统一的师资培养机制；完善相关法规与标准，推行综合监管机制。

2017年，新西兰政府对学前教育国家课程标准进行了第一次修订。重新修订后的学前教育国家课程标准延续了"尊重本土文化多样性，为所有儿童提供统一服务与支持"的课程理念。新的学前教育国家课程标准涵盖0—5岁的所有儿童，将婴幼儿早期教育服务纳入课程体系，把短期儿童保育服务与教育活动整合在一起，凸显了学前教育课程的整体性与一体化特征。[2]

为提升学前教育保教一体化水平，新西兰政府逐步建立起统一的学前教育教师培训机制，不断改善保教人员的薪酬待遇与工作条件。1985年，新西兰开始实施学前教育师资培训一体化改革。1987年，开始实施为期三年的学前教育师资综合培训课程。1989年，新西兰教师委员会成立，主要职责为教师资格认证与管理。1990年，新西兰开始实行教师注册与资格认证制度，所有学前教育从业者必须经过新西兰教师委员会的认证和批准。新西兰政府在统一学前教育教师培训机制的同时，根据认证教师的文凭划

---

[1] 张丹. 新西兰学前教育保教一体化改革研究 [D]. 重庆：西南大学，2019：11.

[2] 李召存. 追寻课程政策背后的教育意义——基于学前教育课程纲要的国际比较研究 [M]. 上海：华东师范大学出版社，2012：81.

分资格等级，分阶段实现各等级从业人员的薪酬平等。这些措施对于稳定师资队伍、提升保教一体化水平具有重要意义。

（三）课程科学化

课程体系建立在先进教育理念基础之上，这是新西兰学前教育的一个重要特点。与时俱进的学前教育国家课程标准是新西兰学前教育课程体系科学化的重要保证。2017 年，新西兰教育部颁布了更新后的《编席子：早期儿童教育课程（2017 年）》作为新的学前教育国家课程标准。近年来，新西兰关于学习性向与成长经验的研究成果凸显了新版国家课程标准的科学性与前沿性。

学习性向是关于生活技能学习的品质或态度。学习性向与儿童的核心素养密切相关，"责任感"、面对问题时的"坚持"和"成功应对变化"等，都属于儿童应对学习的学习性向或学习方式。新西兰学前教育家认为，学习性向提供了一种为获得早期学习技能奠定良好基础的有效方式。他们认为，以往的教育关注对事实性知识的学习和记忆，强调死记硬背。虽然掌握一定数量的事实性知识对儿童成长是有益的，但儿童同样也需要掌握技能性知识，以应对这个不断变化的世界。[1]

在新西兰，儿童早期学习性向被用来标识儿童在不断变化的世界中进行自我激励的能力和成为终身学习者的能力。常见的学习性向包括：胆识与求知欲、信任感与活泼的性格、不屈精神、自信心与责任感、寻找兴趣点的能力、参与意向、应对困难的执着品质、挑战精神与开放的思想、善于表达观点等。

新西兰教育学家认为，儿童的学习性向与成长经验相互联系，相互促进。许多重要的学习性向（比如提问和好奇心）与成长经验紧密相连。当

---

[1] CLAXTON G, CARR M. A framework for teaching learning: the dynamics of disposition[J]. Early years, 2004(1): 187-197.

儿童在积累他们关于周围世界、人物、工具、物体、材料、动物的成长经验时，他们也在学习诸如好奇心、毅力、责任心等重要的学习性向，并在积累关于这些学习性向的成长经验。

（四）规划常态化

重视学前教育战略规划是新西兰政府发展学前教育的重要举措。

为了规范学前教育发展，新西兰政府陆续出台了一系列政策法规，对学前教育发展进行战略性规划，如 1996 年的《编席子：早期儿童教育课程（1996 年）》、2002 年的《学前教育十年发展战略规划——未来之路》、2007 年的《20 小时学前教育计划》、2014 年的《2014—2017 年战略目标》等。这些文件就课程标准、政府职责、质量监管、投入保障、师资队伍、教育公平、保教一体化、家庭与社区参与度等事关新西兰学前教育健康发展的重大问题进行了规划，明确了目标任务与基本原则，有力推动了新西兰学前教育快速、优质发展。

二、学前教育的经验

设定严格的学前教育机构许可制度、保持充足的学前教育财政投入、构建完善的学前教育监管框架，是推动新西兰学前教育持续健康发展的重要经验。

（一）设定严格的学前教育机构许可制度

新西兰的学前教育机构没有固定的经营模式或结构模式，不针对特定的儿童群体，没有标准的开放时间。[1] 但是，新西兰却有着极为严格的学前教育机构许可制度。新西兰政府对所有类型的学前教育机构都设置了严格的办学标准，任何一种类型的学前教育机构都必须达到政府办学标准，然后才能正式开展学前教育活动。

新西兰学前教育机构许可制度始于 1987 年。新西兰教育部会对所有提出申请的学前教育机构进行检查评估，对于符合规定的学前教育机构进行注册登记。对于已经注册的学前教育机构，新西兰教育部还会开展定期检查监督。如果发现学前教育机构出现违规与失责行为，教育部会要求该学前教育机构限期整改，并追究相关人员的责任。对于逾期不能解决相关问题，或解决后仍达不到相关要求的学前教育机构，教育部将吊销其营业执照。同时，新西兰教育部还鼓励其他政府部门、儿童家长等监督检查已经注册的学前教育机构的运行情况。[2]

高标准的学前教育办学标准、严格的学前教育机构许可制度，是新西兰学前教育高质量发展的重要经验。实行严格的学前教育机构许可制度，把好学前教育机构的入口关，对于保障新西兰学前教育质量有着基础性与前提性作用。

（二）保持充足的学前教育财政投入

新西兰采取政府主导的学前教育发展模式，政府主要通过以下五种方式为学前教育提供财政支持：学前教育拨款补贴、《20 小时学前教育计划》、促进学前教育公平经费、偏远地区学前教育年度补充经费、临时注册教师

---

[1] SMITH A. What is special about early childhood education in New Zealand[J]. International journal of early years education, 2003(1): 113-126.

[2] 李政云，匡冬平. 新西兰"政府主导"学前教育发展的举措及其启示 [J]. 学前教育研究，2013（5）：21-27.

资助津贴。[1]

学前教育拨款补贴是新西兰政府对学前教育机构提供财政支持的主要形式。新西兰政府按照每名儿童最多每天 6 小时的补贴标准向机构提供资助。在新西兰，每名接受学前教育的儿童每周最多可获得 30 小时的学前教育拨款补贴。学前教育拨款补贴的目的是抵消学前教育机构的部分开销。

《20 小时学前教育计划》是新西兰政府资助学前教育发展的一项专门计划。相较学前教育拨款补贴，《20 小时学前教育计划》中相关资助平均到每一位儿童的金额更高。这项计划的资助对象是所有在新西兰接受学前教育的 3—5 岁儿童。新西兰政府为每名儿童提供每天最多 6 小时、每周最多 20 小时的资助。此外，学前教育机构还可以为已经享受《20 小时学前教育计划》相关资助的儿童额外申请每周 10 小时的补贴。

促进学前教育公平经费是新西兰政府针对经济欠发达社区、偏远地区以及有特殊需要的非英语社区提供的专门资助，其目的在于有效提高这些地区的学前教育入学率，提升新西兰学前教育的普及质量。

偏远地区学前教育年度补充经费是新西兰政府针对地处偏远地区、办学规模较小的学前教育机构提供的经费资助。偏远地区学前教育年度补充经费与促进学前教育公平经费相互独立。前者资助的对象是偏远指数[2]达到 1.27 以上地区的私立学前教育机构、社区学前教育机构。这类学前教育机构如果每年从学前教育拨款补贴、《20 小时学前教育计划》、促进学前教育公平经费中获得的资助不足 2 万新西兰元，即可获得偏远地区学前教育年度补充经费。[3]

---

[1] 中国驻新西兰大使馆教育处. 新西兰学前教育现状、发展趋势和主要政策 [J]. 基础教育参考，2016（21）：71-74.

[2] 偏远指数（Isolation Index）是新西兰用于标识学前教育机构偏远程度的指标数据。指数越大，代表机构越偏远。2023 年，新西兰学前教育机构偏远指数平均值为 0.75，中位数为 0.41，偏远指数大于或等于 1.27 的学前教育机构有资格接受此项经费资助。

[3] 资料来源于新西兰教育部官网。

临时注册教师资助津贴是新西兰政府给学前教育机构提供的额外资助。注册教师率低于 80% 的学前教育机构可以申请该津贴。资助津贴从 2011 年 7 月起开始发放。

（三）构建完善的学前教育监管框架

建构完善的学前教育监管框架，严格监督学前教育质量，是新西兰学前教育健康发展的重要经验。

新西兰学前教育监管框架的建构工作始于 20 世纪 80 年代。1987 年，新西兰政府出台《儿童早期教育服务条例》，规定教育部负责新西兰学前教育机构的注册许可与办学监管工作。1988 年，新西兰政府依据《国家部门法》成立新西兰教育审查办公室。2004 年，新西兰政府建构起学前教育"三层次管理架构"：第一层次为《教育法（1989 年）》；第二层次为《2008 年学前教育机构管理规定》与《2008 年托儿所管理规定》；第三层次为各类学前教育机构的办学标准。[1]

第一层次为法律层次。《教育法（1989 年）》规定："除非服务提供者根据规定获得许可，否则任何人不得开办学前教育机构。"这是新西兰历史上第一个含有学前教育机构许可规定内容的法律。[2]《教育法（1989 年）》明确了新西兰教育审查办公室的第三方评估机构身份，并认可其针对学前教育机构发布的质量监管报告和提出的改进措施具有权威性。

第二层次为条例层次。2008 年，新西兰政府依据《教育法（1989 年）》的相关规定，出台了《2008 年学前教育机构管理规定》《2008 年托儿所管理规定》等学前教育监管条例。这些条例对各类学前教育机构的监管事宜进

---

[1] 中国驻新西兰大使馆教育处. 新西兰学前教育现状、发展趋势和主要政策 [J]. 基础教育参考，2016（21）: 1-74.

[2] 单文顶，王小英. 新西兰学前教育机构许可管理制度的经验与启示 [J]. 中国教育学刊，2019（9）: 45-50.

行了详细规定，使得学前教育监管工作具有可操作性与针对性。

第三层次为各类学前教育机构的办学标准，如《幼儿保育教育中心许可标准》《家庭日托许可标准》《毛利语幼儿园许可标准》《游戏中心许可标准》等。这些办学标准对新西兰各类学前教育机构申请注册必须满足的基本条件进行了明确规定，为监管各类学前教育机构的运行情况提供了依据。

20 世纪 90 年代末，新西兰政府基于学前教育的"三层次管理架构"颁布了《质量行动》《质量之旅》等教育政策文件，将教育评估确立为教育质量保障与提升的重要手段。进入 21 世纪后，新西兰政府针对学前教育评估颁布了《学前教育十年发展战略规划——未来之路》《学前教育评估框架和资源》《学前教育评估指标》《新西兰教育审查办公室如何评估学前教育机构》《新西兰教育审查办公室如何评估家庭日托中心》《新西兰教育审查办公室如何评估医院日托中心》等一系列政策文件，[1] 逐步建立健全了学前教育质量评估体系。

第三节 学前教育的挑战和对策

一、学前教育财政经费削减与应对措施

充足的财政经费支持，对保障新西兰学前教育的优质化普及有着重要作用。然而，持续增长的学前教育经费在一定程度上对政府财政造成压力。2017 年，新西兰教育研究院针对相关问题发布了一份研究报告。该报告显示，从 2010 年开始，新西兰政府不再增加学前教育资金投入，到 2017 年，

---

[1] 底会娟. 新西兰学前教育质量评估的轨迹、现状及特点 [J]. 中国考试，2020（4）：46-54.

政府非但没有增加学前教育财政投入，还削减了共计 2.6 亿美元的学前教育资金，相当于政府对每个学前教育机构的投资每年削减了 5.8 万美元。[1]

学前教育财政经费削减不仅会导致学前教育机构师资不足、不合格从业人员比例增加，还会增加家庭的学前教育成本，加重低收入家庭的经济负担。更为严重的是，学前教育财政经费削减可能会导致学前教育机构的服务质量降低，进而损害到包容、平等、公平的学前教育价值取向，从根本上影响新西兰学前教育的健康发展。

为有效应对学前教育经费财政削减的现实挑战，新西兰政府积极调整学前教育发展战略。2014 年，新西兰教育审查办公室出台了《2014—2017年战略目标》，对新西兰学前教育发展战略进行了调整，小学和学前教育从以学校为中心调整为以儿童、父母和家庭为中心，政府的主要职责转向提升学前教育普及率以及公共服务能力方面。

同时，新西兰政府鼓励社会资本进入学前教育领域，如激发家庭对学前教育的投资热情。在新西兰，私立学前教育机构比例过半。[2] 争取更多社会资本投入学前教育，不失为一条缓解政府财政压力的有效途径。

二、学前教育中的多元文化碰撞与文化融合举措

在学前教育发展历程中，新西兰一直在努力协调因多元文化共存、多族裔并居的基本国情所导致的不同群体间的矛盾和碰撞。面对来自不同文化背景的儿童，新西兰学前教育机构需要帮助儿童建立自身的文化身份认同感和归属感。同时，新西兰学前教育还要处理多元文化共存可能产生的分歧与矛盾，减少由于刻板印象及缺乏对多元文化重要性的认知而产生的

---

[1] 陈中惠. 新西兰优先投资高质量的幼儿保育及教育 [J]. 世界教育信息，2017（10）：76-77.

[2] 资料来源于新西兰教育统计局官网。

负面影响。

面对多元文化的基本国情和多元文化碰撞在学前教育领域可能导致的问题，新西兰学前教育决策者奉行多元教育、全纳教育、融合教育理念，坚定实施多元文化融合政策，及时根据国内外形势调整相关政策制度，以积极主动的态度、公平合理的制度、灵活多变的措施恰当回应不同群体的需要与诉求，使新西兰在学前教育政策支持、机构设置、经费投入、师资培训等方面进一步体现尊重多元文化的政策理念，在学前教育国家课程标准的制定方面坚持统一性与灵活性相结合的基本原则，将包容、平等、公平与质量统一于学前教育发展过程之中，努力化解学前教育领域潜在的冲突与矛盾，使新西兰学前教育保持国际领先地位。

三、高素质学前教育从业人员培养压力与应对措施

学前教育先进理念的最终落实，需要依靠高素质从业人员的共同努力。因此，如何采取有效措施，顺利化解高素质学前教育从业人员培养压力，建立一支高素质的学前教育教师队伍，是新西兰必须面对的一个问题。新西兰采取了以下针对性措施，取得了显著成效。

首先，学前教育教师职前教育更加重视对先进教育理念、先进课程理念的学习。开设学前教育专业的高等院校要在其教学方案制定、专业课程设计方面不断充实相关内容，将先进的学前教育理念深深植根于学生的头脑之中。其次，学前教育从业人员的在职培训更加重视培养对相关理念的实践能力，例如，训练从业人员把《编席子：早期儿童教育课程（2017年）》的先进课程理念贯穿至具体的教育教学活动中的能力。最后，新西兰鼓励高等院校学前教育专家以及学前教育实践的专家型教师积极参与到学前教育从业人员的在职培训工作中。

四、学前教育机构中的儿童伤害风险与应对措施

近年来，新西兰一些学前教育机构存在虐待、伤害与忽视儿童的问题。儿童在学前教育机构可能受到心理或生理上的虐待和忽视，如克扣饮食、单独监禁、殴打辱骂等。[1] 一些学前教育机构将这些伤害行为视为约束不听话儿童的"教育"行为。

为了保护儿童的身心健康，2016 年，新西兰政府根据实际需要对各类许可标准进行了修订。关注弱势儿童、建立儿童保护强制报告制度，就是新西兰学前教育机构许可制度改革的一项新举措。儿童保护强制报告制度涉及虐待和忽视儿童情况的识别与报告、保护措施、可疑行为处置办法等内容。为使弱势儿童免遭虐待和忽视，保护其身心健康不受伤害，新西兰颁布了《弱势儿童保护法》。新修订的学前教育机构许可标准，明确要求各类学前教育机构必须以书面形式制定具体的儿童保护制度，必须每三年对其儿童保护制度进行一次修订工作，并对报告流程进行了明确要求，对虐待和忽视儿童的行为采取零容忍的态度，充分体现了新西兰《弱势儿童保护法》《食品安全法》《健康和安全劳动法》等相关法律的立法精神。

建立学前教育从业人员安全审查制度，是新西兰应对儿童伤害风险的又一项措施。此前，新西兰许多学前教育机构都对从业人员进行了安全审查，但是缺乏统一的安全审查制度，相关审查结果的准确性与可靠性无法得到保证。[2]《弱势儿童保护法》要求必须对所有学前教育从业人员进行每三年一次的安全审查工作，审查内容涉及身份确认、风险评估、犯罪记录审核等方面。审查方式分为内部审查与外部审查两种形式，内部审查由学前教育机构负责，外部审查由新西兰警方或司法部门负责，政府希望借此进一步筑牢学前教育儿童的安全防护网，降低虐待儿童、伤害儿童、忽视儿童等各种风险。

---

[1] 资料来源于新西兰教育部官网。
[2] 单文顶，王小英. 新西兰学前教育机构许可管理制度的经验与启示 [J]. 中国教育学刊，2019（9）：45-50.

第五章 基础教育

第一节 基础教育的发展和现状

新西兰基础教育包括小学和中学两个阶段，属于第二层次的教育，是国民教育的重要组成部分。在借鉴英国教育制度的基础上，结合本国政治、文化、地理等特点，新西兰在基础教育课程、管理、评价等方面形成了自己的独特风格。

一、基础教育的历史沿革

（一）毛利人统治时期

在欧洲人到达新西兰之前，毛利人已经有了自己的教育，能够运用教育为生产和生活服务。

1814 年，塞缪尔·马斯登牧师在新西兰举行了第一次基督教宗教仪式。为了让毛利人尽快皈依基督教，传教士开始兴办教会学校。1816 年，传教士托马斯·肯德尔开办了新西兰第一所教会学校，教育对象主要是毛利人，包括成人和儿童，教学语言为毛利语，教学内容主要是宗教文献。

（二）殖民时期

从 1847 年开始，政府支持教会学校提供宗教教育和英语课程，同时要求女孩学习针线活、男孩学习木工和田间技能。在塔拉纳基战争之后 10 年，新西兰建立起一个全国性的本土小学系统。《教育法（1877 年）》确立了新西兰第一个国民教育制度，规定 7—13 岁的儿童都有上小学的义务和权利，设立 12 个地区教育委员会负责其所在地区的公共教育（主要是初等教育）。

这一时期，接受小学教育成为新西兰人的一项普遍权利，但接受中学教育还只是少数人的特权。新西兰早期的中等教育机构主要是为那些打算上大学的富裕精英阶层子女设置的文法学校，数量少，收费高，学术性强，通常为男女分校。1901 年，在 12—18 岁的人口中，进入公立中学的学习者不到 3%。随着 1903 年《中学法》的颁布实施，教育机会有所增加，在特定考试中获得好成绩者可以免费上中学。[1] 这一时期，毛利人土著教育体系和欧洲移民教育体系之间呈现出典型的双轨制特征。

（三）独立时期

1907 年，新西兰取得自治权，更加注重实施免费基础教育。1914 年，《教育法（1914 年）》要求中学向所有通过小学能力考试的人提供免费教育，1921 年，约 13% 的 12—18 岁年轻人得以进入中学学习。1936 年，作为中学入学门槛的小学能力考试被废除，学生只要顺利完成小学课程就可以接受免费中等教育，12—18 岁人口中中学生的比例提升到 25%。[2] 由于中学多位于城市中心，而毛利人多居住在农村，因此这一时期毛利人接受中学教育的机会依然非常有限。1944 年，新西兰将学生离校年龄提高到 15 岁，这

---

[1] 资料来源于新西兰百科全书官网。

[2] RICE G. The Oxford history of New Zealand[M]. 2nd ed. Oxford: Oxford University Press, 1993.

进一步促进了小学后教育的普及工作。到 20 世纪 60 年代，新西兰逐步取消了单独的毛利学校系统，将其融入公立学校系统。1964 年，《教育法（1964年）》规定公民享有受教育的权利和义务，6—15 岁青少年必须接受免费义务教育。1989 年，《教育法（1989 年）》进一步规定除国际学生之外的所有人，从 5 岁生日开始至 19 岁生日后的 1 月 1 日，都有权在公立学校免费入学和接受免费教育。

二、基础教育的现状

进入 21 世纪以后，新西兰政府持续加大财政投入，高度重视基础教育的内涵式发展与质量提升工作。2017 年，新西兰在中小学和中学后非高等教育方面的公共支出占国内生产总值的 4%，高于经济合作与发展组织成员的平均值（3.2%）。[1] 在雄厚的财政支持下，新西兰基础教育事业蓬勃发展，取得了举世瞩目的优异成绩。

（一）学校数量和学生情况

2021 年，新西兰共有 1 941 所小学，559 所中学。新西兰基础教育机构在读学生的性别差异不大。2021 年，基础教育在读男生为 421 712 人，在读女生为 404 860 人；约 10% 的学生就读于单一性别的女校或男校，约 90%的学生就读于男女混合学校。自 2016 年以来，女校和男校数量基本保持稳定，男女混合学校数量则略有增加。[2]

在学生族裔方面，2021 年，基础教育阶段学生中欧裔新西兰人数量最

---

[1] 资料来源于经济合作与发展组织官网。

[2] 资料来源于新西兰教育统计局官网。

多，达到 384 461 人，其次是毛利学生 204 814 人，亚裔学生人数已超过太平洋岛裔学生位居第三。除本国学生外，新西兰基础教育阶段还招收自费国际生。新西兰是为数不多的小学阶段就接收留学生的国家。基础教育阶段招收国际学生，这不仅有助于在校学生了解多元文化，还能给学校以及整个社区带来良好经济收益。近年来，除 2021 年基础教育阶段的国际学生人数明显减少外，该群体数量基本稳定。[1]

新西兰认可在家上学这种特殊的基础教育形式。在新西兰，在家上学形式主要集中在小学阶段。2021 年 7 月，新西兰共有 7 749 名在家上学的学生，占中小学总人数的 0.9%，其中 64.6% 的学生年龄不超过 12 岁，70.7% 的学生在家上学时间不到 5 年，在家上学时间超过 10 年者只有 3.8%。从族裔分布来看，在家上学的学生中有 69.4% 为欧裔白种人，而欧裔白种人学生仅占中小学在校总人数的 46.5%。毛利人、太平洋岛裔学生等族裔在家上学的学生比例均低于相应群体在校上学所占的比例。[2]

（二）学校类别

根据《2020 年教育和培训法》，新西兰基础教育阶段的学校主要分为公立学校和私立学校两大类型。其中，公立学校又包括普通公立学校、公立综合学校、特色学校、专业学校、远程学校等类型。公立学校主要由政府提供财政支持，是新西兰基础教育的重要组成部分。2021 年，新西兰共有 2 115 所普通公立学校、334 所公立综合学校，占学校总数的 96.5%。新西兰还设有一部分私立学校。私立学校必须符合特定标准才能注册，其办学所需的大部分经费来源于学费。[3] 本文对新西兰主要的公立学校类型进行介绍。

---

[1] 资料来源于新西兰教育统计局官网。

[2] 资料来源于新西兰教育统计局官网。

[3] 资料来源于新西兰教育统计局官网。

1．普通公立学校

普通公立学校是新西兰最重要的基础教育学校类型。公立学校由政府资助和运营，对新西兰公民和永久居民免费。学校可以接受家长捐款作为学校运营资金的补充，但捐款是自愿的。公立学校教学内容遵循国家课程标准，并保持世俗性。每所公立学校都由一个选举产生的学校董事会管理，学校董事会由校长、家长代表、学校工作人员代表组成，中学阶段的学校董事会还包括一名学生代表。学校董事会负责制定学校章程，并依照章程行使相关治理权力。

2．公立综合学校

公立综合学校具有鲜明的新西兰特色，它们虽然由政府资助并教授国家课程，但仍保留其特定的价值、哲学或宗教观念，其建筑物和土地是私有的，通常会收取一定的学费。根据1975年《私立学校有条件融合法》，在维护和保障私立学校所提供教育的特殊性的前提下，私立学校可以自愿加入新西兰国家教育体系。大多数公立综合学校是天主教学校，也有一些属于其他宗教或教派。

3．特色学校

特色学校完全由政府资助，教授国家课程，但却保有自己的独特风格，如特定的部落传统、语言文化、教育理念等。根据《2020年教育和培训法》，特色学校可以拥有自己独特的教育宗旨、教育目标及价值观念。毛利中学就是一种特色学校，它主要以毛利语进行教学，按照毛利人的哲学理念运营学校。

4．专业学校

1881 年，新西兰开设特殊学校，为有智力障碍或身体障碍的学生，如视觉或听力障碍者提供特殊教育。《2020 年教育和培训法》将特殊学校更名为专业学校，重点转向为残疾学生和有额外学习需求的学生提供专业服务。

5．远程学校

1922 年，新西兰设立函授学校，为居住在高原农场、偏远岛屿等地区的儿童提供受教育机会。《2020 年教育和培训法》将函授学校更名为远程学校，它可以通过多媒体和数字技术为偏远地区的学生和有特殊教育需求的学生提供服务。

（三）学制

新西兰的基础教育分为小学和中学两个阶段，包括零至六年级的普通小学、零至八年级的完整小学、七至八年级的中间学校、七至十三年级中学、九至十三年级中学以及小学和中学相结合的混合学校。新西兰小学设有极具特色的零年级。零年级学生是年满 5 周岁的新入学者，他们在下半年入小学，并在次年升入一年级。受英国教育制度影响，新西兰保留了七年级和八年级作为小学和中学的过渡期。小学传统上跨度为零年级到八年级（包含过渡期），中学跨度为九年级到十三年级。七年级和八年级既可以在完整小学、中间学校或混合学校学习，也可以在七至十三年级中学学习（见表 5.1）。新西兰公民或永久居民的 5—19 岁子女可以在公立学校免费接受教育。新西兰基础教育学制体现了灵活性、连续性、包容性的特征。

表 5.1　新西兰基础教育学制

年级	年龄	证书等级[1]	学校类型			
零	5		完整小学	普通小学		零至十三年级混合学校
一	6					
二	7					
三	8					
四	9					
五	10					
六	11					
七	12			中间学校	七至十年级混合学校	
八	13					
九	14			七至十三年级中学		
十	15					
十一	16	第1级	九至十三年级中学			
十二	17	第2级				
十三	18	第3级				

（四）基础教育网络

　　为了方便适龄儿童入校学习，新西兰基础教育网络覆盖全国。根据《教育修正法（2000 年）》规定，新西兰所有学生都应就近入学，每所学校都有一个地理上界定的学区。居住在有招生计划的公立学校学区的儿童有

---

　　[1] 从 2002 年起，新西兰开始实施国家教育成就证书考核制度。国家教育成就证书共三个级别，分别对应中学的最后三年，学生在十一到十三年级可以依序通过学分考核获取 1—3 级证书。

权在相应学校注册，在招生计划有剩余名额的前提下，允许居住在学区外的儿童提出入学申请。

新西兰全国分为十大教育区，每个教育区再根据学校划分相应学区。以惠灵顿教育区为例，惠灵顿教育区被划分为十几个学区。新西兰各教育区的学校数量与学生人数基本匹配。比如，奥克兰教育区虽然面积较小但却是新西兰人口最多的教育区，因此在这十个教育区中，其学校数量和学生数量是最多的，奥克兰教育区拥有 567 所中小学校、284 702 名中小学生（见表 5.2）。

表 5.2 2021 年新西兰各教育区中小学学生数量和学校数量 [1]

教育区	学生数量 / 人	学校数量 / 所
北部	31 630	151
奥克兰	284 702	567
怀卡托	75 723	281
普伦蒂湾-怀阿里奇	63 840	190
塔拉纳基-旺阿努伊-马纳瓦图	54 242	237
霍克湾-泰拉威提	40 165	176
惠灵顿	90 271	287
纳尔逊-莫尔伯勒-西岸	28 933	127
坎特伯雷-查塔姆群岛	98 390	287
南部-奥塔哥	50 474	231
教育区归属不明 [2]	8 202	2
合计	826 572	2 536

[1] 资料来源于新西兰教育统计局官网。

[2] 原始数据中部分学校和学生的地理位置信息缺失，无法确定其所属的教育区。

2016—2021 年，新西兰中小学数量在保持相对平稳中略有增加，其中，2021 年与 2020 年的总数相同，都是 2 536 所（见表 5.3）。

表 5.3 2016—2021 年新西兰不同类型中小学的数量 [1]

单位：所

学校类型	2016 年	2017 年	2018 年	2019 年	2020 年	2021 年
小学合计	1 951	1 945	1 946	1 945	1 943	1 941
完整小学	1 068	1 064	1 063	1 058	1 059	1 056
普通小学	766	764	766	770	767	768
中间学校	117	117	117	117	117	117
混合学校合计	171	173	174	176	178	182
零至十三年级混合学校	165	167	168	172	174	178
七至十年级混合学校	5	5	5	3	3	3
远程学校	1	1	1	1	1	1
中学合计	368	374	374	376	378	377
七至十三年级中学	108	111	111	113	113	113
九至十三年级中学	236	238	238	238	240	239
青少年父母班 [2]	24	25	25	25	25	25
特殊教育学校 [3]	38	38	37	37	37	36

（五）基础教育的课程

新西兰中小学校有较大的自治权。2007 年，新西兰政府颁布了《新西兰课程》作为国家课程，用以宏观调控和指导学校的教学工作。《新西兰课程》强调遵循《怀唐伊条约》、社区参与、连贯性、学会学习、关注未来、

---

[1] 资料来源于新西兰教育统计局官网。

[2] 青少年父母班附属于中学，为因怀孕或正在养育儿女而无法进入主流学校学习的青少年学生提供教育。

[3] 根据《2020 年教育和培训法》，特殊教育学校后改名为专业学校。

文化多样性、高期望和包容性等原则。新西兰在遵守《怀唐伊条约》的基础上采用独特的课程设计方法，开发了双重标准，新西兰所有的公立英语学校都要遵循国家课程相关标准，毛利学校则遵循国家毛利课程相关标准。

在高中之前，新西兰学生没有统一的教材，国家课程为学生学习提供整体框架，涉及英语、艺术、健康和体育、语言学习、数学和统计学、科学、社会科学、技术八个学习领域，每个学习领域都包含若干具体学科。这些学习领域确保了教育内容的广泛性，能够满足年轻人的终身发展需求，为学生以后的专业化学习奠定坚实基础。学校董事会要求校长和教师为学生提供详细的学习计划和课程内容，并对学生的学业成就进行考核评估。

新西兰小学和中学的国家课程在实施过程中存在些许差异。小学阶段的学习建立在学前教育的基础上，注重阅读、写作、算术这些工作生活中所需的基础技能。中学的课程范围要更广，更加注重学习的深度。九至十年级的学生将学习英语、数学、科学、健康和体育、社会科学、艺术、技术，还可以选修外语、经济学等课程。大多数学校都要求十一年级的学生学习英语、数学、科学等核心科目。英语是大多数学校十二年级的必修科目，而十三年级通常没有必修科目，学生根据自身兴趣、能力、职业规划从学校提供的科目中选择学习内容。计划申请新西兰大学的学生需要选修专业要求的三个科目，并在三个科目中都获得 14 个学分。[1]

新西兰基础教育不仅重视传授知识，还重视培养学生的核心素养。培养核心素养作为新西兰国家课程的学习目标，融入各领域的教学和学习之中。结合经济合作与发展组织提出的三大素养（互动地使用工具、自主行动、在社会异质团体中互动），新西兰国家课程确立了五大核心素养：思维能力，使用语言、符号和文本，与人交往，自我管理，参与和贡献。学生在各科学习中需要学会如何思考，怎样利用各种学习手段和工具，如何与

---

[1] 2022 年相关要求稍有变化：两个科目各获得 14 个学分，第三个科目获得 12 个学分。

他人相处，如何自主学习以拥有终身学习的意识、如何发掘终身学习的动力与能力。

（六）教学活动

灵活的学习空间、数字化的学习环境、个性化的教学组织方式使新西兰的基础教育教学在软硬件建设方面都走在世界前列，形成了独具特色、自成一体的基础教育教学体系。

1. 灵活的学习空间

新西兰重视教育的空间环境对学生学习与交往的影响。新西兰重视幼小衔接，幼儿园和小学低年级的空间设置差异不大，教室环境体现着以学生为中心、以活动为中心的教育理念。新西兰的中小学教室其实就是一个大的活动室，桌椅可以根据学习需要随意移动和组合。学校非常重视创设教室环境，除了备有模型、图表的教学空间外，还有供学生展示美术、诗歌等作品的空间。教室不仅是学生学习的地方，也成为展示学生才华和个性的舞台。根据 2016 年新西兰教育部发布的《灵活性学习空间：促进创新型学习的教育设施》的要求，新西兰大部分学校的学习空间包括了用于协作学习的开放区域，用于独立学习的安静空间，以及用于开展科学实验、制作食品、观赏媒体艺术、阅读的专门空间。

新西兰非常重视建设开放教室，开放教室已经成为新西兰新建学校的标志性特征。1971 年，新西兰建立了第一间开放教室。早期的开放教室其实就是将两个教室间的墙壁去掉，两个班级共用一个教室。现在的开放教室虽然仍是两个或多个班级共用一个空间，但是空间面积更大，室内布置更灵活。2016 年，新西兰教育部更新的《课外教育指南——让课程走进生活》指出，要将学生带出教室去学习，户外教育是新西兰学校教育的重要组成部分。[1]
为了更好地促进学生的发展，许多学校还对走廊、操场等空间进行了专门设
计，从而使整个学校都成为学生学习、活动、交往的教育空间。

2．数字化的学习环境

新西兰非常重视中小学校的网络基础设施建设工作，出台了一系列推
动教育数字化的政策。到 2005 年，新西兰所有中小学都已连接互联网，小
学阶段每 5 名学生拥有 1 台计算机，中学阶段每 4 名学生拥有 1 台计算
机。[2] 2013 年的学校信息和通信技术基础设施调查显示，超过一半的受访
学校拥有使用时间不到 5 年的服务器，现有的学校网络和计算机设施都处于
相对良好的运行状态。

新西兰注重开发数字化学习资源。2006 年，新西兰教育部发布了《提
升 21 世纪的学习能力——2006—2010 年电子学习行动计划》，建议使用新
的多媒体技术和互联网获取教育资源和服务，采用线上和线下混合式教学，
通过远程交流和协作来提高教学质量，提升学生的信息技术素养。网络信
息技术已经融入多个核心领域的教学之中，既是学生学习的重要方式，也
是学生学习的重要内容。教育部设立专业网站提供国家课程简介、课程教
学设计、评价工具等资源，支持教师和学生进行在线教学和学习。同时，
新西兰教育部也提供了多种线上课程资源，给予课程教学以网络技术支持。

3．个性化的教学组织方式

新西兰中小学在班级授课制的基础上，积极探索个性化教学组织形式。

---

[1] 陈雪纯，祝怀新. 基于"卢卡斯模式"的新西兰中小学环境教育探析 [J]. 中国德育，2017（8）：39-43.

[2] 孙艳，苏玉霞. 新西兰基础教育信息化进程述评 [J]. 外国教育研究，2008（5）：29-32.

新西兰国家课程所规定的评估内容没有严格的学年、年级或年龄限制，分为1—8级8个级别，每个级别代表了一个学习阶段，与学生所在的年级并不一一对应。《按级别划分的课程成就目标》和《按学习领域划分的课程成就目标》详细介绍了8个学习领域在不同级别的要求，当学生掌握了某一级别所要求的技能和知识时，他们将进入下一个级别的学习。每个学生因能力不同而学习速度不同，这意味着教师在课堂上将同时教授多个级别的学生。学校平时会有一些测验，以便教师能够了解每个学生的学习进度，根据学生的学习水平做出适当的教学安排。

为了满足不同水平学生的教育需求，一些新西兰小学借鉴幼儿园混龄班的模式开展复式教学。以新西兰克赖斯特彻奇中心的圣特雷莎小学为例，一个教室里一般有两个或两个以上年级的学生，几个班级共用一个学习空间和室内外资源，教师分别在不同班级教学，同一学习空间的学生有的围坐在教师周围听课，有的则自学。这样不仅可以充分利用教学资源，也可以给不同年龄段的学生提供更多的交往机会。[1] 而小班化教学与良好的生师比则为新西兰推行个性化的教学组织方式、实施分层教学和复式教学提供了条件保障。《新西兰中学教师联合声明》规定，中学平均班额不超过26名学生。[2]

（七）基础教育与高等教育的衔接

新西兰基础教育与高等教育的衔接方式并非是通过统一考试，而是采用证书制的方式，学生只要获得相应的证书就可以申请就读大学。新西兰的教育证书包括国际文凭、剑桥证书和国家教育成就证书。国家教育成就证书是新西兰独有的教育评价方式，它标志着学生在中学所取得的成就，

[1] 陆如俊. 未来学习，重塑角色 [M]. 上海：上海教育出版社，2017：236.
[2] 资料来源于新西兰教育部官网。

是学生由中学通往大学的桥梁。国家教育成就证书由新西兰学历认证局管理，被新西兰和多数海外大学认可。新西兰的学历评估框架共分为 10 个级别，涵盖从证书、文凭到博士学位的一系列资格。国家教育成就证书对应国家资格框架中的 1—3 级，它保证了基础教育和高等教育评价标准的连续性和统一性。

2002 年起，新西兰逐步停止十一至十三年级的全国性会考，开始实施国家教育成就证书制度。国家教育成就证书共分三个级别，分别对应中学的最后三年，学生从十一年级到十三年级可以依序通过学分考核获取 1—3 级证书。各级别之间可以跨考。在新西兰，中学每个科目的知识与技能都有具体的评价标准，学生达到标准就能获得相应的学分，累计一定数量的学分就可以获得国家教育成就证书。

获得国家教育成就证书中的 3 级证书才能取得大学入学资格。获得 3 级证书需要获得至少 4 门被指定为 3 级科目的学分，并达到识字和算术的考核要求。新西兰国家教育成就证书制度采取校内校外双重考核方式，校内考核包括测试、实验、作业、演讲、报告等，校外考核为每年年末的全国统考。国家教育成就证书学业评价标准分为两类：一类是表现标准，主要由授课老师或校外专业人士对学生的表现进行评定，多涉及实践类科目，评定等级分为达标和不达标两个档次；另一类是成就标准或完成标准，主要依据考试成绩来评定，评定等级分为未达标、达标、优异、卓越四个档次。其中，获得优异或卓越的科目数是知名高校录取学生的重要参考。[1]

（八）基础教育理念

新西兰基础教育之所以能够取得令人瞩目的成绩，与其长期奉行的主

---

[1] 一帆. 新西兰国家教育成就证书（NCEA）学业评价 [J]. 教育测量与评价，2019（9）：29.

体性、包容性、开放性教育理念密不可分。

新西兰基础教育强调主体性理念，要求充分尊重每位学生的主体地位，以学生发展为中心，发挥学生的学习主动性。新西兰以立法形式确立了基础教育的主体性理念，保障了学生通过教育发展自我的权利，为建立一个以学习者为中心、具有文化敏感性和包容性的高质量教育系统奠定了法律基础。在国家教育目标的指导下，新西兰制定了以培养学生活力、创造力和进取心为愿景的国家课程。在主体性理念的指导下，新西兰基础教育教学以建构主义等作为理论基础，充分利用已有教育资源促进学生自主发展。

新西兰基础教育的包容性理念的一个重要体现是对多元文化的包容。《怀唐伊条约》和文化多样性已经成为新西兰国家课程的基本原则。《2020年教育和培训法》要求为少数族裔社区参与教育提供支持，希望通过设立学习社区使毛利学生、太平洋岛裔学生等群体在学习上获得额外支持。新西兰基础教育包容性理念的另一个重要体现是其较高的国际化程度。新西兰从小学阶段就开始接收留学生，这使得基础教育具有鲜明的文化多元性和包容性。此外，新西兰基础教育的包容性还体现在对特殊学生的包容性上，包括对有身心缺陷儿童以及不同性别取向学生的包容。

新西兰开放性教育理念体现为教育空间的开放性和学习方式的开放性。一方面，新西兰基础教育打破学校地域上的封闭性，打破学校与社区之间的封闭性，打破教室与教室之间的隔离，以及打破年级与年级之间的限制。另一方面，新西兰学校广泛采取包括线上和线下相结合在内的各种开放性学习方式，使学生的学习时间与学习形式更灵活。

第二节 基础教育的特点

一、教育政策的务实性

新西兰历届政府的基础教育政策大都体现了务实态度，在保证政策及时性与前瞻性的同时，较好地保持了政策的渐进性和连续性。新西兰教育部拥有专业的咨询团队，所有政策出台前均需充分论证，考虑各方利益诉求和实际需要。

在小学课程政策方面，《教育法（1877年）》提出，小学教育除了为学生提供"三R"、历史、地理、教学课程之外，还要求男生进行军事训练，女生学习缝纫技能。1901年，教育总监建议毛利教派寄宿学校的课程应更实用，以便帮助毛利人更好地适应社区生活。1904年颁布的小学课程则引入了更加正式的课程大纲，内容涵盖道德和习惯培养，公民和健康知识，阅读、写字、数学等常规科目。

在中学课程政策方面，为了有效调和中学课程应该尊重学术还是应该适应生活的矛盾，新西兰在中学课程中引入打字、会计等技术科目。1917年，家庭科学成为九、十年级女生的必修课，中学课程逐渐多样化。1936年，小学能力考试取消后，不同类型的中学开始合并为统一的小学后教育系统，这就需要建立一个共同的核心课程体系。1944年《托马斯报告》建立起了包括英语语言和文学、社会研究（历史和公民、地理、经济学）、科学、初级数学、音乐、工艺或美术（或女生家庭工艺）、体育在内的一整套中学核心课程体系。

20世纪70年代，新西兰开始反思分科课程，计划实施广域课程。1988年发布《国家课程阐述（草案）》，打破原有的学科界限，把课程整合为8个领域。1993年，《新西兰课程框架》发布，提出构建语言、数学、科学、技术、社会研究、艺术、健康和体育 7 个基本学习领域，培养 8 种基本技能。[1] 2006 年，《新西兰课程咨询（草案）》重新把学习领域由 7 个增加到 8 个（增加生活能力领域）。2007 年，教育部正式颁布《新西兰课程》。

二、学校管理的自治性

新西兰政府在《明日学校》中对于教育行政体制进行了扁平化改革，旨在创造一个让家长、社区和当地学校更好地互动的教育管理体系。学校在教育部政策的引领下开展自治管理。[2]

《2020 年教育和培训法》强调了学校董事会的合法地位。中小学由学校董事会统筹管理，学校董事会负责确定学校的战略方向和发展目标，管理课程、财务和物业，雇用学校工作人员等。学校董事会聘请校长监督学校的日常管理情况，校长遵循学校董事会的指示确保学校能够实现相关目标，确保每个学习者取得成功。中小学校拥有聘用学校人员的权力，校长负责面试并选择符合学校需求和学校文化的申请者。新西兰政府通过教育部向学校拨款，拨款由学校自己控制和分配，学校需向教育部提交年度财务报表。

以学校董事会为核心的管理体制扩大了新西兰中小学校的自主管理权，使学校拥有了更大的办学自由。

三、资源配置的均衡性

新西兰非常重视基础教育的均衡发展，确保全国各地公立学校办学条

[1] ROBOTS P. The politics of curriculum reform in New Zealand[J]. Curriculum studies, 1998(1): 129-146.

[2] 贺武华. 新自由主义主导下的学校重建研究 [M]. 北京：光明日报出版社，2008：251.

件无明显差异，教师水平无明显差异，广大适龄儿童得以接受相对公平的基础教育。[1]

（一）分级拨款

新西兰各地区学校发展水平并不完全相同，为了平衡学校之间的经济实力，新西兰采用分级拨款的方式促进学校均衡发展。1995 年，新西兰开始实施十分制拨款方式，即基于人口普查数据，并考虑学生居住地区的 5 个社会经济指标，将中小学分为 1—10 级，数字表示学校所在地区的社会经济水平与学生的贫穷程度，数值越小代表来自低经济社区的学生比例越高，得到的政府拨款越多，反之则越少。十分制拨款方式实施了近 30 年，为新西兰基础教育的均衡发展做出了重要贡献。

随着社会经济环境的变化，新西兰意识到需要一种新的评价体系来完善十分制拨款制度。2016 年，教育部成立了教育经费制度审查咨询小组，咨询小组就教育筹资方式提出了意见，建议以公平指数取代十分制。根据《教育资助系统审查：咨询小组报告》的建议，新西兰教育部参考学生父母的社会经济指标、儿童社会经济指标、族裔背景等因素，制定了基于公平指数的拨款方式。一所学校的公平指数越高，说明学校的学生面临更多或更大的社会经济障碍，政府将提供更多的资金来支持该学校的日常运营工作。自 2023 年起，新西兰全面使用公平指数来确定对一所学校的资助水平，公平指数拨款方式较十分制拨款方式更加全面客观。

（二）关注特殊学生

新西兰对于毛利学生和太平洋岛裔学生的基础教育给予了高度关注，

---

[1] 王定华. 新西兰如何提高基础教育质量：观察与思考 [J]. 人民教育，2012（1）：11-13.

不断加大财政支持。新西兰教育部在 2022 年的财政预算中专门增加 4 730 万美元的运营资金用以发展毛利语课程，增加 1 300 万美元的运营资金用以支持太平洋岛裔双语浸入式教育。

新西兰为身体有特殊需求的学生提供资金支持，如实施资源配置计划。另外，在普通学校有特殊需求的学生可直接从学校或特殊教育服务处获得专家支持服务，这些专家包括语言治疗师、物理治疗师、心理学家、教师助理等。[1] 这些支持服务帮助身体有缺陷的学生等特殊人群获得更专业的教育和服务，进一步发挥他们的学习潜力。

四、育人环境的综合性

新西兰基础教育强调发挥育人环境的综合效果，家庭、社会与学校都被视为学习场所，家长和社区共同担负起育人责任，协助学校营造良好的学习环境。

在新西兰，中小学生家长有机会参与学校的教育管理与教学活动。家长是学校董事会的重要成员。学校还设有在学校和社区之间进行沟通的家长教师协会。家长教师协会每学期定期召开会议，为家长提供发表意见的机会。为了更好地发挥家长的育人效果，学校还为家长提供网络服务，指导他们利用网络资源帮助孩子学习阅读、写作和数学。

重视社区的教育功能是新西兰建设育人环境的重要一环。《2020 年教育和培训法》明确规定，参与社区生活和履行公民和社会责任是初等教育和中等教育的目标之一，教育部部长在发表关于国家教育和学习优先事项的声明前须与社区等广泛协商。在新西兰，社区不仅参与教育事务的咨询工

---

[1] LANGLEY J. Tomorrow's schools 20 years on...[M]. Auckland: Cognition Institute, 2009: 69.

作，还为学生提供各种教育资源。新西兰城市现场教室是社区教育资源供给的一个极具特色的范例。例如，一所距离惠灵顿20千米名为塔瓦学校的中学就在惠灵顿中央商务区为七年级和八年级的学生建设了一个城市现场教室，帮助学生更好地了解城市商业、艺术组织，展现了新西兰基础教育育人环境的多样性特征。[1]

在遵从新西兰国家课程的前提下，学生可以充分利用城市社区资源，如社区图书馆、博物馆、艺术馆。社区为学生发展提供更加真实的环境，学生通过与社区中的人和事物的互动，实现社会角色的自我构建。学生将课堂学习与真实体验相联系，以课程为基础进行户外体验，锻炼和培养终身学习能力。[2]

第三节　基础教育的挑战和对策

一、基础教育面临的挑战

（一）成绩下滑与学业差距

在最近几次的国际测试中，新西兰学生成绩下滑明显，这表明新西兰基础教育质量正面临较为严峻的考验。在2014年的国际数学和科学趋势调查研究中，新西兰五年级学生的平均数学成绩排在第34位。[3] 2018年的国

---

[1] 资料来源于监督与课程开发协会官网。

[2] 陈雪纯，祝怀新. 基于"卢卡斯模式"的新西兰中小学环境教育探析 [J]. 中国德育，2017（8）：39-43.

[3] 资料来源于新西兰教育统计局官网。

际学生评估项目结果表明，尽管新西兰在数学和阅读方面的成绩高于经济合作与发展组织成员平均水平，但自 2003 年以来，其成绩却在持续下降。与 2003 年相比，新西兰学生在 2018 年的国际学生评估项目中的阅读成绩下降了 23 分，数学成绩下降了 29 分。[1]

同时，新西兰学历认证局的数据表明，新西兰不同族裔学生之间学业成绩差距大。毛利和太平洋岛裔学生难以获得更高层次的国家教育成就证书。超过一半的亚裔学生和将近一半的欧裔学生在高中三年后能够获得国家教育成就证书中的 3 级证书并达到大学入学标准，但仅有不到四分之一的毛利学生和太平洋岛裔学生能够达到这个水平。[2]

（二）基础教育中的数字鸿沟

在第四次工业革命的背景下，新西兰基础教育快速进入智能化时代，数字化学习成为一种潮流。但是新西兰基础教育信息化、智能化发展过程中存在一定的数字鸿沟现象，面临着两极分化的挑战。

新西兰的一项调查发现，52% 的学校表示，25% 或更多的学生家中没有互联网。在十分制拨款方式中，超过 85% 的数值为 1—3 的学校表示，25% 的学生家庭没有互联网。[3] 截至 2022 年，新西兰仍有约 145 000 名学生的家庭没有互联网。缺少家庭电脑设备和网络限制了这些学生接受教育的机会，使他们无法参与普遍开展的网络教学，也进一步加重了教育发展中原本就存在的不平等现象。

---

[1] 资料来源于新西兰广播电台官网。

[2] 资料来源于新西兰学历认证局官网。

[3] 资料来源于学习网络（Network for Learning）公司官网。

（三）校园中的欺凌现象

各种形式的校园欺凌正在成为新西兰中小学校中的一种常见行为，已经严重影响到部分学生的正常学习。2015 年的国际学生评估项目发现，新西兰 15 岁学生遭受欺凌的比例在所有被调查国家中最高。2018 年的数据显示，新西兰中小学生被欺凌率进一步上升，新西兰已经成为世界上中小学校园欺凌发生率最高的国家之一。《2018 年国际学生评估项目：新西兰学生的幸福感》显示，新西兰学生遭受校园欺凌的频率较高，每年遭受几次欺凌行为的学生占比为 35%，每月遭受几次欺凌行为的学生占比为 17%，每周遭受一次欺凌行为的学生占比为 14% 或更高。[1]

国际阅读素养进展研究项目和国际数学和科学趋势调查研究的调查结果同样证实了新西兰校园欺凌现象的普遍性。数据显示，大约 36% 的五年级学生和 38% 的九年级学生称自己每月都遭受欺凌。[2] 女性、低成就者、来自弱势背景学生等群体更容易受到欺凌。取笑、恶意排斥与孤立是最常见的校园欺凌形式。随着互联网的普及，网络欺凌成为校园欺凌的新形式。

二、基础教育的应对策略

（一）更新国家课程，稳步提升学生学业成绩

为了应对学生学业成绩下滑问题和促进教育公平，新西兰持续开展国家课程体系架构改革工作。新西兰教育部将在 2021—2025 年逐步更新 2007 年版《新西兰课程》，使国家课程更清晰，更易于使用。

---

[1] 资料来源于新西兰教育统计局官网。

[2] 资料来源于新西兰教育部官网。

在课程内容方面，第一，将新西兰的最新发展成就纳入社会科学学习领域。第二，2022年更新英语、数学和统计课程，2023年更新科学、技术、艺术课程，2024年更新健康和体育、语言学习等课程。更新后的国家课程将明确学习内容须达到何种掌握程度，明确学习的广度和深度，将学习结果作为具体的进展标志。更新后的国家课程能更好地为教师的教学设计工作提供支持，对学生产生积极的影响。

教育部计划为每个学习者开发数字学习记录，详细记录学生的学习成果，更好地帮助学习者取得进步和达成成就。学习记录使每个学习者全面了解自己的优势、目标和需求，也为学习者、家庭与教师之间的合作提供必要的数据和素材。

（二）消除数字鸿沟，营造公平的教育信息环境

为了应对经济欠发达和偏远地区家庭网络普及率不高的挑战，新西兰政府于2019年发布了《数字包容蓝图》。随后，新西兰政府明确提出三个发展目标：一是让学生成为自信的、数字化的、主动参与的终身学习者；二是实现《数字包容蓝图》提出的数字包容愿景，让每个人都能公平参与信息世界，为信息世界的发展贡献力量并能从中获益；三是实现公平数字接入愿景，即数字化学习将不因学习者的族裔、地理位置、家庭背景而有所差异，每个学生都享有优质、公平、可获得的信息技术资源和学习机会。[1]

为了消除数字鸿沟，进一步营造公平的教育信息环境，新西兰教育部将投入资金用于升级农村互联网基础设施，并建设家庭学习支持网站，从而为父母提供子女教育相关的建议和指导，最大限度地提高互联网在家庭中的教育效用与教育价值。

---

[1] 杨柳宁，熊涛，周岸. 新西兰《学生公平数字接入计划》解读 [J]. 中国教育信息化，2022（6）：38-45.

新西兰积极出台相应政策应对部分学生数字技能缺乏的问题。2017 年发布的《课程咨询报告：数字技术》提出，让学生为数字世界做好准备、重视在课程中整合数字化内容、为毛利语学校提供公平的教育资源。2018—2020 年，新西兰政府出资帮助学校和社区将新的数字技术内容整合到教学活动中，支持教师和学生自信、有效地使用数字技术，营造一个更加公平的教育信息环境。

（三）倡导包容文化，防范校园欺凌

新西兰政府制定了一系列预防和应对校园欺凌的政策和措施，希望通过倡导更具包容性的校园文化，遏制校园欺凌。

新西兰《国家管理指南》要求学校董事会为学生提供安全的学习环境，关注学生的身心健康，防止学生遭受校园欺凌。2013 年，教育部成立了预防欺凌咨询小组。新西兰《积极行为习得框架》强调，预防校园欺凌是所有教师、学生、学校董事会成员、家长、社区成员的事情，要确保所有人都知道学校预防欺凌行为的策略与方法并给予支持。2015 年发布的《积极的支持文化：校园积极行为习得评估报告》显示，许多学校在实施积极行为习得框架后建立起了更加尊重和包容的学校文化，处理欺凌行为的措施更加有效，严重欺凌行为减少。2015 年，预防欺凌咨询小组提出了"无欺凌新西兰"的倡议，通过提供欺凌信息、采取预防措施、采用欺凌评估工具等帮助学校应对欺凌事件。2019 年，教育部发布《扶持所有学校迈向成功》，要求学校董事会在治理学校的过程中逐步消除种族主义、污名化、欺凌和歧视现象，确保学校能够包容接纳有不同需求的学生。《2020 年教育和培训法》进一步明确，为所有学生和员工提供身体和情感方面均安全的空间是学校董事会的重要目标之一。

第六章 高等教育

第一节 高等教育的发展和现状

一、高等教育的历史沿革

新西兰的高等教育始于1869年，经历了百余年的发展历程，取得了非凡的发展成就。

1869年，新西兰的第一所大学——奥塔哥大学在达尼丁成立。1871年，奥塔哥大学正式开学。1874年，奥塔哥大学成为新西兰大学的一个附属学院。奥塔哥大学是新西兰最古老的大学，拥有新西兰第一所医学院，奥塔哥大学医学院享有国际盛名。

受英国教育体系的影响，1870年，新西兰克赖斯特彻奇设立了新西兰大学。新西兰大学是一所联盟性质的大学，一直存至1961年。新西兰现在的奥塔哥大学、坎特伯雷大学、奥克兰大学、惠灵顿维多利亚大学、林肯大学、梅西大学在1961年之前都从属于新西兰大学，当时，这6所学校的学位证书上注明的颁发机构都是新西兰大学。

1873年始建的坎特伯雷学院是新西兰的第二所大学，也是新西兰大学的第一所附属学院。1933年，坎特伯雷学院改名为坎特伯雷大学学院，

1955 年改名为坎特伯雷大学。1961 年，坎特伯雷大学完全独立，主校区迁至克赖斯特彻奇城郊艾拉姆。坎特伯雷大学拥有新西兰第一所工程学院以及最大的教育学院。

1878 年，坎特伯雷学院创办附属农学院——坎特伯雷农学院。坎特伯雷农学院是现在林肯大学的前身。林肯大学是新西兰的第三所大学，这所国际闻名的农业大学是新西兰唯一的也是世界上少有的以土地研究为核心学科的大学。

1883 年，奥克兰大学创建，成为新西兰的第四所大学。奥克兰大学的前身是以废弃的法院和监狱作为办学场地的奥克兰大学学院。奥克兰大学是新西兰规模最大、水平最高的大学，在 2022 年泰晤士高等教育世界大学排名中位居第 137 名。[1]

1895 年，奥克兰技术学校创立。1906 年，奥克兰技术学校更名为奥克兰理工学院。2000 年，奥克兰理工学院被新西兰政府正式升级为国立研究型大学，更名为奥克兰理工大学。

1897 年，为纪念维多利亚女王加冕 60 周年，新西兰在惠灵顿创办维多利亚大学学院。1899 年，维多利亚大学学院正式开始授课。1961 年，维多利亚大学学院更名为惠灵顿维多利亚大学。惠灵顿维多利亚大学法学院为新西兰最好的法学院之一，在亚太地区享有盛名。[2]

1923 年，维多利亚大学学院开设农学专业讲座，后建立农学院。1924 年，奥克兰大学建立农学院。1926 年，维多利亚大学学院农学院与奥克兰大学农学院合并。1927 年，合并后的农学院正式更名为梅西农学院，即今梅西大学的前身。梅西大学拥有新西兰最大的商学院。

1964 年，怀卡托大学创立，其主校区位于汉密尔顿。怀卡托大学享有很高的国际知名度，其管理学院是国际顶尖的管理学院之一。

---

[1] 资料来源于泰晤士高等教育官网。

[2] 资料来源于夸夸雷利·西蒙兹官网。

《教育法（1989 年）》实施之前，新西兰的高等教育呈现出精英教育的特征。这一时期，新西兰的高等教育机构包括大学、理工学院、教育学院、瓦南加，但只有大学才有资格开设学位课程。《教育法（1989 年）》吹响了新西兰高等教育改革的号角。《教育修正法（1990 年）》将大学、理工学院、教育学院、瓦南加定义为高等教育机构，认可私立培训机构这种新的高等教育机构类型，鼓励各类高等教育机构之间自由竞争，从而进一步提升新西兰高等教育质量。

新西兰在各大世界大学排名中名列前茅的高校均为公立大学。[1] 新西兰8 所世界级大学都是国立研究型综合大学，拥有学士、硕士、博士学位授予权。新西兰本科学制 3 年，硕士研究生学制 2 年，博士研究生学制 3 年。

二、高等教育的现状

新西兰教育学院已在 2007 年前全部与大学合并。目前，新西兰主要高等教育机构包括大学、理工学院、瓦南加、私立培训机构等。2022 年，新西兰有 8 所大学、16 所理工学院、3 所瓦南加、800 多家私立培训机构。[2]这些高等教育机构相对均衡地分布在新西兰各地，能够较好地满足不同地区学生接受不同类型、不同层次的高等教育需求。

大学是开展教学活动与科学研究的最重要的高等教育机构，在高深知识的传播应用、高端人才的教育培养、科学研究的深入开展、国家战略的智力支撑、社会发展的服务保障等方面均发挥着无可替代的作用。新西兰8 所享有国际知名度的公立大学全部由政府出资设立，并接受政府监管。各大学有独立的教育管理方式，享有很大程度的办学自主权。需要指出的是，

---

[1] 资料来源于泰晤士高等教育官网。

[2] 资料来源于新西兰教育部官网。

在新西兰，各种类型的高等教育机构都可以提供学位课程，但大多数学生还是更加愿意进入大学接受教育，获得学位。

与大学通过大学拨款委员会获得政府财政资助的模式不同，理工学院和瓦南加可直接接受新西兰教育部的财政拨款资助。理工学院[1]是提供职业教育的主要高等教育机构，为不同水平的学生提供从职业入门到获取学位的各种水平的职业教育与培训。新西兰的理工学院还可以为来自世界各国的留学生提供预科课程，为他们能够顺利进入新西兰大学接受高等教育开展预备教育与培训。

新西兰共有 3 所瓦南加，其主要职责是满足毛利人接受高等教育的需要。新西兰是一个具有多元文化的国家，政府尊重毛利人的文化传统与价值观念，创设瓦南加，使用毛利语作为教学语言，为毛利学生颁发或授予证书、文凭与学位。

新西兰的私立培训机构[2]主要为学生提供特定的职业课程与培训项目。私立培训机构提供的课程主要是证书与文凭水平的课程，少数私立培训机构可以提供学位课程。[3]

新西兰平均每 50 万人拥有一所大学，高等教育资源相对充足。2022 年数据显示，新西兰共有 343 990 人在各个高等教育机构接受教育，其中大学生 152 895 人；同时共有 33 705 名留学生在新西兰接受高等教育，其中大学留学生 24 600 人。[4]

[1] 理工学院为新西兰开展职业教育的重要机构，关于理工学院的介绍集中在本书第七章职业教育中。

[2] 私立培训机构为新西兰开展职业教育的重要机构，关于私立培训机构的介绍集中在本书第七章职业教育中。

[3] CANNICOTT S. Higher education in New Zealand: what might the UK learn?[R]. Oxford: Higher Education Policy Institute, 2016: 8.

[4] 资料来源于新西兰统计局官网。

第二节 高等教育的特点和经验

一、高等教育的特点

新西兰高等教育的基本特点包括以下三方面：教育机构类型多样，发展定位准确；注重内涵发展，办学特色突出；内部管理科学专业，制衡机制健全。

（一）教育机构类型多样，发展定位准确

新西兰高等教育机构类型多样、层次分明，各种高等教育机构发展定位准确，发展方向明晰。大学、理工学院、瓦南加、私立培训机构等高等教育机构各具特色，相互促进，相互补充，共同构筑起新西兰独具特色的高等教育体系。这一体系既能充分满足新西兰国家对于高等教育发展的战略要求，又能很好地满足不同阶层、不同族裔民众的高等教育需求。

新西兰大学主要定位于承担各级学位教育与高深学术训练，致力于通过传播与应用高深知识，教育与培养高端人才，组织与开展科学研究，提供与参与社会服务，为国家战略实施提供知识储备、智力支撑与人才保障。理工学院的主要定位是提供高等职业教育。瓦南加的定位是提升毛利人的受教育水平，加强毛利人文化传统与价值观的传承与保护。私立培训机构的定位是为各种不同需要的学生提供特定的职业课程与培训项目。

（二）注重内涵发展，办学特色突出

新西兰高等教育机构注重内涵式发展，充分挖掘自身的独特优势。以

8 所蜚声国际的公立大学为例，这些大学逐步形成了各自的鲜明个性，办出了各自的风格特色。

　　奥塔哥大学是新西兰历史最悠久的大学，也是新西兰唯一提供消费者与应用科学、牙医学、人类营养学、药学、体育、理疗及测量学等专业的世界著名大学。国际化程度高是奥塔哥大学的鲜明特色，每年都有来自 90 多个国家或地区的国际学生来该校留学。坎特伯雷大学是新西兰历史悠久的著名研究型大学，致力于推广无国界教育，以培养世界公民和时代领导者为办学宗旨与培养目标。坎特伯雷大学以理工科见长，是新西兰最大的、致力于公共服务的高等教育机构。林肯大学致力于农业研究，仅有的 3 个学院均与土地相关，是南半球最著名的农业大学。在新西兰，林肯大学拥有最低的生师比例，人均科研经费位居各大学之首。奥克兰大学的综合排名常年位居新西兰首位，享有较高的国际声誉，提供以科研为主导的课程体系，以各类基础学科研究闻名于世，是新西兰最大的高等教育教学机构，也是新西兰拥有专业最多的综合研究型大学。奥克兰大学还是新西兰唯一加入 Universitas 21 与环太平洋大学联盟的大学。新西兰共有 7 个世界级顶尖研究中心，其中 4 个中心都设在奥克兰大学。惠灵顿维多利亚大学是新西兰最古老的大学之一，其法学院是新西兰乃至全大洋洲最好的法学院之一，其建筑与设计学院硬件条件佳。梅西大学是新西兰最大的高等教育与研究机构，注重应用性教学和研发，是新西兰唯一开设飞行专业、争端仲裁专业、兽医专业的大学，还是新西兰国际化程度最高的大学和世界上第一个提供远程教育的大学，拥有遍布世界各地的远程教育网络。梅西大学商学院被称为"新西兰第一商学院"，博士研究生招生数量位居新西兰各大学之首。怀卡托大学设有专门研究毛利文化和太平洋文化的毛利文化和太平洋发展学院，毛利学生比例最高，这是怀卡托大学的办学特色之一。奥克兰理工大学的国际化程度与全球研究影响力居新西兰各大学前列，还在联合国总部设立了国际语言复兴中心，旨在挽救与保护濒临灭绝的地方语言。

（三）内部管理科学专业，制衡机制健全

新西兰高等教育机构科学、专业的内部管理，为新西兰人才培养、科学研究、社会服务工作提供了有力支撑。

以大学为例，新西兰的大学机构设置呈现扁平化特征，管理重心下移。学校的管理层级与管理部门较少，不同管理部门之间职责清晰，互不交叉，这便于整合资源，提高管理效率。学院是大学的办学实体，拥有很大的办学自主权与一定的经济实力。在新西兰，普遍存在大学副校长兼任学院院长的情况。新西兰大学内部管理政策具有传承与创新并重的特点，各个大学，尤其是历史悠久的大学，在制定学校政策时，非常注重沿袭自身传统，强调学校政策与管理制度的连续性与稳定性。与此同时，新西兰大学又具有很强的政策创新意识与制度创新能力，能够根据国内外环境以及大学的发展定位，及时调整学校政策。

新西兰大学的内部管理极具专业性。行政管理人员具备很强的专业素养，学术管理人员大多具备一定专业知识背景。无论是行政管理人员还是学术管理人员，都能够运用自身知识与专业能力为学校管理与师生发展提供专业化的服务。比如，奥塔哥大学的科研管理部门就配备有辅导教师申报科研项目的专业人员，这些专业人员兼具科研经验与申报技巧。[1] 大学管理工作的计划性很强，日常管理严格按照既定的程序高效有序地开展，追求管理效益。大学管理部门还会针对师生的不同需求提供人本化与个性化的管理服务。

虽然新西兰政府赋予大学很高的自主权，但这并不意味着放松对大学教育质量与办学绩效的要求。新西兰政府科学界定政府与高校之间的权责关系，在维护大学等高等教育机构办学自主权的同时，注重构建有效的高校管理与制衡机制。

---

[1] 张英杰. 新西兰高等教育的特点、趋势和启示 [J]. 云南民族大学学报（哲学社会科学版），2010（5）：12-17.

大学校长委员会是新西兰大学校长的联盟，是新西兰政府监管高等教育质量的重要途径。大学校长委员会成员为8所公立大学的校长，各大学校长轮流担任大学校长委员会的主席。大学校长委员会负责对大学之间的相关事务进行指导，提供专业建议。大学校长委员会下设多个专门委员会，其成员由8所大学相关部门负责人或者分管相关工作的副校长担任。大学校长委员会还设立了大学学术审计署，对新西兰大学的教育质量进行专业评估。虽然从组织关系来看，大学学术审计署隶属于大学校长委员会，但是实际工作并不受大学校长委员会的约束，而是独立于大学校长委员会之外自主开展。

大学校长委员会一般会通过两条路径来监管高等教育质量：一是通过大学学位项目委员会规范相关事项的审批程序，审查大学课程设置申请、学位设置与调整申请、专业设置与调整申请；二是通过大学学术审计署加强过程控制，客观中立地评估各大学发展的规模、速度、质量是否与办学目标和办学定位相适应。

二、高等教育的经验

（一）尊重多元文化

在高等教育领域尊重多元文化，既是新西兰多族裔聚居、双重或多重身份认同、多语言文化并存的基本国情的必然要求，也是新西兰高等教育健康发展的必由之路。

在这种特定的国情背景下，新西兰将尊重多元文化确定为高等教育发展的国家战略之一，把推动毛利人接受包括高等教育在内的各类教育视为国家责任与政府义务。新西兰设立了3所专门满足毛利人高等教育需求的高等教育机构。除此之外，新西兰还在著名大学中开设针对毛利人的专门学院，招收毛利学生，开设毛利课程。

不断加大高等教育的开放程度，持续推进高等教育国际化进程，保持高等教育本土化与国际化的均衡发展，是新西兰高等教育尊重多元文化，维持高质量发展的重要经验。新西兰大学在立足于国内发展，服务国家战略、社会发展以及企业研发的同时，积极开拓国际市场，持续提升高等教育国际化水平。

（二）建立现代大学制度，奉行大学自治传统

新西兰高等教育在建立现代大学制度后，继续奉行大学自治传统，切实维护大学办学自主权，这是新西兰大学保持大学既有传统功能和独特个性的重要保障与成功经验。

正确处理国家与大学之间的关系，是现代大学制度建设的核心内容之一。虽然深受英国政治制度与高等教育制度的影响，但是新西兰大学却在自身发展过程中不断改革创新，走出了一条与英国大学制度不同的独特发展道路。与英美高等教育名校大多为私立大学不同，新西兰的8所具有世界影响力的大学均为公立大学。新西兰政府每年向它们提供大量拨款，并通过顶层制度设计监管其教育水平、办学质量、绩效情况，保证政府的高等教育宏观政策与财政拨款能够达成预期目标。

新西兰政府在加强质量监控、绩效考核的同时，充分尊重大学自治的优良传统，赋予大学极大的办学自主权，为大学的专业化发展、个性化发展创造良好的政策氛围与制度环境。新西兰大学自创立以来，坚守大学精神，传承大学理念，努力保持自身发展的独立性与办学的自治性，内部管理强调下移管理重心，减少管理层级，实施扁平化管理。

政府与高校之间清晰合理的权责关系使二者之间形成了一种相互制衡的良性关系。新西兰大学的独特价值与功能对国家与社会发展发挥了强大

的引领与辐射作用。由于国家与社会发展必须紧紧依靠大学的人才支撑与智力支持，新西兰大学也就因此牢牢掌握了自身发展的自主性与主动权，从而在现代大学制度建设过程中成功保持了自治的优良传统，为自身发展争取了独立权限与自由空间。

（三）发挥大学自身优势和服务职能，实现大学与社会的良性互动

新西兰大学非常重视自身的社会服务功能，积极运用人才资源优势与独特的科学研究优势，在国家战略支撑、社会发展引领、企业研发合作等方面发挥作用，实现大学与外界的良性互动和各主体之间的高度融合。积极发挥大学在经济文化与社会发展中的辐射带动作用，争取外界支持，是推进新西兰大学高质量持续发展的重要经验。新西兰的三大产业发展都离不开新西兰大学的人才支撑与智力贡献。新西兰政府、社会、企业也充分认识到大学在服务国家发展战略、促进社会健康发展、提升企业竞争力与影响力等方面的巨大作用与独特价值，在校区建设、教育教学、科研项目、学生就业等方面积极提供政策支持与资金支持，有力地推动了新西兰大学的高水平建设与高质量发展。

第三节　高等教育的挑战和对策

一、高等教育面临的挑战

1989 年，新西兰进行了一次高等教育改革。此次高等教育改革不仅给新西兰带来了新气象，同时也带来了新挑战。新西兰高等教育在政府主导

与市场导向之间、质量监控与自主办学之间、精英教育与普及教育之间、自由竞争与教育公平之间等方面面临着一些新的问题。这些问题成为制约新西兰高等教育未来发展的潜在因素，需要加以认真面对与妥善解决。

（一）政府主导与市场导向之间的内在张力有待舒缓

高等教育改革使新西兰高等教育逐步呈现出市场导向、自由竞争、私有化等特点，政府主导的新西兰高等教育发展模式受到市场导向发展路径的冲击与挑战，这一挑战首先反映在教育经费体制方面。高等教育改革前，新西兰高等教育的经费来源渠道较广，既包括国内资金，也包括国际资金。从经费结构来看，新西兰高等教育经费主要由财政拨款、学费收入、企业资助、社会捐赠、成果转化收益等几部分构成。高等教育改革后，新西兰撤销了大学拨款委员会，把高等教育机构的财政资金拨款权划归教育部。教育部以各高等教育机构实际入学的全日制学生和等同全日制学生 [1] 人数为标准，向各高等教育机构拨付教育经费。到 20 世纪 90 年代，新西兰《教育修正法（1990 年）》首次将市场经济机制引入高等教育领域，明确规定大学教育实施收费制。新西兰高等教育开始收取学费，相比之前，学生需要承担更多的高等教育成本。这些政策意味着新西兰高等教育从公立性质向私立性质的转变。[2] 市场导向的引入给长期以来以政府为主导的高等教育发展模式带来了一定的冲击，使高等教育发展在政府主导与市场导向两个方向上形成了一定的内部张力。如何有效舒缓这一张力，进一步发挥政府与市场两个主体的积极作用，推动高等教育高质量可持续健康发展，是新西兰高等教育发展面临的挑战之一。

---

[1] 当多个非全日制学生的注册学分总和达到一个全日制学生的标准时，则被视为一个等同全日制学生。例如，两名"半日制学生"可被视为一名等同全日制学生。

[2] 卢思思. 1989 年以来新西兰高等教育改革发展研究 [D]. 上海：华东师范大学，2020：38.

（二）质量监控与自主办学的关系尚需平衡

尊重大学自治传统，赋予大学办学自主权，一直以来都是新西兰高等教育发展的重要特征。伴随高等教育改革的推行，新西兰高等教育的市场化、自由化、私有化特征逐渐显现，高等教育质量监控与高校自主办学之间的关系问题逐步显现。如何在充分尊重其办学自主权的前提下，调整政府与高校的责权关系，建起了行之有效的质量监管机制，确保各类高等教育机构的教育质量与办学效益，是新西兰高等教育未来发展不可回避的重要课题。

（三）精英教育与普及教育之间的矛盾

在新西兰，8所公立大学主要承担精英教育的使命；理工学院、瓦南加、私立培训机构等除大学之外的其他高等教育机构主要负责大力推进高等教育普及工作。伴随着新西兰高等教育的持续快速发展，高等教育领域中的精英化与普及化发展的潜在矛盾开始显现。

受维多利亚时代英国高等教育体制的影响，新西兰近代高等教育发展呈现出明显的精英教育特征。这一时期，以大学为核心的新西兰高等教育具有招生人数少，入学门槛高，以培养社会精英为目的等特点。随着时代的发展，人们接受高等教育的需求不断增强，高等教育的发展逐渐呈现出普及化趋势。新西兰高等教育规模不断扩大，机构数量不断增加，普及化程度迅速提升，新西兰逐步成为世界上高等教育普及程度最高的国家之一。

进入普及发展阶段的新西兰高等教育，需要进一步妥善处理高等教育精英化与大众化的内在矛盾。在让更多人享受高等教育资源的同时，如何继续保持精英高等教育的传统优势，如何处理好普及教育与精英教育在发展定位、办学规模、资源分配等方面的关系，让高等教育持续保持高质量发展，充分发挥其在社会发展过程中的引导、带动与辐射作用，是包括新西兰在内的高等教育发达国家必须面对的重大时代课题之一。

（四）自由竞争与教育公平之间的关系仍需协调

新西兰政府以等同全日制学生人数为标准，核算各类高等教育机构的财政拨款数额。这一政策的实施导致各高等教育机构为了争取更多的政府财政资助而展开招生竞争。同时，新西兰政府设立了各种基金，鼓励各高等教育机构在科研经费与科研项目方面展开竞争。

怎样在鼓励高等教育机构就招生、经费、科研等方面展开激烈竞争，持续提升高等教育机构办学效益的同时，兼顾高等教育公平问题，妥善处理高等教育领域的效益与公平之间的关系，是新西兰高等教育发展有待解决的一个难题。

二、高等教育的应对策略

面对高等教育改革带来的各种困难与挑战，新西兰政府充分考虑各教育主体的利益诉求，积极采取措施，缓解市场化与自由竞争带来的矛盾，努力为高等教育持续高质量发展创造良好的环境，进一步激发高等教育机构的活力，保持高等教育良好的发展势头与强大的国际影响力。

首先，新西兰政府在高等教育领域推行学生津贴计划和学生贷款计划，试图通过加大对学生资助的力度，缓解市场对高等教育机构公益性质的过度冲击，保障受教育者接受高等教育的合法权益。新西兰政府还设立了绩效研究基金、卓越研究中心基金、教学研究基金等，确保高等教育机构在知识生产、科研产出、成果转化等方面持续高质量发展。这些政策措施的推行，对于缓解新西兰高等教育政府主导与市场导向之间的内在张力必将发挥积极作用。

其次，新西兰政府在普及教育过程中注重高等教育质量与办学效益，不断规范高等教育机构的办学行为，加强高等教育质量监管与绩效评估工作。例如，新西兰建立了严密的高等教育保障机制，设立了新西兰大学委员会、高等教育委员会、新西兰高等教育咨询委员会、新西兰学历认证局，制定了高等教育发展战略，构建了统一的国家资格框架等。[1]

最后，新西兰政府积极采取措施试图妥善处理精英教育与普及教育之间的矛盾。8 所公立大学在持续发挥精英教育功能的同时，也注重承担普及教育的任务，如适当扩大校园规模与招生规模，加大优质高等教育资源的国际化推广力度等。

[1] 卢思思．1989 年以来新西兰高等教育改革发展研究 [D]．上海：华东师范大学，2020：23.

第七章 职业教育

第一节 职业教育的发展和现状

新西兰职业教育凭借其独具特色的教育理念、与时俱进的教育制度、极富影响的教育品牌为新西兰培养了大批高素质应用技能型人才，为社会经济的稳定增长与全民受教育水平的持续提升做出了重要贡献。新西兰职业教育的综合竞争力处于全球领先地位，在标准制定、技能革新、学习设计、资金支持等方面优势明显。

一、职业教育的历史沿革

新西兰正规的职业教育开始于19世纪80年代，经历了从萌芽建立、蓬勃发展到深入改革的发展历程，逐步形成了依托国家资格框架，覆盖全国主要行业，涵盖中学职业教育学校、理工学院、行业培训组织、瓦南加、私立培训机构等多层次全类型的职业教育体系。

19世纪80年代以前，传统学徒制是新西兰职业教育的主要形式。学徒与熟练工人一起工作，在真实的工作场所中学习相关的知识与技能。这一时期的学徒几乎都是男性，学习领域以建筑、印刷、制造为主。学徒期通常持续数年之久，在此期间，师傅只需要提供食物、衣服和床上用品。

1886 年，惠灵顿设计学院的建立标志着新西兰职业教育的萌芽。1901 年，惠灵顿设计学院更名为惠灵顿技术学校，成为新西兰第一所专门提供职业教育培训的技术学校，培训形式以夜校和周末班为主。在此之后，伴随着两次工业革命的深入发展，职业教育在新西兰进入了蓬勃发展的快车道。

根据 1889 年《技术教育法案》和 1902 年《手工和技术教育法案》的相关要求，新西兰各地加大了对职业教育的财政和土地支持。这一时期，达尼丁技术学校、旺格努伊技术学校、奥克兰技术学校等相继成立。随着技术学校数量的增加和政府对职业教育资助金额的增加，参加日间和夜间职业教育的人数大幅增加。这个时期的技术学校办学力量以政府为主，且功能比较单一，主要为当时社会所需的简单工业生产领域提供人才与技术支持。

在第三次工业革命浪潮的推动下，技术密集型产业对人才的需求日益增加。在此背景下，新西兰政府进一步加大对职业教育的政策支持与财政资助，传统学徒制职业教育与高等职业教育均得到长足发展。1946 年，可以提供远程职业教育培训的技术函授学校成立。这类技术函授学校也称为开放式理工学校，是技术学院、理工学院的前身。为确保远程职业教育质量，新西兰政府建立了相关的外部管理与监督机构，增加政府投入。20 世纪四五十年代，新西兰技术学院数量增加、规模扩大，并逐渐与传统教育体系相融合。

1948 年，新西兰颁布《学徒法》，废止源自英国的传统学徒制教育模式，以基于正规学校职业培训的新学徒制教育模式取而代之，新学徒制作为职业教育的一种重要形式以法律形式确立下来。新西兰政府为学徒制职业教育项目拨款，并建立新西兰学徒制培训委员会。这一时期，学徒制融入技术高中的非全日制课程，为后期现代学徒制的出现打下了基础。20 世纪 50 年代，新西兰的技术高中除提供专业技术人员教育培训之外，开始受行业组织委托提供专业化的培训课程。

1960 年，新西兰历史上第一所高等职业学院——中央理工学院成立。中央理工学院以及之后建立的职业学院将高等职业教育从原有的职业教育体系中独立出来，高等职业教育成为新西兰职业教育发展的重点。原有的技术高中则在拆分后被整合进普通中等学校或高等教育等级的职业教育机构或理工学院。原技术学院要么发展成为新的行业培训组织或理工学院，要么并入已有的行业培训组织或理工学院。1964 年，新西兰第二所高等职业学院——奥克兰理工学院成立，该学院后升格为奥克兰理工大学。截至1970 年，新西兰全国已经有 8 所独立的理工学院，分布在奥克兰、汉密尔顿、惠灵顿、克赖斯特彻奇、达尼丁等城市，在册学生超过 3 万名。[1] 独立的理工学院由政府资金支持，拥有自主的管理模式，为新西兰各地区提供高等职业教育服务。

新西兰《教育法（1989 年）》明确了高等职业教育机构的主要职能，要求设立新西兰学历认证局并允许私立培训机构参与高等职业教育。新西兰职业教育坚持市场导向改革，鼓励职业教育开展市场化竞争，实施职业教育的国际化改革，赋予职业教育院校更多的办学自主权。新西兰职业教育呈现多元主体繁荣发展的新局面。

1992 年，《行业培训和学徒法》颁布，由各行业自发组建的新西兰行业培训组织成立。作为政府认可、行业所有的营利性独立实体，行业培训组织主要面向企业员工或将要进入企业的社会人员提供在职和脱产职业培训，这成为新西兰非学历教育的重要形式。受训者通过参加行业培训可以获得国家资格框架认可的资格证书，证明其具有行业需要的劳动技能。行业培训组织教育内容涉及传统行业与新兴行业，为新西兰第一、第二、第三产业所包含的 11 个不同行业培养技术技能人才。

---

[1] 资料来源于新西兰百科全书官网。

进入 21 世纪后，新西兰高等教育委员会制定了一系列教育发展战略——《高等教育发展战略（2002—2007 年）》《高等教育发展战略（2007—2012 年）》《高等教育发展战略（2010—2015 年）》《高等教育发展战略（2014—2019 年）》，其中包括针对职业教育的内容。2020 年，《教育（职业教育改革）修正案》正式实施，将职业教育改革的目标定位于建立一个统一、强大、可持续发展的高等职业教育体系。为实现这一目标，新西兰组建新西兰技能与技术学院，在全国建立理工学院网络并规范资助系统。新西兰技能与技术学院作为一个战略性的综合职业教育组织，在实行企业化运作的同时兼具高等教育机构的特性，为学习者提供个性化职业教育与培训，逐步形成可向在校生、在职人员，以及其他人员提供在校与在线学习的全国校园网络。新西兰技能与技术学院将在资源配置、人才培养、平台构建等方面整合现有资源，增强教育资源的流动性，减少职业教育重复开发现象，提升网络教育的质量与效率，逐步在区域、行业与职业教育之间建立起长效共赢的新型合作关系。[1]

二、职业教育的现状

（一）普及情况

新西兰职业教育普及程度较高，教育机构层次多样、数量众多，专业设置合理，课程丰富，学制灵活，为学习者提供了更多的学位、更加多元的选择与更加广阔的发展空间。各年龄段的学习者可以通过全日制学习或者其他培训形式参与职业教育，获得相应学位或者资格。新西兰职业教育

---

[1] 资料来源于新西兰高等教育委员会官网。

学位或资格经国家资格框架认证，受到社会与行业的认可与接纳。

目前，新西兰职业教育体系中不再保留专门的中等职业学校建制。在新西兰，高等教育之前的职业教育主要以课程的形式存在于中学阶段。这些职业教育相关课程以累积学分的方式纳入国家资格框架。按照新西兰教育部的规定，新西兰十一至十三年级的学生可以选择职业教育相关的课程。中学与理工学院合作，学生定期到对应的理工学院学习和训练，通过两年的学习获得相应的学分。在满足学分条件的前提下，高中毕业生可以申请大学或理工学院，以实现中、高阶段职业教育的有效衔接。

2021 年，新西兰职业教育学习者人数为 283 995 人，占当年全国人口的 5.84%，比 2020 年职业教育学习者人数增长 12.74%。职业教育专业多样，包含社会和文化、建筑和建造、工程及相关技术、管理和商业等（见表 7.1）。2021 年，高等职业教育中的全日制学习者总数为 124 630 人，其中有 97 175 人获得了国家资格框架中 1—4 级的资格证书，占比 77.97%。在新西兰，高等教育阶段的职业教育普及程度明显高于普通教育。新西兰职业教育学习者占国家人口比例连续 10 年保持在 5% 以上。目前，新西兰中学后阶段的职业教育参与程度在经济合作与发展组织成员中的综合排名位于前 20 名。[1]

表 7.1 2021 年新西兰职业教育专业及人数 [2]

职业教育专业	人数
自然科学	1 665
信息技术	5 160
工程及相关技术	43 325

---

[1] 资料来源于新西兰教育统计局官网。

[2] 为保护个人隐私，新西兰教育统计局已根据四舍五入的原则将本表中各项数据的个位数调整为 5 或 0。"学习专业未知"选项的数据并未体现在表格中，但其人数包含在总计中。

续表

职业教育专业	人数
建筑和建造	44 925
农业、环境及相关研究	21 290
健康	11 730
教育	4 930
管理和商业	39 175
社会和文化	62 890
创意艺术	6 710
食品、接待和个人服务	16 165
混合领域	9 750
总计	283 995

（二）教育机构

高等教育阶段的职业教育主要由理工学院、行业培训组织、私立培训机构承担。16 所公立理工学院作为职业教育的主要机构分布在全国主要城市和地区。

新西兰技能与技术学院 [1] 作为全国最大的高等职业教育机构，将全日制学习、非全日制学习、在线学习、学徒制学习方式相结合，在提高新西兰职业教育培训一致性的基础上，满足各地区学习者、行业、雇主、社区的职业教育需要。目前，新西兰技能与技术学院提供 2 861 个全日制课程，其下辖的 16 所理工学院负责实施这些课程。这 16 所理工学院目前约有 138 000 名注册学生，其中国际学生占比约为 13%。理工学院专业设置多集中于应用技

---

[1] 新西兰于 2020 年设立新西兰技能与技术学院，统一管理新西兰的 16 个理工学院和 9 个行业培训组织，各理工学院和行业培训组织保持办学的独立性和自主性。

术性专业，专业数量多达 125 种，涉及三大产业的 12 个专业类别。[1]

行业培训组织是新西兰重要的职业教育机构，主要负责行业培训和学徒培训。全国共有 11 个行业培训组织，几乎涵盖了新西兰目前所有行业领域。学习者参加培训的目的主要是获得资格证书。相比理工学院来说，行业培训组织的学习者年龄跨度较大、学习形式比较灵活，非全日制培训形式更加普遍。近年来，新西兰参与行业培训组织相关学习的人数大幅增长。参加行业培训组织获得资格证书的人数远远超过参加大学教育或理工学院职业教育获得证书的人数。[2]

新西兰允许私立培训机构在政府监管下参与职业教育。这些私立培训机构不仅提供学历学位教育，而且也提供资格证书课程。新西兰私立机构可提供的最高学位层次教育为硕士学位教育，可提供的专业涉及商业、旅游业、游戏设计等传统行业与新兴行业。

第二节 职业教育的特点和经验

一、职业教育的特点

（一）构建科学高效的职业教育体系

以 2020 年《教育（职业教育改革）修正案》为开端的新西兰新一轮职业教育改革进一步调整现有管理机构的职能权限，为职业教育构建起一

---

[1] HANNIGAN B R J, ASMATULLAYEVA N. Establishing the merger of a tertiary education system in public discourse: the case of the New Zealand Institute of Skills and Technology[J]. Knowledge cultures, 2022(1): 122-137.

[2] 资料来源于新西兰教育统计局官网。

个全新的管理监督框架体系，将职业教育与职业培训有机融合。此次改革的根本目标是形成科学、精简、高效的职业教育体系，采取的主要举措包括成立劳动力发展委员会、建立新西兰技能与技术学院、建立统一的职业教育资助体系等。新的职业教育体系坚持资本驱动，市场化运作，开放运行，优化整合资源，减少职业教育网络内部存在的职能交叉与重复现象。

在优化顶层设计、促进治理机构一体化的同时，新西兰职业教育改革充分赋予各部门在教学研究、人才培养、个性化发展等环节的自主权力，积极释放系统内各部门的工作潜能与活力，切实推动职业教育体系不同层级机构的协同发展。新组建机构与原有机构按职责分工，共同参与职业教育改革。新西兰技能与技术学院作为原16所理工学院合并的产物，以提供学历教育、统筹在职培训、搭建便捷统一的学习平台为定位，建立统一的职业教育资助体系，为职业教育的持续发展与改革的不断深化扫清障碍。

（二）建立衔接顺畅、务实灵活的教学组织制度

新西兰奉行适应生活的职业学习理念，在学制安排、教学设计、课程实施等方面因地制宜，逐步建立起一套层次衔接顺畅、务实灵活的教学组织制度。

在新西兰，国家资格框架既包含职业资格也包括学术资格，每一等级资格要求明确且相互衔接、彼此承认，同一领域不同层次的课程设置有着密切的内在联系，基本可以实现学习过程的无缝衔接。建立在全国通用的国家资格框架基础上的学分转换机制使新西兰职业教育的教学组织制度得以脱离传统束缚，实现中、高层次职业教育的顺畅衔接以及学制的合理伸缩。例如，在行业培训组织获得的学分、得到的资格认证，同样被理工学

院所认可，可作为申请注册理工学院的资格证明材料。

职业教育相关机构在教学组织方面既有统一的国家资格框架做依据，又能够在此基础上进行灵活多样的教学安排。新西兰职业教育的课程内容丰富、教学形式多样，课程设置项目化、模块化。例如，怀卡托理工学院提供超过 130 个职业培训课程，以满足学习者的多种受教育需求。[1]学习者可以在这些课程体系中选择与自身学习层次、专业方向相关的课程组合。针对不同层次的学习者，职业教育学制设置有半年、1 年、2 年，包含行业培训，资格认证或者本专科、研究生等学历类课程。学习者既可以选择短期内集中修习某一课程，也可以选择在较长时间内分散交叉修习多门课程。

适应生活的学习是为使职业人才有效适应社会经济发展而提出的一种职业教育理念。适应生活的学习理念既能满足职业学习者的内在成长需求，又符合职业市场对学习者的能力需求。作为人本价值的体现，适应生活的学习理念关注职业学习者的主体性价值，强调从学习者的生活状态和学习需求出发，建立开放灵活优质的职业学习网络，以满足各种类型学习者对职业发展的学习需求。新西兰职业教育希望为学习者提供较为精准便捷的、符合行业需要的资格认证、文凭或者学位，降低摩擦性失业与结构性失业概率，为学习者顺利融入社会生活消除职业障碍。[2]

（三）关注职业教育的国际化发展

早在 20 世纪 50 年代，新西兰政府就出台了相关政策支持教育国际化发展。从 20 世纪 80 年代开始，新西兰确立以市场为导向的职业教育国际化

---

[1] 资料来源于怀卡托理工学院官网。

[2] 马君，余雅兰. 从"适应学习的生活"到"适应生活的学习"：新西兰新一轮职业教育改革探析 [J]. 河北师范大学学报（教育科学版），2021（6）：75-85.

发展战略，逐步完善国际合作框架，加深职业教育国际化程度，拓展职业教育国际化发展范围。《教育法（1989年）》颁布后，新西兰职业教育领域引入市场化运行机制，积极开发国际化课程体系，通过互惠交换的方式打开国际职业教育市场。2011年，新西兰教育推广局成立。新西兰教育推广局积极推动职业教育国际留学业务发展，陆续出台了《国际留学生保护条例》《国际教育领导声明》《国际学生教育关怀行为守则》《国际学生福祉战略》等一系列文件，为国际学生留学期间的个人安全、生活条件、健康医疗、学习保障和工作机会提供法律保证。

大批国际学生获得相应的学历学位或者职业资格之后选择留在新西兰从事相关工作，这为新西兰各个领域提供了专业技术技能人才。新西兰职业教育的国际化发展还体现在面向国际学生的课程体系建设方面。以奥塔哥理工学院为例，为满足语言学习阶段学生的专业学习需要，学校针对国际学生开设"英语+新课程"预科模式，将模块化课程和各专业相结合，为留学生在新西兰顺利接受职业教育提供了友好包容的课程体系与良好的留学体验。

为了不断深化职业教育国际交流合作，新西兰定期举办全球教育推广活动。新西兰教育推广局在主要生源国家设有合作机构，积极服务于职业教育的国际招生工作，扩大新西兰职业教育的开放性与包容性。

（四）重视职业教育的可持续发展

可持续发展是新西兰职业教育的又一重要特征，是新西兰职业教育顺应国际潮流、维持自身高质量发展的必然选择。职业教育可持续发展理念所包含的是一种整体协调持续的发展观念，它要求职业教育发展要与经济社会发展相协调，要注重建立公平包容的职业教育体系，为社会培养具有可持续发展能力的中高级职业技术人才。

为保障职业教育的可持续发展，新西兰教育部联合相关部门出台了新西兰职业教育可持续发展行动计划（见表7.2）。此外，新西兰还致力于职业教育国际化方面的可持续发展工作。新西兰教育部和新西兰教育推广局共同发布了《新西兰国际教育战略（2018—2030年）》，将可持续发展作为新西兰国际职业教育战略发展的核心目标之一。

表 7.2 新西兰职业教育可持续发展行动计划

计划周期	部门	主要行动
2018—2020 年	教育部	确保教育出口税源的可持续性及其与教育出口税目的相符性。
	新西兰教育推广局	与教育机构合作，使国际教育招生符合国家和地区技能需求。
2018—2030 年	新西兰教育推广局	鼓励创新，提供各种非传统教育服务。
2020—2030 年	教育部	探索是否应将英语语言学校视为单独子行业，制定新西兰国际教育绩效指标与国际竞争对手的比较基准。
	新西兰教育推广局	建立全行业协会，支持泛教育行业的国际教育团体；拓展海外及网上提供教育和教育产品的机会；与地区经济发展机构一起扩大教育机会，满足未来劳务需求；与其他行业合作，开发新西兰特色专业教育产品；通过扎实研究与市场调研，实现产品多元化和市场最大化。
	商业、创新与就业部，新西兰移民局	评估国际教育对于国内劳务市场的长远影响，创造符合国家利益的学业与就业通道。

二、职业教育的经验

（一）加强统筹规划，建立完善的国家资格认证制度

建立完善的国家资格认证制度是新西兰职业教育发展的重要经验。新西兰国家资格认证制度以国家经济发展和产业结构需求为出发点，由行业专家、技术人员参与审核论证，以实现新西兰国家文凭、学位、职业资格认证的统一归口管理。

国家资格框架是国家职业资格认证制度的基础。新西兰早在 1991 年就正式发布了世界上第一个国家资格框架，用以规范新西兰资格认证程序。但是，最初的国家资格框架与新西兰的教育体系不能有效融合，一些标准并不适用于所有高等学校。经过持续改革，2010 年，新西兰政府发布最新版的国家资格框架，为职业教育发展奠定了良好的制度基础。国家资格框架主要由水平等级、国家学历、国家标准、标准制定机构、认证组织、资历评估、前期学习认证和调控等部分组成，其核心原则是使从非正式教育机构或培训机构获得的技能、知识和认知能力能够得到认可。[1]

国家资格框架包含从资格证书、文凭到学位证书在内的 10 个等级，每一等级都明确了学习者应达到的知识和技能水平，为新西兰职业资格认证制度的确立提供了依据。新西兰职业资格认证制度允许和鼓励学习者以各种形式参与职业学习，完成从基础资格向高级资格的提升，实现不同类型学习之间的融通。新西兰职业资格认证制度在评估准入、资质审查、具体运行中受到政府的严格监管和督查，确保了国家认证的权威性，统一了职业资格的标准体系。

---

[1] 颜丽红，张力，尹海涛. 新西兰和澳大利亚资历框架的比较与启示 [J]. 教育评论，2017（7）：151-154.

（二）倡导质量优先，优化质量保障与评估机制

始终坚持质量优先原则，注重建立完善的质量保障与评估机制，是新西兰职业教育长期保持世界领先位置、为国家经济与社会发展做出重要贡献的成功经验之一。新西兰将质量优先原则贯穿职业教育的制度保障、运行机制、运作模式等各个方面。新西兰出台了一系列法律法规，明确了职业教育相关主体的责任，确立了以质量为核心的评估原则，设计了严格的评估方法，制定了科学的评估标准。

新西兰资格委员会负责职业教育的质量监督与评估工作。该委员会是独立于政府与教育机构的第三方质量保障与评估机构，它以动态质量为原则，采用专业的评估方法、运用科学的评估工具对职业教育过程与结果进行客观评估。新西兰资格委员会通过建立工作组的方式开展工作，工作组一般包括注册工作组、评估工作组、学习认证工作组三种类型。新西兰资格委员会的评估结果为客观反映职业教育质量、保证学习者获得相应职业技术技能、优化职业教育过程、改进职业教育运行机制等提供重要参考。

新西兰职业教育的质量评价体系遵循高度信任基础上的问责制原则，在赋予职业教育机构自治权与自我评价权的同时，对其进行监督审查并对出现的问题进行问责。新西兰资格委员会通过系统的绩效评估对职业教育机构进行外部审查，外部审查评估的关键因素包括自我评估的有效性、职业教育培训质量、学习者成就、职业教育机构对学习者和行业要求的满足程度等。政府有权问责审查不合格的职业教育机构，并按要求开展必要的指导与干预。

新西兰构建起了可量化、可操作的职业教育质量评估指标体系。该指标体系利用系统建模的研究方法设计，包含结果性指标和过程性指标两个大类共十个方面的具体项目，依据指标达成相关因素的完成度，对职业教育运作模式和绩效结果进行符合职业场景与行业发展的评价。

（三）深化现代学徒制度改革

在经历数次改革之后，新西兰形成了行业主导、制度健全、结构合理的现代学徒制职业教育培训体系。1992 年，新西兰政府提供财政补贴，启动基于工作场所的培训计划，同年，《行业培训和学徒法》颁布，新西兰从传统学徒制时代进入现代学徒制时代。

与传统学徒制相同，现代学徒制以基于真实工作场所的培训为职业教育的主要形式。除建筑、制造等传统领域外，现代学徒制还新增零售、林业、道路运输等学习领域，为职业教育接受者提供更多的选择。雇主和行业培训组织取代了传统学徒制中的师傅，与学徒签订培训协议，这保障了职业培训的质量和学徒的权益。到 2008 年，新西兰约有 13 000 名现代学徒。[1] 2013 年，为进一步提高现代学徒制的可辨别度，增加学习者的未来从业机会和劳动竞争力，教育部重启新西兰学徒制改革，推动现代学徒制逐步发展成熟。[2]

新西兰现代学徒制体系以国家资格框架为基础，受教育部支持，由新西兰行业培训组织主导，理工学院与私立培训机构共同协助推行。现代学徒制面向各个年龄段、所有族裔的新西兰公民提供在职培训和脱产培训。现代学徒制服务于全民终身教育计划，以帮助学习者获得 3—4 级国家资格证书为主要目标。它提供的培训受到新西兰学历认证局认证，颁发的证书被英联邦国家普遍认可。现代学徒制度优化了新西兰原有的职业培训体系，增加了学习者参与职业培训的机会，激发了雇主开展职工培训的积极性，成为跨行业再就业的主要培训手段。

现代学徒制的参与主体——雇主、学徒与培训组织之间需要签署三方

---

[1] 资料来源于新西兰百科全书官网。

[2] 资料来源于新西兰政府官网。

协议并在新西兰学历认证局备案，以保证相关主体的权利和义务。经新西兰学历认证局授权的新西兰行业培训组织可参照国家资格框架具体标准，依据不同行业特点、从工作的实际需要出发，在任何合适的地点以任何有效的方式进行学徒制培训。

为了缓解学徒群体在学习过程中所面临的经济压力，新西兰政府加大对学徒的补助力度，并将补助对象扩大至雇主与行业培训组织。政府对于学徒制的财政补助既为学徒群体提供了稳定的学习基础，也鼓励了雇主支持雇员参加培训和招收学徒制员工，还极大地缓解了新西兰行业培训组织的资金压力，有利于提升培训质量，可谓一举多得。

第三节 职业教育的挑战和对策

随着社会经济的发展，职业教育在社会需求与人才供给匹配度、吸引力维持、运营模式改革等方面的潜在问题逐渐显现出来。2020年，新西兰启动新一轮教育改革，力图创建一个面向未来的、统一的、强大的、可持续发展的职业教育体系。

一、职业教育面临的挑战

（一）社会需求与职业人才供给的匹配度问题

2010—2021年，新西兰国内生产总值的名义增幅达51.7%。这期间，第三产业产值增加幅度超过30%，远高于第一产业和第二产业的增幅；第二产业的建筑业和第三产业的销售业、信息媒体与科技教育领域产值增幅超过了 40%。[1] 三大产业增幅数据表明，新西兰的经济结构正在发生变化，也预示着相关行业将要到来的人才需求浪潮，这给致力于职业技术人才培养工作的职业教育带来了挑战。自 2009 年以来，新西兰约有 43% 的企业找不到足够的熟练工人，并且这一比例还在不断攀升。[2] 新西兰各行业一直秉承自由竞争的发展理念，行业组织之间缺乏协调，沟通机制不完善，行业组织过于依赖市场化调节，缺乏整体统筹，这导致行业对区域未来劳动力的供给预测不充分，行业劳动力短缺风险上升，进而对职业教育的健康发展造成压力。

新西兰官方调查数据显示，尽管"劳动力未充分利用率"自 2015 年以来呈逐年下降趋势，但仍高于 10%。也就是说，每十个劳动力中就有一人属于"未充分利用劳动力"。[3] 与失业人群不同，未充分利用劳动力群体包含就业不足群体与潜在劳动力群体。这两类群体中包含有能力且期望获得更长劳动时间的群体、没有工作技能但愿意工作的群体，以及有工作技能却不愿意工作的群体。劳动力未得到充分利用的根本原因是职业教育人才供给与社会真实需求脱节，暴露了职业教育在培养目标、专业设置、课程体系等方面不同程度地存在着与专业发展规律、社会实际需求、学生未来需要等方面并不匹配的问题。

随着贸易全球化，新西兰农产品出口需求上升、农业自动化快速发展，新西兰对具备先进技术技能的农业从业者的需求旺盛。然而，与此形成鲜明对比的却是新西兰职业教育对第一产业人力资源供应量的下降：从 2012 年的 24 195 人下降至 2020 年的 16 630 人，其中，2015—2020 年，连续六年出现负增长（见表 7.3）。[4] 培养符合经济社会发展和产业结构调整所需的技

---

[1] 资料来源于新西兰统计局官网。

[2] 资料来源于新西兰教育部官网。

[3] 资料来源于新西兰商业、创新与就业部官网。

[4] 资料来源于新西兰教育统计局官网。

术技能型人才，保障各类劳动力充分就业，已经成为新西兰职业教育发展需要关注的现实问题。

表 7.3 2012—2020 年新西兰职业教育对第一产业人力资源的供应量

年份	2012	2013	2014	2015	2016	2017	2018	2019	2020
人数	24 195	27 285	27 670	27 110	25 395	23 430	20 205	19 285	16 630
增长量 / 人	—	3 090	385	−560	−1 715	−1 965	−3 225	−920	−2 655

（二）参与人数下降对职业教育招生的挑战

近年来，新西兰职业教育面临生源增量逐年下降，甚至出现负增长的挑战。新西兰教育统计局的数据显示，2012 年职业教育参与人数为 266 510 人，2020 年下降至 251 890 人（见表 7.4）。这期间，各理工学院招生情况不容乐观，新西兰参与职业教育人数的比例在近十年里下降了约 36%。其中，等同全日制学生人数下降了约 10%。[1]

表 7.4 2012—2020 年新西兰职业教育参与人数

年份	2012	2013	2014	2015	2016	2017	2018	2019	2020
职业教育参与人数	266 510	262 040	261 400	265 095	265 450	255 865	248 395	247 065	251 890
增长量 / 人	—	−4 470	−640	3 695	355	−9 585	−7 470	−1 330	4 825

---

[1] 资料来源于新西兰教育统计局官网。

职业教育出现吸引力下降、生源萎缩现象。新西兰中学毕业生选择普通高等教育的比例高于选择职业教育的比例。在已经毕业的人群中，54%以上的人群接受的是普通教育，接受职业教育的人数不及毕业总人数的一半。在众多职业教育机构中，基于工作场所学习的职业培训招生人数下降较为明显。根据新西兰教育部数据统计，基于工作场所学习的职业教育与培训人数从 2008 年的 16 万人减至 2018 年的 13 万人。[1] 与此形成鲜明对照的是，随着经济震荡趋于平稳，这一时期，社会对于熟练技术型人才的需求却呈现上升趋势。

在新西兰，参加职业教育的人数下降原因是多方面的。从外部因素看，随着 20 世纪婴儿潮的回落，适龄学习者的绝对数量下降。与此同时，大学市场化运行、大学招生政策调整、学分制认证工作推进，都使得更多学习者选择普通高等教育，职业教育的潜在招生人数随之减少。从内部因素看，以行业培训为代表的职业教育培训模式趋于机械操作与仿真实践，完全基于工作过程的培养模式弊端逐渐显现：学习者专业知识欠缺，应用更高水平技能原理的能力有限，学习者的学习质量不高，未来发展空间有限。职业教育尤其是行业培训组织提供的培训，资格等级相对较低，学习者虽然可以通过学分制认证通道继续提升资格等级，但是考虑到时效性与社会接受度，学习者还是更倾向于直接接受普通高等教育以获得更高等级资格。职业教育参与人数减少不仅意味着教育机构绩效降低与平均培训成本上升，还意味着行业的用人需求无法得到及时满足，行业面临人力资源匮乏的局面。

（三）成果导向资助模式对职业教育的挑战

新西兰的教育资助模式以投资回报率为基本原则，这种成果导向的模

---

[1] 资料来源于新西兰教育部官网。

式在一定程度上对新西兰职业教育的健康发展构成了挑战。

新西兰 2008 年的教育改革将高等教育的资助模式由绩效能力导向转变为研究成果导向，并鼓励教育机构产业化发展，扩大自主筹资范围。高等教育经费以研究成果为导向，意味着以理工学院为代表的职业教育主体与大学等普通高等教育主体在研究领域同场竞争。新西兰政府基于学生成就分配职业教育经费的资助模式以受教育者的国家资格等级划定资助等级、划拨资助经费。理工学院竞争力相对较弱，获得的政府拨付经费数额也就较少。同时，在产业化发展潮流中，投资职业教育机构回报率不占优势，这导致职业教育机构的融资渠道偏窄，所筹办学经费有限。上述两种原因导致新西兰职业教育的可用资金总量缩水。与此同时，理工学院招生人数连年下降，生均运营成本升高，普遍面临极大的财务压力。

来自企业的职业教育经费由企业以培训基金的形式直接投入相关行业培训组织。行业培训组织借由此项举措基本可以脱离对政府的经费依赖。企业培训基金的经费预算引入标准训练计量值模式：学习者的学习和培训成果按标准值被折算量化，学习者在行业培训组织获得 120 个学分所需的培训量被记作 1 个标准培训量，高等教育委员根据标准培训量分配资助金额。这种经费投入模式虽有利于鼓励培训机构吸纳学员，但也容易使教育经费的投入情况被培训人员数量与培训成果所左右。当企业认为培训的短期收益无法超越成本的时候，就可能减少或者停止投入经费，造成教育经费投入不稳定甚至紧缺的后果。

政府和行业提供的是两种不同的职业教育经费资助模式，两种模式对职业教育的绩效衡量标准不同：政府倾向于对标国家资格框架，按照框架等级划定资助标准，而行业则看重学习者参与培训所带来的经济效益。两套绩效衡量标准并行导致两类资助基金在资助率、资助金额、效果评价规则等方面存在不一致，给职业教育的可持续发展带来了较大挑战。

二、职业教育的应对策略

（一）创新职业教育发展机制，缓解职业教育供求矛盾

新西兰职业教育的供需矛盾主要体现在两方面：一是全日制在校培养的职业人才与技术进步、经济发展速度之间的失衡；二是非全日制行业培训的学习者知识迁移和后续发展能力与行业发展要求不适应。以理工学院为代表的全日制职业教育机构的课程设置和人才培养计划须经过新西兰学历认证局专家论证并有一定延续性，工作周期长，导致部分课程或项目知识更新缓慢，学习者毕业走向社会时出现知识陈旧问题。行业培训以实践性和时效性为特征，但对于基础性、素养类知识涉及较少甚至不涉及，学习者在接受培训的过程中由于知识和能力基础薄弱，容易出现实践效果和后续发展潜力不佳、专业发展受限的情况。针对这些问题，新西兰正在积极创新适应时代发展需求的职业教育机制，努力缓解职业教育面临的供求矛盾。

积极调整职业教育供给，主动适应经济社会发展需求变化，是缓解职业教育人才培养供求矛盾的关键所在。2020 年，新西兰成立劳动力发展委员会，致力于解决职业教育人才供应与社会需求不匹配的矛盾。劳动力发展委员会关注劳动力未来发展情况，引领行业进行技能革新，联结社会发展与教育发展，通过直接联系企业了解企业人力资源需求；制定符合行业发展的职业教育规划，基于国家资格框架地制定和更新技能培训计划以及相应课程体系。劳动力发展委员会所面向的行业部门包括建筑与基础设施、工程制造与物流、农业、文化娱乐与科技卫生、社区和社会服务等，其设立体现了新西兰管理机构对联结职业教育与社会企业的重视。

为缓解劳动力市场需求方困境，新西兰成立了区域技能革新小组。区域技能革新小组职能如下：根据不同地区的实际情况对区域劳动力市场进

行统筹规划，并引导符合条件的区域向高技能劳动力市场转变；向新西兰高等教育委员会、劳动力发展委员会、当地职业教育提供者提供有关该地区技能需求的建议，准确反映地区和城市不断变化的技能和劳动力需求，努力支持劳动力市场的复苏；在协调区域劳动力需求、反映行业发展诉求上发挥重要作用，缓解新西兰职业教育供求矛盾。此外，区域技能革新小组成员具备较强的战略协同能力，可深入了解区域经济实际情况，并代表不同群体参与决策。

（二）深化新西兰技能与技术学院改革，进一步增强职业教育吸引力

有效整合职业教育资源，进一步增强职业教育吸引力，是新西兰应对职业教育发展挑战的重要举措。新西兰认为，导致青年就业率不高的一个重要原因是职业教育吸引力不够，职业教育体系的人才转化作用没有得到充分发挥。为了更好地向社会输送各类合格技能人才，新西兰积极尝试变革现有的职业教育模式，整合职业教育资源，进一步增强职业教育吸引力，持续提升职业教育质量。在新一轮教育改革中，新西兰技能与技术学院整合原有理工学院网络，推动建立更加统一规范高效的职业教育体系。

新西兰技能与技术学院作为一个战略性统一的教育资源平台，职业教育资源丰富，教学组织方式灵活多样，可以有效支持多种形式的在职学习。在管理体系方面，16 所理工学院作为其下辖机构，在权责协调、绩效奖惩、财务统筹、风险管理方面可以充分发挥科学管理的优势。各理工学院继续保留认证资格，确保现有职业教育学习者的学习成果能被认可。在监管体系方面，新西兰技能与技术学院成立了学术委员会、咨询委员会、毛利委员会等自治委员会，通过这些相对独立的自治部门建立起有效的内部监管体系。这一制度设计可以使学院在符合国家制度要求、自主设计业务模式、

145

持续运作管理等方面维持相对平衡。此外，新西兰政府还委托第三方机构对新西兰技能与技术学院的运行情况进行定期与不定期的风险等级评估，并将评估标准公布在政府公报上。这样，新西兰技能与技术学院的运行就被置于内外两套监管体系之中。

目前，新西兰正在打造以学习者、雇主、社区三方协同发展为目标的学习工作一体化职业教育新模式，增强职业教育发展的区域性、灵活性、创新性与可持续性，以职业教育内涵建设带动职业教育体系变革，从根本上增强职业教育的吸引力。

（三）优化职业教育资助模式，提升职业教育治理成效

新西兰政府积极优化职业教育资助模式，建立独立的职业教育经费资助体系，改变以往机构绩效资金标准一刀切的局面，积极应对基于学术研究成果的资助模式所造成的职业教育机构资金不足的现实挑战。

新设立的职业教育资助体系包括资金分类经费、学习者成功经费、战略规划经费三个部分，是以工作为基础和以提供者为基础相结合的资助体系。新资助体系遵循"质量优先，效率优先，需求优先，公开透明"的原则，以学习者为中心，满足其高质量的个体发展期望，提升学习者自身的市场竞争力。新的职业教育资助体系强调灵活精准资助符合市场发展需要的技能的相关需求，以保证资助的指向性与及时性。在资助对象方面，新体系注重公平与全纳教育理念，避免仅资助职业教育机构，学习者、学习方式、研究项目等都可以成为资助对象。新资助体系还强调职业教育机构在高等教育领域的特殊地位，将职业教育经费资助从基于学术研究成果的高等教育资助体系中剥离出来，从而保证职业教育发展所必需的资金支持。

为了保障职业教育经费的合理有效使用，新西兰高等教育委员会加强了对教育经费的统一管理，强化对教育经费使用情况的监督检查工作。职

业教育经费的划拨使用须由教育机构以正式、明确的经费使用计划提出申请，申请成功后要签署经费使用协议，承诺按规定使用经费。新西兰高等教育委员会实时监控经费的使用情况，以保证教育经费使用的针对性、合理性与有效性。

第八章 成人教育

第一节 成人教育的发展和现状

2016 年，新西兰是经济合作与发展组织成员中成人再教育比例最高的国家之一，[1] 拥有世界上最具活力的成人基本素养教育 [2] 政策。新西兰的成人教育以世界先进的成人教育理念为引领，形成了结构完整、层次清晰、分工明确的成人教育体系，为经济社会发展和公民素质提升做出了重要贡献。

一、成人教育的历史沿革

世界成人教育的萌芽可以追溯到 18 世纪，19 世纪下半叶，成人教育作为一种专门教育形式在英国等国家出现，但直到 20 世纪，新西兰成人教育才有所发展。1945 年以后，新西兰的成人教育进入快速发展期。

在新西兰，社区成人教育在实现国民终身教育、提高劳动力群体基本素养方面发挥着独特而重要的作用。1975 年，新西兰第一所社区学院——

---

[1] OECD. Education at a glance 2016: OECD indicators[M]. Paris: OECD Publishing, 2016.

[2] 成人基本素养教育是指通过提升成年人读写、计算、沟通、团队合作等基本技能，支持成年人融入知识社会、实现终身学习的教育。

霍克湾社区学院成立。随后，全国先后建立多个社区学院为成人提供各种职业和非职业教育，以解决当时理工学院和技术学校不能满足服务业和新兴产业逐渐高涨的人才需求这一难题。20世纪80年代，部分社区学院与当时的技术学院合并，成立了可以提供基础知识、学历课程、职业证书以满足当地经济社会发展需求的理工学院。由8所大学的校长所组成的新西兰大学校长委员会负责监督成人社区学院的教学质量、教学大纲、课程设置、师资招聘、师资水平等。

1996年，新西兰参与国际成人基本素养调查，在全国随机抽样4 223名16—65岁的新西兰居民[1]进行了测试。结果显示，这一阶段新西兰处于3级素养以下的人口约占该年龄段人口总数的五分之一，其中少数族裔人群所占比重较大。[2]新西兰政府意识到低素养群体会拉低劳动人口的平均技术水平和职业竞争力，且成人素养是影响技术进步和经济社会发展的潜在因素。因此，自1998年年底开始，新西兰制定了一系列政策，由政府牵头在全国范围内开展大规模成人基本素养提升工作。2001年，新西兰颁布首个国家成人基本素养发展战略《行胜于言：新西兰成人基本素养战略》，旨在使所有新西兰人具备基本素养技能并能获得提升素养的学习机会。该战略规定了成人基本素养提升行动的基本准则、关键内容、战略措施以及政府在行动中的定位与职责。同年，新西兰工党发布《建立学习型社会》报告，制定成人社区教育当前及今后的发展目标和行动方案，明确成人社区教育以早期失学者为主要对象，以提升学习者的基本技能、鼓励终身学习、增强社区交流、促进社会和谐为发展目标。

2002年，新西兰《高等教育发展战略（2002—2007年）》正式将成人基本素养教育提升至国家战略层面。该战略明确指出新西兰政府将致力于提升民众基本技能，保证人人都能成为新西兰知识社会的一员。该战略使新

---

[1] 新西兰对成人教育的年龄及对象界定见本节"二、成人教育的现状"部分。

[2] 资料来源于新西兰教育统计局官网。

西兰成人基本素养教育得到政府和社会的普遍关注，使成人基本素养的概念得以普及，提升了成人基本素养教育的社会地位，推动了成人教育师资队伍建设工作，构建了一套相对完整的成人基本素养教育质量评价体系。

2006 年，新西兰在全国范围内开展成人素养与生活技能调查。调查结果显示，尽管新西兰 16—65 岁群体中低素养人口数量有所减少，但仍有约 43% 的人处于基本素养 5 个等级中的较低等级，其中少数族裔占比在 50% 以上。数学技能和解决问题技能远远落后于语言和表达技能，约 40% 的在岗劳动者不同程度地缺乏数学技能、语言和表达技能，有些人的这两项技能甚至不足以支撑其在知识社会中立足。[1]

为了扭转这一局面，新西兰高等教育委员会于 2006 年发布《成人社区教育专业化发展规划和行动计划（2006—2010 年）》，倡导以全面、协同的专业化方式来构建成人学习者的知识与技能结构。此后，新西兰陆续出台《高等教育发展战略（2007—2012 年）》《新西兰技能战略行动计划（2008 年）》《表达、语言及数学素养行动计划（2008—2012 年）》等文件，旨在更好地推动新西兰成人教育的健康发展。在此后的一段时间里，新西兰成人教育以实现全民终身学习、优化社区服务体系为目标，取得了跨越式的发展成就，形成了从顶层设计到具体操作指南均较为完备的成人教育政策体系，成人教育机构的设立地点扩大到工作场所，成人学习机会增加，学习质量得到保障。

受国际金融危机影响，新西兰教育预算中的成人教育经费被压缩。2010 年，新西兰政府削减了 80% 的社区教育经费。与之对应，这一时期的成人教育政策也不再强调高等级素养。2010 年，新西兰发布《高等教育发展战略（2010—2015 年）》，成人基本素养教育的重要性有所下降。这一时期，

---

[1] New Zealand Ministry of Education, New Zealand Ministry of Business, Innovation and Employment. Tertiary education strategy 2014-2019[R]. Wellington: New Zealand Ministry of Education, New Zealand Ministry of Business, Innovation and Employment, 2014: 6.

新西兰的成人教育聚焦生产性培训，侧重工作场所教育和特定人群教育，致力于提高结业率与教学质量，挖掘既有政策资源，保持既有成果，这就使得成人教育与产业培训组织的合作更加紧密。政府将成人教育纳入国家资格框架，成人教育相关内容对应国家资格框架中的 1—3 级。

2014 年，新西兰发布《高等教育发展战略（2014—2019 年）》。新西兰经济逐渐复苏，成人教育需求增加，考虑到成人教育对经济发展潜力的积极影响，以经济成果为中心的成人教育战略再次成为政府的教育战略焦点。这一时期，政府致力于让更多成人劳动者获得 2 级以上的国家资格，以保持劳动力群体的基本素养水平和职业技能水平。为在成人基本素养领域落实高等教育战略相关目标，新西兰高等教育委员会制定了《表达及数学素养执行战略（2015—2019 年）》（见表 8.1）。

表 8.1《表达及数学素养执行战略（2015—2019 年）》工作分支 [1]

工作分支	目标描述	具体措施
工作分支 1	覆盖更多的个体，帮助学习者获得成功。	加大对工作场所的关注度，增加资助机会，让更多雇主参与基本素养项目；与政府各部门以及非政府机构合作。
工作分支 2	集中优势力量支持特定的学习者，帮助他们提升学习效果。	重点支持毛利人，太平洋岛裔，25 岁以下的年轻人，刚到新西兰的难民、移民、非英语母语的学生或雇员，有学习困难的成年人。
工作分支 3	确保辅导者和培训师准备充分，以帮助学习者获得成功。	加强教学资源建设和从业者专业资质建设，推进智能手机应用开发工作。
工作分支 4	对其他政府机构施加影响并争取其支持。	加强与教育部及其下属部门的交流，确保相关教育政策的制定和实施工作协调一致。

[1] Tertiary Education Commission. Literacy and numeracy implementation strategy 2015–2019[R]. Wellington: Tertiary Education Commission, 2015: 8+10-17.

在《2020年教育和培训法》与相关文件的引导下，新西兰启动了新一轮成人教育改革，明确要求扫除学习者受教育障碍，满足最广泛的学习需求，促进政府与家庭、雇主、从业人员、社区开展更多的合作，确保学习者获得工作所需的知识、技能。

二、成人教育的现状

（一）成人教育的定义和规模

1. 广义成人教育

目前，新西兰对于成人教育的定义基本遵循1997年的《汉堡成人教育宣言》相关规定，即成人教育概指成人进行的，被社会所认定的所有正式的或非正式学习。"在一个多元文化的学习社会中，成人教育既包括正规教育和继续教育，也包括形形色色的非正规学习、非正式学习和偶发学习。而且无论是基于理论的还是基于实践的学习都应得到认可。"[1] 新西兰秉持广义的成人教育观念，将成人教育视为所属社会中的所有成人为了实现个人全面发展以及有效参与社会经济文化发展，在有组织的教育活动中丰富知识、发展能力、提高技术、获得专业资格的全部过程。基于这一定义，新西兰的成人教育可被划分为多种类型。按照技能内容维度可以将其划分为两大类：一类是包含语言、表达和数学技能的基本素养教育，另一类是包含专业技能和技术技能的高级技能教育。[2] 按照教育目标可以将新西兰的成

[1] 黄健. 汉堡国际成人教育大会宣言 [J]. 成人高等教育研究，2000（2）：46-48.
[2] 马颂歌，吴刚. 新西兰成人基本素养教育二十年——政策回顾与本土借鉴 [J]. 现代远距离教育，2016（6）：20-29.

人教育分为学历教育和非学历教育两大类；按照教育管理模式可以分为正式教育和非正式教育两大类。

在新西兰，成人教育涉及的学习者群体年龄跨度较大，主要集中在基础教育后教育阶段。然而，由于对"社会所认定的成人"判定不同，各项成人教育服务和成人教育统计对年龄段的界定有所差别。就新西兰法律而言，新西兰 1970 年《成年年龄法》规定，年满 20 岁达到完全成年。就劳动力能力而言，年满 16 岁完成义务教育的新西兰人即被社会视为青年雇员，薪资受政府最低工资标准保护。因此，一些统计也将 16—20 岁完成学校教育进入劳动市场的新西兰人包含在成人教育受众之中。2020 年，新西兰 16 岁以上的劳动力人数为 284.8 万人，占新西兰人口总数的 56.03%，这些劳动力人口成为新西兰成人教育的潜在服务对象。[1]

在各年龄阶段中，25 岁及以上人口是新西兰成人教育参与人数增长最快的年龄段。2006 年，有 48% 的 25—64 岁的新西兰人正在接受正式或非正式的教育。其中，20% 的新西兰人在参与正式教育，34% 的新西兰人在参与除短期研讨会外的非正式教育，6% 的新西兰人同时参与了这两种类型的教育。在 2006 年参加非正式教育的 25—64 岁新西兰人中，77% 的人表示，出于工作原因继续接受成人教育。总体来看，参与正式教育的人数随着年龄的增长而减少，而参与非正式教育的人数在 45—54 岁这个年龄段达到峰值。[2]

2．狭义成人教育

新西兰成人和社区教育可以视为狭义上的新西兰成人教育，它以社区为基础，提供识字、算术和语言等基础技能课程，帮助早年未接受教育或经历教育失败的成年人掌握基本技能，体验成功的教育经历并学会学习。同

---

[1] 资料来源于新西兰统计局官网。
[2] 资料来源于新西兰教育部官网。

时，新西兰成人和社区教育还提供各种个人兴趣课程，帮助学习者更新已有的知识和技能。2021 年，新西兰有 23 610 人注册参与成人和社区教育（见表 8.2）。[1]

表 8.2 2021 年新西兰成人和社区教育学习者的族裔及年龄情况 [2]

族裔	18 岁以下	18—19 岁	20—24 岁	25—39 岁	40 岁及以上
欧裔	280	635	2 240	4 905	6 650
毛利人	195	245	715	2 055	2 505
太平洋岛裔	140	265	240	530	370
亚裔	30	45	165	895	1 145
其他	45	40	110	470	530

新西兰成人和社区教育提供约 7 500 个课程和项目。2021 年，最受欢迎的前三个专业为社会和文化、工程及相关技术、建筑和建造（见表 8.3）。[3]

表 8.3 2021 年新西兰成人和社区教育专业及学生人数 [4]

成人和社区教育专业	学生人数
自然科学	55
信息技术	215
工程及相关技术	4 050

---

[1] 资料来源于新西兰教育统计局官网。

[2] 为保护个人隐私，新西兰教育统计局已根据四舍五入的原则将本表中各项数据的个位数调整为 5 或 0，因而存在相加总和有出入的情况。

[3] 资料来源于新西兰教育统计局官网。

[4] 为保护个人隐私，新西兰教育统计局已根据四舍五入的原则将本表中各项数据的个位数调整为 5 或 0。同一位学生如果参与多个专业的成人和社区教育学习将被分别计入各专业数据之中。

成人和社区教育专业	学生人数
建筑和建造	3 330
农业、环境及相关研究	925
健康	2 785
教育	340
管理和商业	1 660
社会和文化	7 845
创意艺术	935
食品、接待和个人服务	1 025
混合领域	1 700
总计	23 610

（二）成人教育机构

新西兰各大教育机构，尤其是高等教育机构，都承担开展成人教育的责任。新西兰成人教育主要依托大学、理工学院、行业培训组织、私立培训机构、社区学校等教育机构，以及农村教育活动项目而开展。专门的成人教育机构与大学、理工学院等具有同等的法律地位和社会地位。

目前，新西兰的8所大学均开设成人教育项目，为有不同需要的学习者提供学历和非学历课程以及各种开放性会议研讨机会。大学将这种面向成人学习者的、区别于全日制高等学历教育的教育活动称为继续教育。在新西兰，大学在其固有学术与教学职责范围内，通过远程教育、在校教育等灵活的授课形式，为成人学习者提供学位课程、学历课程、证书课程、素养课程等。

新西兰理工学院主要向成人学习者提供职业和技术教育及培训。理工学院的课程通常以国家资格框架为依据，专业涉及工业、服务业等领域，以帮助学习者获得职业资格认证或提升技能素养为目标。理工学院还以所在城市为中心，提供面向更广泛群体的成人继续教育，如技术技能课程、文化素养课程，或为青年学习中心提供师资课程、与社区学校合作开设特色课程等。

新西兰的 11 个行业培训组织，是面向成人提供专业和技术培训的主要机构，提供短期课程培训、以获得资格认证或学历文凭为目标的模块化课程培训。在新西兰，行业培训组织承担了大部分的成人职业培训活动。[1]

新西兰的社区学校作为非学历成人教育的主要提供机构具有组织形式灵活、学习内容多样的特点。社区学校主要依托社区组织，根据社区需要和特色开设课程，由社区组织者具体落实相关教学活动。社区教育包括成人基础教育、家长教育课程、个人发展技术培训、产业工人培训等，提供的课程有移民教育课程、文化素养课程、老年文艺课程、休闲手工课程等。社区通过向社会召集志愿者或者联系专门机构的专业教师来负责社区学校的全职或者兼职授课任务。社区学校的资金主要来源于政府拨款、企业赞助和学员缴费。新西兰高等教育相关规划明确将加强高等教育机构与社区学校的联系列入新西兰成人教育战略愿景，为成人教育发展提供了持久的动力。具备广泛性与普适性的社区学校将为新西兰贯彻终身学习理念，打造学习型社会奠定基础。

不同机构的职责与侧重点虽有不同，但共同为不同年龄段的、具有不同学习程度与专业背景的学习者提供目标不同、内容各异的成人教育和相关服务。例如，新西兰的大学、理工学院、瓦南加、私立培训机构通力合作，共同为受教育者提供多样的成人教育服务并助力各社区完成既定优先发展事项（见表 8.4）。

---

[1] 马君，刘昕荷. 基于行业主导、雇主主体的新西兰职业教育与培训模式研究——以行业培训组织（ITOs）为例 [J]. 河北师范大学学报（教育科学版），2020（1）：91-100.

表 8.4 2021 年新西兰各教育机构接受成人教育的学生人数 [1]

教育机构类型	学生人数
大学	1 010
理工学院和行业培训组织	20 770
瓦南加	935
私立培训机构	970
总计	23 610

第二节 成人教育的特点

一、充分调研评估，政策制定科学化

为了真实了解成人教育状况，客观评价教育管理效果，保证成人教育政策制定的科学性，新西兰教育部联合相关研究机构和行业组织，进行深入的科学研究，广泛采集相关数据进行分析，积极征询不同群体对成人教育的意见，搭建成人教育研究体系，研发本土成人教育测评工具。在此基础上，最终形成成人教育发展报告，为成人教育相关政策的制定工作提供科学依据。例如，在综合分析年龄、性别、收入水平等因素的基础上，新西兰将提升成人基本素养的战略目标确定为：通过教育提升成人基本技能水平。在成人素养与生活技能调查中，成人基本素养被分为语篇素养、文档素养、数学素养和问题解决素养（见表 8.5）。

---

[1] 为保护个人隐私，新西兰教育统计局已根据四舍五入的原则将本表中各项数据的个位数调整为 5 或 0。同一位学生如果参与多个教育机构的成人和社区教育学习将被分别计入各类别数据之中。

表 8.5 新西兰成人素养与生活技能的类型与含义

基本素养	生活技能
语篇素养	阅读并理解连续性文本的能力
文档素养	阅读并理解非连续性文本的能力
数学素养	在多种情境中阅读并处理数学问题与数字信息的能力
问题解决素养	在无法获取问题的常规解决办法的情境中进行推理和分析的能力

为了保证教育评估的规范化，新西兰研发了本土成人基本素养评价工具——成人表达及数学素养评价工具。评价结果既可以帮助学习者追踪自学过程，记录学习成效，评估学习模式和水平，又可以将众多学习者的学习情况与素养水平进行汇总分析，形成研究报告，给不同层级的决策制定者提供参考。规范数据收集与评估过程，充分吸收专家学者的建议与意见，以科学的方法制定政策并进行论证，保证了新西兰成人教育政策制定工作的专业化与科学化。

在成人教育政策正式颁布之前，新西兰政府通常还要通过多个渠道征询民众意见。以《新西兰技能战略行动计划（2008 年）》为例，政府部门首先发布讨论稿并接收社会各界意见，社会意见的反馈形式包括线上线下的各种论坛、咨询会等，反馈时长从讨论稿发布之日起一直延续五个星期左右。社会多方参与评议，提出大量极具价值的反馈意见。在此基础上，政府部门对讨论稿进行修改和完善。最终颁布的行动计划的"说明"部分记录了这个意见咨询、讨论和修改的过程。

二、资源开放共享，教育受众多元化

资源共享的开放式学习体系是新西兰成人教育的基本特征之一。开放性是成人教育的基本特征，开放式学习是推动成人学习者参加继续教育的重要途径。新西兰成人教育秉承开放性与共享性理念，在教育制度、形式、成果认证等方面做出了一系列调整，帮助成人学习者平等地接受各种层次和不同类型的教育。

在新西兰，成人教育接纳各个年龄层次、各种学历背景的学习者，学习资源丰富，学习形式灵活。新西兰成人教育的开放性还体现在办学主体的多样性上，政府、行业企业、私立机构都可以投资开办各种类型的成人教育。

社区学院的成人教育课程会因地制宜地实施场景化教学，例如，直接在生产车间等工作场所开展现场授课，组织现场学习。随着新西兰2020年教育改革的推进，在线教学、融合式教学、移动学习等已经成为新西兰开放教育资源、推进成人教育发展的重要方式和新的途径。

资源共享的开放式学习体系为新西兰多元文化主体，尤其是少数族裔群体参与成人教育提供了便利，使他们在不同年龄段均可接受基本素养与职业技能教育培训，增加自身的劳动力市场竞争力，扩展生存发展空间。以毛利人为代表的少数族裔完成中学学业的人数比例和进入第三级教育的人数比例，远低于新西兰社会平均水平。针对这一状况，2009年，新西兰开始实施"毛利成人的学习基础"项目，提升毛利人的读写、语言和数学基本素养。该项目深入社区和各种应用场所开展情境教学，根据学习者的实际需求进行辅导。与之相似，"太平洋岛裔的教育计划"通过扩大太平洋岛裔成年人接受成人社区教育的机会，提高其参加成人读写计划的人数，缩小该群体与其他群体之间的差距。

在少数族裔群体中推广目标明确、分类合理的成人教育，是新西兰解决少数族裔受教育问题的关键路径，使少数族裔在学历资质提升方面有更多选择，受教育方式也更加灵活。

三、推进学分互认，教育服务终身化

推行"框架 + 标准"学分银行制度是新西兰成人教育的重要特征，也是新西兰能够在不同地区灵活开展成人教育的重要基础。

"框架 + 标准"学分银行制度以国家资格框架为基础，以学分认证标准为核心，依托新西兰教育体系为新西兰公民提供不同层次、不同类型的学分认证、记录与转化服务。在"框架 + 标准"学分银行制度中，学分是学习者完成结构化教育或自由进度学习及实践后，达到单元标准而获得的认证结果。理论上，学分确定依据为 10 个小时的有效学习时长，有效的学习范围包括在校学习或在线学习、实践操作、与学习相关的评估或者材料收集时间。[1]学习者获得学分后，将学分存入学分银行既可以使学分保值，又可以进行学分兑换，所有的学分获得和转化行为在教育系统中都留有记录。在国家资格框架基础上，新西兰的"框架 + 标准"学分银行制度通过允许个人将学分兑换为社会资格认证的方式，在个人发展与社会需要之间搭建了桥梁。

新西兰"框架 + 标准"学分银行由教育部授权新西兰学历认证局统筹管理，整个体系运行接受新西兰大学学术项目委员会、新西兰教育审查办公室等机构的监督。无论对学分授予方还是对学分获得方而言，每个标准都是经过市场、学术机构和政府严格论证和审核的，都与学习者的目标相对应。标准体系规定了获得相应目标资格学习者应达到的要求，这些要求又与国家资格框架中的行业与学业要求相对应。一份学分标准文件不仅包含标准说明、准入资格、佐证材料、审查要求，还会标注所对应的标准等级、标准编码、对应的国家资格框架级别。这样内容详尽的标准文件可以使学习者明确知道自己的目标所对应的学习要求，从而有计划地选择学习方式、培训课程、实践场所，在规定时限获得相应学分。

---

[1] 资料来源于新西兰学历认证局官网。

通过"框架＋标准"学分银行制度，建立负责任的现代化成人教育体制，保证公民的学习权利，提升民众的学习能力，实现成人教育平等，积极构建面向全民的终身化教育服务体系，这是新西兰成人教育事业发展的一条成功经验。成人学习者不论在何种教育机构学习，只要符合国家资格标准就可以获得相应学分。无论是全日制学习还是非全日制学习，作为学习成果量化体现的学分都可以作为一定级别知识或者技能的认证条件。学分互认制度公平对待教育结果，有利于激发成人学习者持续学习的积极性与成就感，也有利于引导成人学习者提高终身学习的意识与能力。

四、立足社会服务，办学模式市场化

积极发挥成人教育在社会服务方面的独特功能，是新西兰成人教育的又一个重要特点。新西兰的成人教育坚持市场性与公益性并重，立足区域经济与社会发展，形成了覆盖广泛的社会服务体系。新西兰的开放大学、社区学院、老年大学等成人教育机构以不同形式投入到各种社会服务之中，提供成人教育资源。

为地区培养所需人才是新西兰成人教育的一项主要任务。在成人教育的专业设置方面，新西兰高等教育委员会与成人社区教育部门会同行业专家预测和分析未来五年社会发展所需技能与知识，准确掌握专业性技能、基础性技能、地区文化传承的市场需求情况，以便使成人教育的专业设置更加合理，适应区域经济与社会发展需求。成人教育的专业发展计划制定工作遵循市场需求，并对接国家资格框架或行业需求标准。在大学开展的继续教育中，校企合作经常以定向培养的形式出现。

新西兰政府设立专门的社区教育基金和辅助基金，用以资助社区教育、少数族裔教育中心、职工教育研究中心等非营利成人教育机构，获得这类基金资助的项目多为免费教育。为突出不同地区或者不同阶段的成人教育重点，教育机构还会设置各类专项资金，这些资金来源多元，既有政府投资也有行业资金。通过设立专项资金，特定行业可通过成人教育机构面向社会招收和培训产业人员，从而实现筛选和升级劳动力的目的。为了保证成人教育资金的有效使用，新西兰高等教育委员会有权对政府教育基金的划拨、使用情况进行审核、问询和监督。

总之，在新西兰，成人教育通过教育基金、行业培训、校企合作等方式获得多元主体的广泛支持，通过开展市场导向的教育服务展现了其教育发展的开放性特征，积极拓展成人教育产业的发展空间，进一步激发了行业内部的发展活力。

第三节　成人教育的挑战和对策

新西兰成人教育发展面临社会数字鸿沟加剧、劳动力市场复杂、不公平三大问题，新西兰政府从数字鸿沟弥合、劳动力市场难题化解、投资机制改革等方面采取措施积极应对。

一、成人教育面临的挑战

（一）数字鸿沟对成人教育的挑战

在新西兰，数字技术的非均质化扩散导致数字鸿沟问题严重，由此带来的教育机会缺失和技能发展障碍的问题在成人教育领域表现得尤为突出。

新西兰成人技能调查数据显示，约有5%的受访者没有使用计算机的经验或者缺乏基本的计算机操作技能，13% 的受访者在日常生活中没有使用过计算机。[1] 相较于城市，偏远地区对普及计算机、智能手机、互联网等数字技术基础设施的需求表现得更加强烈。

然而，新西兰成人教育领域超过五分之一的专业与数字技术密切相关，国家资格框架对国民数字与信息能力的要求也逐步提高。正在逐步建立的远程网络培训体系将数字技术作为基本的学习条件，而已脱离教育体系的成人群体却不同程度地存在数字技术缺失问题，这些不利因素对成人教育造成了巨大冲击。

数字鸿沟现象在毛利人和太平洋岛裔群体中表现得尤为突出。尽管在2000—2019 年，新西兰政府多次出台针对少数族裔的数字素养提升政策，但政策实施效果一直不太明显。目前，毛利人和太平洋岛裔的数字化教学的程度较其他族裔明显偏低，硬件基础普及程度以及数字素养水平落后于全国平均水平。

总之，数字鸿沟问题是新西兰成人教育发展面临的一个巨大挑战，这一问题如果不能够及时解决，必将加大新西兰各族裔人群在成人教育发展方面的已有差距，甚至引发其他社会不平等现象。

（二）劳动力市场复杂化对成人教育的挑战

以成人为主的劳动力市场正呈现出人员结构复杂化、劳动技能复杂化以及劳动关系复杂化趋势，对现有成人教育体系提出了更高要求，给成人教育的可持续发展带来严峻挑战。

新西兰的移民政策相对宽松，2014—2020 年，年平均净移民数量为 5.6万人，超过其国民人口数的 10%。[2] 移民类型包括投资移民、团聚移民、技

---

[1] 资料来源于新西兰教育统计局官网。

[2] 资料来源于新西兰移民局官网。

术移民、创业移民四种，其中投资移民占移民总数的 60% 左右。[1] 以成人为主体的大量移民，在学历程度、专业背景、价值观念方面差异较大，有着不同的学习培训需求，因此，新西兰成人教育面临着将移民群体顺利转化为社会需要的劳动力的现实挑战。

新西兰劳动力市场对知识结构全面、技能技术高精新、学习能力强、知识更新速度快的新兴复合型人才的需求愈发旺盛。新西兰劳动局表示，新西兰在建筑、电子、工程、社会服务和商业领域均存在不同程度的技术人员短缺情况，预计这种情况短期内不会得到改善。与此同时，人工智能与自动化的普及对新西兰三分之一的工作岗位产生了重大影响，单一重复的机械工作容易被人工智能取代，产业工人的失业风险大大增加。如何帮助产业工人获得技能以适应数字自动化的新环境与新领域，是新西兰成人教育面对劳动力市场复杂化的又一个挑战。

新西兰劳动力市场复杂化所提出的人才需求多样性、知识更新加速、技能和学习能力提升等方面的要求，反映出成人教育供给不能满足劳动力市场需求的现实困境。在这种情况下，新西兰成人教育功能性风险大幅增加，面临着学习成果失效、学习积极性下降与吸引力进一步减弱的严峻挑战。

（三）成人教育公平性的挑战

目前，新西兰成人教育面临的另一个挑战是教育的市场化导致教育公平政策无法得到有效落实，而这影响了成人教育的社会效益。

新西兰的成人教育在受教育机会方面还存在不公平现象。在新西兰，参加成人教育的人群中具有基础教育及以上学历且拥有中等以上收入的人群比重最大，而受教育程度和收入水平更低且对教育需求更为迫切的群体

---

[1] 资料来源于新西兰移民局官网。

往往参加成人教育的机会更少。移民、难民、少数族裔、女性、残疾人等群体，因为身份或者学费等原因而处于不利地位。新西兰政府已经认识到，参加成人教育是改善这些群体工作状况和生活质量的一条重要途径。如何为这些群体提供公平的受教育机会，以及如何增加成人教育学习群体获得新工作的机会，是新西兰成人教育发展面临的一项新的挑战。

二、成人教育的应对策略

（一）加强基础设施建设，提升成人数字素养

新西兰在政策引导、教育推广、技术支持、社会服务等方面制定了一系列行动计划和具体方案，破解由数字鸿沟带来的制约成人教育发展的硬件接入、软件使用、知识更新等一系列困难与挑战。

为推动成人教育领域数字化建设，新西兰政府积极推进超高速宽带网络部署计划，超高速宽带网络覆盖率从 75% 提高到 80%。[1] 针对偏远地区或少数族裔聚集区，政府启动农村地区宽带计划和毛利会堂数字连接计划，进一步加强区域网络基础设施改造工作，优先解决数字化硬件问题。2018年，新西兰发布《学生公平数字接入计划》，为包括成人学习者在内的全部学生提供公平而非均等的数字连接机会和信息化学习机会，推动实现境内互联网基本普及的目标。此举有效降低了数字访问成本，使成人学习者享有可负担的数字设备和服务。

2019 年，新西兰政府正式发布《数字包容蓝图》，提出了数字包容愿景与发展目标，制定了数字包容的行动计划和具体实施方案。该蓝图倡导成

---

[1] 资料来源于新西兰公众影响中心官网。

人教育机构提供多层次、多类型的数字技术教育培训，提升学习者数字素养，从而弥合数字鸿沟、增强成人教育对社会的数字服务功能。新西兰通过将数字素养写入国家资格框架，以及开设专门的数字素养课程等具体措施，积极开展成人数字素养提升教育；通过推广普及数字技能，帮助成人学习者掌握基础技术，熟悉关键领域，提升创新能力。[1]

在大力发展数字技术、提升成人数字素养的同时，新西兰还密切关注成人网络安全。新西兰政府组建了数字安全小组，要求成人教育在实现数字化跨越的同时，完善网络监管体系，提高成人群体的网络安全意识，提升成人群体安全使用网络、避免网络欺凌、识别虚假信息的能力。[2] 这些政策措施有利于推进成人教育数字化建设，营造安全的成人教育数字化发展环境。

（二）提高成人终身学习能力，完善终身教育体系

新西兰劳动市场的复杂化对劳动者知识和技能的迭代能力提出了更高要求。劳动者只有及时主动更新知识技能，才能有效应对因人员、技术、劳动关系变化而带来的各种挑战。在此背景下，新西兰成人教育在遵循教育规律的基础上，从市场需求出发，主动适应环境变化，做出积极调整，强调增强成人学习者的终身学习能力。

国家资格框架将终身学习能力分解为模块嵌入到成人教育培养体系中，引导成人学习者通过基本素养的学习、专业技能知识的学习，提高自身的抽象推理能力、问题解决能力、沟通合作能力等。

新西兰致力于提供开放的成人教育资源，这些资源包含基本素养教

---

[1] 资料来源于新西兰数字政府官网。

[2] 卜森. 国外数字包容政策与实践进展研究——以英国、新加坡、新西兰为例 [J]. 数字图书馆论坛，2022（7）：51-58.

育、专业技能教育、大众社区教育等。成年学习者通过个人账户登录开放平台获得学习资源，实现各种情境下的学习自由。开放平台记录学习过程并认证学习成果。在新一轮的教育改革中，新西兰希望构建统一的教育资源开放平台，使远程开放学习资源更加丰富，让成人教育更好地服务于经济和社会发展。

（三）加大公共资源投资，保障成人教育的公平性

在新西兰，与投资收益率更高的教育产业相比，成人教育有着更强的公共资源属性，对提升公民素质与实现社会公平有着重要作用。成人教育的公平性关乎弱势群体、社会边缘群体的基本利益和发展空间，公平的成人教育有利于增强社会凝聚力，保持社会和谐稳定。在市场化环境下，新西兰政府充分考虑成人教育的公共资源属性，精准帮助弱势群体。

在新西兰，成人教育的投资主体是多元的，政府、行业、民间组织、企业与个人都可以投资成人教育。为了进一步增强成人教育投资的稳定性，新西兰政府向公众发行专门的债券，以多元化收入支持成人教育的开支。同时，作为技术劳动力的需求主体，各行业雇主也正在成为新西兰成人教育的重要投资者。新西兰政府鼓励雇主参与成人教育，例如，雇主主动推荐的劳动者参加成人教育时将减免学费；政府还按照雇主对成人教育支持的力度给予企业政策优惠。这些措施有利于调动公共资源投资成人教育，进一步保障成人教育的公平性。

第九章 教师教育

拥有一支高质量的教师队伍，是新西兰教育能够高效发展的重要原因之一。而高质量的教师队伍得益于高质量的教师教育体系。新西兰不仅具有成熟的职前培养体系以及以实践为导向的入职指导制度，还拥有完善的在职培训制度。职前在职一体化的教师教育体系和分工明确的教师教育管理体系，共同为新西兰高质量的教师教育提供了坚实保障。

第一节 教师教育的发展和现状

一、教师教育的历史沿革

从 19 世纪的教师培训学校，到 20 世纪独立的教育学院，再到高等教育机构里的师范院系，新西兰教师教育的机构设置与培养体系不断发展完善，逐步走向成熟，形成了自己的独特风格。

19 世纪末，为适应国民教育发展的需要，新西兰教师教育制度得以创设。1876 年，新西兰第一所教师培训学校在达尼丁创建。

《教育法（1877 年）》的颁布促进了初等教育的普及，以神职人员为主要教育者的宗教教育已不能满足社会需求。为了缓解初等教育普及所带来的师资压力，坎特伯雷、惠灵顿、奥克兰等地纷纷开设师范学校及其他师资培训学校以培养小学教师。除了创办学校之外，这一时期，新西兰还引入了类似于导生制和师徒制相结合的"师范生制度"。[1] 为了满足普及中等教育的师资需求，新西兰的教师教育机构逐步开启了由培训学校向培训学院再向师范学院转变的过程。到1964年，新西兰已拥有9所培训学院。20世纪80年代，一些培训学院陆续更名为教育学院，培训范围不断扩大，教育质量不断提升。这一时期，新西兰小学教师的培养内容由两年的专业学习和一年的实践实习两部分组成，后来，两年制的专业学习延长为三年。中学教师的培养方式不同于小学教师，学生需要先通过大学入学考试，然后在大学完成数学、艺术等专业学习，最后到培训学院学习一年跟所学专业相关的教师教育课程。培训学院与大学合作开展教师教育，是这一时期新西兰教师教育的显著特点。

1989年之后，新西兰的大学、理工学院、私立培训机构相继介入教师教育，教育学院为了增强自身竞争力纷纷与大学合并。教育学院和大学的合并可以充分利用大学的科研优势，为教师的专业发展提供优质教育资源。与此同时，教育学院也在实践课程的开发和实施中积极寻求与中小学的合作，更加注重提升未来教师的教学实践能力。

二、教师教育的现状

（一）职前教师教育阶段

职前教师教育是新西兰教师教育的第一个阶段。有志于从事学前教育

---

[1] 资料来源于新西兰百科全书官网。

和基础教育阶段教学工作的人员，需要在有培训资质的职前教师教育机构修习相关课程，取得相应学位或文凭。在新西兰，获得学前教育教师或小学教师资格通常需要三年以上的全日制学习，获得中学教师资格通常需要四年以上的全日制学习。

1. 教师教育机构

《教育法（1989 年）》颁布后，新西兰政府开始引入市场竞争机制，鼓励更多的教育机构进入教师教育市场，教育学院垄断教师教育的局面被打破，新增的教师教育机构包括大学、理工学院、瓦南加、私立培训机构等。

2005 年，教育学院承担了新西兰 21% 的职前教师教育培养任务。[1] 然而，随着新西兰教师教育体制的转型，这些独立设置的教育学院于 2007 年全部并入大学之中。各大学新组建的师范院系既沿袭了此前独立教育学院重视教育实践的传统，又充分利用大学在学科建设与科研方面的优势，逐渐成为新西兰教师教育的主力军。2020 年，大学承担了新西兰 63.8% 的职前教师教育培养任务（见表 9.1）。[2]

表 9.1　2020 年新西兰各教育机构的职前教师教育学生人数及占比

机构类型	学生人数	占比
大学	2 665	63.8%
理工学院	395	9.5%
瓦南加	170	4.1%
私立培训机构	945	22.6%

[1] 资料来源于新西兰百科全书官网。

[2] 资料来源于新西兰教育统计局官网。

部分理工学院也承担了教师教育任务。理工学院基本以就业为导向，但其职前教师教育课程以学士学位课程为主。目前，开设职前教师教育课程的理工学院主要有东部理工学院、马努考理工学院等。2020 年，理工学院承担了新西兰 9.5% 的职前教师教育培养任务，所占比例较之以前有较大提升。[1]

根据新西兰《2020 年教育和培训法》，瓦南加被正式认定为高等教育机构。瓦南加为毛利学校培养师资，促进毛利人习俗、语言、知识的传承与发展。

私立培训机构也可提供职前教师教育，这类机构主要有新西兰高等教育学院、新西兰幼儿教育师范学院等。私立培训机构的职前教师教育课程大多以学前教育为主。2020 年，在私立培训机构接受职前教师教育的人数占职前教师教育总人数的 22.6%。[2]

2．教师教育项目数量

近年来，新西兰职前教师教育机构和培训项目的数量没有太大波动，2005 年分别为 31 家和 85 个，2021 年分别为 27 家和 94 个。在学前教师职前教育领域，2005 年有 3 种学历资格类型 35 个培训项目，2021 年则有 4 种学历资格类型 32 个培训项目。在小学教师职前教育领域，2005 年有 3 种学历资格类型 34 个培训项目，2021 年则有 4 种学历资格类型 41 个培训项目。在中学教师职前教育领域，2005 年有 3 种学历资格类型 16 个培训项目，2021 年则有 3 种学历资格类型 21 个培训项目，且全部为四年制及以上的文凭或学位。相较于 2005 年，2021 年职前教师教育机构所提供的项目学历水平大大提升，增加了研究生文凭和硕士学位的项目。2021 年，在学前、小

---

[1] 资料来源于新西兰教育统计局官网。

[2] 资料来源于新西兰教育统计局官网。

学、中学阶段的职前教师教育培训项目中，研究生文凭以上学历的项目比例分别为 12.5%、24.4%、38.1%，中学职前教师教育项目绝大多数都是学士后文凭以上的项目（见表 9.2）。[1] 培养项目学历水平的提升在一定程度上代表所培养教师受教育程度的提高。

表 9.2 2005 年与 2021 年新西兰教师教育项目数量

单位：个

项目类型	学历类型	2005 年	2021 年
幼儿教师教育	文凭	20	0
	学士学位	11	19
	学士后文凭	4	9
	研究生文凭	0	1
	硕士学位	0	3
小学教师教育	文凭	6	0
	学士学位	20	24
	学士后文凭	8	7
	研究生文凭	0	5
	硕士学位	0	5
中学教师教育	学士学位	3	0
	双学士学位	3	0
	学士后文凭	10	13
	研究生文凭	0	4
	硕士学位	0	4

[1] 资料来源于新西兰教学委员会官网。

3．培养层级及招生规模

国家资格框架将学历由低到高分为 10 个等级，其中 1 级最低，10 级最高。新西兰的教师教育培训项目包括学士学位、学士后文凭、研究生文凭、硕士学位，分属于国家资格框架的 7—9 级，满足不同层次教师培养与学生发展需求。

在新西兰，学士学位在国家资格框架中处于第 7 级。其中，教学学士学位学制三年，主要培养学前教育教师和小学教师。教学学士学位课程有严格的入学条件，申请者须拥有良好的品行，具备在高等教育机构学习的知识和能力，如持有国家教育成就证书（3 级）等。接受申请的教师教育机构对申请者进行甄别，并进行严格的面试。

学士后文凭也属于国家资格框架第 7 级。其中，教学学士后文凭学制一年，招收拥有第 7 级学士学位的学生。这种"3+1 年"模式的教师教育类型适合学士学位课程并非职前教师教育项目但有意向进入教师行业的学生。

研究生文凭属于国家资格框架第 8 级。教学研究生文凭学制一年，主要招收相关专业获得学士学位、学士后文凭，或具有同等技能和知识水平的学生，期望担任中学教师的学生还必须具有相关科目或课程的 5 级或以上资格。

硕士学位属于国家资格框架第 9 级。在新西兰，申请教学硕士，首先要获得学士学位（取得研究生文凭后可以直接申请硕士学位）。相较学士后文凭和研究生文凭来说，硕士学位的学术性更强，在培养专业实践能力的同时，重视培养学生的学术能力和探究技能。

新西兰的教师教育培训项目非常灵活，能满足不同层次的培养需求。各个项目既相对独立又互相衔接，每完成一个阶段的学习后，学生既可以申请临时执业证书，也可以在此基础上进一步学习，获得更高级别的学历或学位。

新西兰教育部把提高职前教师教育质量视为提升教育系统整体质量的核心战略，2016—2021 年，新西兰职前教师教育的注册学生人数稳中有升。同 2020 年相比，2021 年首次注册职前教师教育课程的国内学生人数大幅增加，达到 5 235 人，其中，申请学士学位项目的有 2 755 人，申请学士后文凭项目的有 2 015 人，申请研究生文凭项目的有 210 人，申请硕士学位的有 280 人（见表 9.3）。[1]

表 9.3 2016—2021 年新西兰不同学历类型职前教师教育注册学生人数 [2]

学历类型	2016 年	2017 年	2018 年	2019 年	2020 年	2021 年
学士学位	2 185	2 235	2 450	2 460	2 315	2 755
学士后文凭	1 385	1 395	1 520	1 600	1 625	2 015
研究生文凭	25	20	25	25	75	210
硕士学位	235	270	300	265	150	280

相较于 2020 年，2021 年新西兰各教育阶段职前教师教育注册学生人数都有一定的增长。其中，学前职前教师教育学生由 1 355 人增至 1 650 人，小学职前教师教育学生由 1 920 人增至 2 405 人，中学职前教师教育学生由 890 人增至 1 155 人。2021 年，各阶段首次注册国内教师教育课程的学生人数均为 5 年来的峰值，中学职前教师教育学生人数增长尤为明显。与 2016—2021 年的最低值相比，2021 年，学前职前教师教育学生增加了 33.1%，小学职前教师教育学生增加了 37%，中学职前教师教育学生增加了 42.6%（见表 9.4）。[3]

---

[1] 资料来源于新西兰教育统计局官网。

[2] 为保护个人隐私，新西兰教育统计局已根据四舍五入的原则将本表中各项数据的个位数调整为 5 或 0。"资质类型未知"选项的数据并未体现在表格中，但却包含在总计中。表 9.4 同。

[3] 资料来源于新西兰教育统计局官网。

表9.4 2016—2021年不同层级职前教师教育资格注册学生人数

教师教育层级	2016 年	2017 年	2018 年	2019 年	2020 年	2021 年
学前	1 255	1 240	1 315	1 440	1 355	1 650
小学	1 755	1 770	2 055	2 025	1 920	2 405
中学	810	900	905	880	890	1 155
未知	15	10	30	10	10	40

4．课程设置及实习时间

新西兰职前教师教育课程以《创建一个公平的、面向未来的教师教育体系》为指导，力图让所有职前教师教育毕业生都能胜任他们的工作，并具备继续学习和应对未来挑战的能力。职前教师教育机构自主设置课程，审批小组对拟定课程进行审批。教师教育课程一般包括教育研究、课程研究、专业实践三部分，不同层次的培养计划略有不同。

学前教师教育课程的培养目标是使学生获得支持儿童发展的知识和技能，了解多元文化并具备一定的国际视野。在新西兰，学前教师教育课程大都围绕儿童发展开设，如婴幼儿教育学、幼儿教育研究方法、课堂管理等。有些课程设置则更加综合，反映了《编席子：早期儿童教育课程（2017年）》的整体哲学思想。新西兰重视通过专业实践课程为未来的学前教育教师提供教学技能。从第一个学年开始，每个学年都设有专业实践课程，所有学生都必须完成课程要求的全日制现场实习。专业实践课程一般由实习和探究性学习两部分组成，要求学生在真实的学前教育环境中体验。

小学教师教育课程目标是使学生理解新西兰国家课程，掌握教学技能，未来能够支持不同学习者的发展，应对不断变化的世界。由于大部分新西兰小学教师都是全科教师，因此小学教师教育课程的学生必须熟悉全部的国家课程，主要内容包括数学与统计教育、语言和读写教育、艺术教育、科技教育、健康与体育、教育与社会史、发展学习社区、毛利语、太平洋岛裔教育与多样性、全纳教育及其他理念等。小学教师教育课程的每个学年都会安排专业实践，学生需要把所学知识应用于不同类型的小学工作之中。

与小学教师教育课程相比，新西兰中学教师教育课程更加强调学科深度，学生从初中和高中国家课程中选择一个或两个科目深入学习。中学教师教育课程目的在于提高未来教师的专业知识并锻炼他们的教学技能，使其有能力教授一至两门中学课程。中学教师教育课程设置紧紧围绕《教师专业标准》，设有教育教学理论、实践研究、毛利文化研究等课程。

2019 年，新西兰公布《职前教师教育计划批准、监测和审查要求》，强调教师教育要进一步重视教学实习，增加了实习的最低时间要求。一年制和两年制课程教学实习时间从 70 天增加到 80 天；三年制或更长时间的课程教学实习时间从 100 天增加到至少 120 天。[1] 增加实习时间的目的是为学生提供更多的实践机会，使他们在了解教育实践现状的同时提升教师素质与实践能力。在新西兰，大部分项目的实际实习时间都超过了最低要求。2021 年，在新西兰 57 个获批的教师教育项目中，有 35% 的项目的实习时长达到最低要求，44% 的项目超过最低要求时间 1%—10%，5% 的项目超过最低要求时间 11%—25%，7% 的项目超过最低要求时间 26%—50%，接近 9% 的项目超过最低要求时间 50% 或更多（见表 9.5）。就不同教师教育层次而言，67% 的学前教师教育课程、68% 的小学教师教育课程、57% 的中学教师教育课程的实习时间都超过了最低标准要求。[2]

[1] 资料来源于新西兰教学委员会官网。

[2] 资料来源于新西兰教学委员会官网。

表9.5 2021年教师教育课程实习时间达标情况

单位：个

课程类型	恰符合最低要求	超过最低要求1%—10%	超过最低要求11%—25%	超过最低要求26%—50%	超过最低要求51%或更多
学前教师教育课程	6	9	1	1	1
小学教师教育课程	8	11	1	2	3
中学教师教育课程	6	5	1	1	1

（二）教师专业成长阶段

1．入职指导阶段

职前教师教育是新西兰教师教育的第一个阶段，完成职前教师教育课程的毕业生需要完成教师注册步骤，教师注册永久有效。根据新西兰《2020年教育和培训法》和《教师注册要求》，成为注册教师的要求包括：持有经过批准的新西兰职前教师教育资格（国家资格框架7级或以上）；遵守《职业责任守则》；在身体和精神上都能够安全、称职地履行教学职责；通过警察的审查；能够用英语、毛利语熟练沟通，并致力于发展毛利语等。完成注册步骤后，教师可以申请临时执业证书。临时执业证书适用于所有从职前教师教育培训项目毕业的新西兰新手教师，以及所有寻求在新西兰注册的海外培训教师。临时执业证书的有效期为五年，新教师必须在五年内完成学校提供的为期两年的入职指导计划。临时执业证书作为阶段性过渡证书，有利于保障正式执业教师的质量。

入职指导是新西兰教师教育的第二个阶段。新西兰教师入职指导制度始于 20 世纪 70 年代的《希尔委员会报告》。《希尔委员会报告》倡导将职前教育、入职指导、在职培训三个独立阶段统一起来，并主张成立一个国家机构专门负责教师教育评估工作以保证教师教育的持续发展。[1] 根据新西兰教学委员会的规定，持有临时执业证书的教师，必须进行两年的入职教育和培训才有资格申请正式执业证书。2011 年，新西兰发布了《入职指导指南》，旨在为临时执业教师最初几年的教育实践提供支持，使他们能够顺利成长为正式执业教师。新西兰政府提供全国教师入职补助金，用于新手教师的招聘和指导工作，使新手教师有机会接受经验丰富的教师的具体指导。新西兰政府还为指导教师设立了指导教师津贴项目，通过为有经验的教师提供津贴来鼓励他们在教学时间内与新手教师一起工作，为新手教师提供示范和指导。

为支持临时执业教师接受入职指导，《教师集体协议》为临时执业教师提供高质量减免福利：第一年工作量减少 20%，第二年工作量减少 10%，减少的工作时间用于临时执业教师的提升学习。入职指导的活动类型包括参与校长和有经验教师召开的座谈会、接受校长和经验丰富教师的监督、与其他教师合作等。入职指导相关活动对新教师的教学实践能够产生积极影响，参加过的教师往往表现出更高水平的自我效能感和工作满意度。[2]

为了应对某些专业技能职位师资短缺情况，新西兰教师资格认证制度中设有临时教师资格认证制度。这种有限教学授权制度可以使没有教学资格的人在师资短缺的职位上临时任教，如某些紧缺的器乐教师或语言教师，使教师资源配置更加灵活，及时满足一些学校的迫切需求。

[1] 李英，陈时见. 新西兰初任教师入职教育的实施策略与基本经验 [J]. 比较教育研究，2011（11）：15-20.

[2] OECD. TALIS 2018 results (volume I): teachers and school leaders as lifelong learners[M]. Paris: TALIS, OECD Publishing, 2019.

2．专业成长周期

专业成长周期是新西兰教师教育的第三个阶段，也是最能体现新西兰教师教育的终身教育理念的一个阶段。教师专业成长周期制度由新西兰教学委员会制定，是促进教师个体自主学习、支持教师自我反思、给予教师高度信任的一种在职教师教育制度。为了使教师能够适应不断变化的教育环境，激发教师持续学习的热情，新西兰教学委员会规定，教师必须每三年更新一次自己的正式执业证书才能继续从事教学工作。正式执业证书分为正式执业证书（第一类）和正式执业证书（第二类）两种，更新执业证书需要满足以下要求：在过去五年内完成了至少两年的不间断教学；在过去三年中专业发展令人满意；符合《职业责任守则》中的教师角色期望。教师专业成长周期强调理解和实践《职业责任守则》《教师专业标准》《怀唐伊条约》精神，在尊重与合作的环境中强化教师的日常教学实践能力，支持教师进行教学反思，提倡教师参与协同合作。整个周期分为计划设计、协作与实施、反馈三个阶段。教师既是计划的制定者，也是计划的实施者，校长和专业负责人要与教师一起学习和探究，促进教师的专业成长，达成高质量教学的目标。

为了更好地推行教师专业成长周期制度，《2020年教育和培训法》取消了对教师的绩效考核，以便减少教师的工作量，使其有足够的精力专注于自身专业发展。《2020年教育和培训法》要求所有教师都必须参加专业成长周期活动以代替原来的绩效评估。教师利用非教学时间参加网络研讨会或线下演讲活动，了解教育环境中的各种变化并分享他们的见解和愿望，了解在教育环境中应该如何工作、怎样满足《教师专业标准》的要求。校领导每年会确认每位教师是否完成年度专业成长周期相关学习，并基于对教师日常教学实践的了解，判断教师是否符合更新正式执业证书的要求。

除了临时执业证书和正式执业证书，重返新西兰教学执业证书也被

《2020 年教育和培训法》和《教师注册要求》定义为新西兰教师执业证书类型之一。该证书适用于已获得正式执业证书但证书过期，且未完成教学实践的新西兰注册教师。新西兰政府为了帮助教学经验有限或失去教学岗位的教师重返职场，设置了教育更新计划。新西兰还积极推行海外教师招聘计划，经过培训的、符合条件的海外教师或者回国的新西兰教师，有资格获得一定的海外搬迁补助金。根据这些教师缺课时间的长短，新西兰教学委员会制定了初级教师实践计划、重返实践计划、教师教育更新计划三种计划，旨在确保所有教师不脱离当前教学环境，掌握最新课程知识、教学方法、教学理念。

第二节 教师教育的特点

一、科学合理的教师教育培训理念

（一）实践取向理念

新西兰教师教育的实践取向理念历史悠久，贯穿于教师职业生涯的全过程。早期教师教育主要为导生制和师徒制，学生在教学实践中学习。自培训学校产生至今，教师教育的学习活动主要由两部分组成：一是在培训学校或教育学院的专业理论学习，二是在合作学校的教学实习。实践取向的教师教育理念认为实习既可以丰富学生的教育实践经验，又可以帮助学生更好地理解教育理论，是职前教师教育的重要组成部分。

新西兰政府积极采取措施鼓励学前教育机构、中小学校、社区成为教师教育的合作伙伴，为教师教育提供专业实践的便利。在新西兰，学校会选择一名具有正式执业证书的优秀教师作为学生的实践导师。实践导师根据学生的具体情况，为其制定个性化的实践计划，包括个人的教学活动、参加研讨会、定期观察同事的教学实践等内容。教师入职之后，还需要在实践中不断积累技能和经验，进行自我学习和反思，以满足《教师专业标准》和定期更新教师执业证书的要求。

（二）多元文化理念

新西兰教学委员会在制定教师教育计划时，把培养毛利语教师作为一项重点工作，既设置英语和毛利语并行的双语项目，又设置专门的毛利语项目。在新西兰，多元文化理念已经成功融入教师教育课程体系，即使是常规的教师教育项目也设有专门的毛利文化课程。多元文化理念的教师教育使未来的教师不论是在毛利语学校还是在其他学校工作都能够认可毛利语言文化，愿意为促进毛利语言文化的持续发展做出贡献，极大地提升了未来教师的文化包容性和适应性。

《职业责任守则》确立了新西兰教师职业伦理的基本原则。基于《职业责任守则》，教师应承诺：在学习环境中践行《怀唐伊条约》相关精神；认识到学生及其家庭在语言、文化、身份等方面的多样性；承认毛利学生的公民身份并支持他们的教育愿望。在注册和申请临时执业证书时，教师须遵守《怀唐伊条约》相关要求。在更新执业证书时，教师运用毛利语的能力和尊重毛利人生活方式及其社会地位的情况被列为考核内容。所有教师都须终身致力于学习和传承毛利语言文化，以便提升在教学实践中与不同文化背景学生沟通的能力。

（三）终身教育理念

新西兰教师教育强调教师应终身学习以满足不断变化的社会环境，重视教师的可持续发展，不断为教师提供专业成长的机会，成功建立起一套职前在职一体化的教师教育体系。

目前，新西兰教师教育要求教师整个职业生涯都要有机会学习新的教学方法，分享好的实践经验，并获得有关专业领域的新知识。为了促进教师的终身发展，新西兰通过提供丰富的线上学习资源、增进教师和学习社区之间的关系等方式为教师提供支持。

为了更好地帮助教师实现终身发展，新西兰为教师提供的专业发展培训内容丰富，涉及跨学科的教学技能、多文化或多语言环境下的教学能力、学校管理和行政能力、针对特殊需求学生的教育技能、个性化教学方法的运用能力、信息和通信技术教学技能等方面。

二、特色鲜明的教师教育管理架构

1989 年以后，新西兰对教育管理部门的组织结构进行了调整，教师教育由集中管理转向市场化和专业化管理。原来集中于教育部的教师教育管理权下放给新西兰学历认证局、新西兰教学委员会等多个独立机构。

新西兰教育部主要负责教师教育的宏观调控工作，通过预测教师的供需情况为职前教师教育招生提供参考，为教师发展提供支持，促进教师和校长的专业成长等。新西兰学历认证局负责所有职前教师教育项目的资格认证工作，确定学生应该具备的知识和经验，提供与职前教师教育资格证书相关的教育或就业信息，评估和审查提供职前教师教育项目的私立培训机构等。

新西兰教学委员会具有较大的教师管理权和监督权。《2020 年教育和培训法》规定，新西兰教学委员会的职责为通过制定教师专业标准，确保教师有能力开展高质量、高标准教学。新西兰教学委员会理事会由 13 名委员组成，其中 7 名成员为来自不同教育阶段和领域的教学工作者。这样的人员构成使新西兰教学委员会能够了解不同教育阶段教师的需求，有利于保证相关政策的公平性、有效性和可行性。

为了使教师教育政策的制定工作更加专业、高效，新西兰教学委员会设置了职前教师教育咨询小组、毛利语咨询小组等多个专业咨询小组。每个咨询小组都由相关专业人士组成，他们围绕某一个主题开展调研并提出对策建议，为新西兰教学委员会提供政策咨询，使教师教育课程设计、学生评估方式发生了重大转变。2020 年，新西兰教学委员会发布了《教师注册要求》，针对教师注册、申请执业证书等事宜提出具体要求。为了进一步提升教师地位，促进教师专业化发展，新西兰教学委员会还颁布了《职业责任守则》和《教师专业标准》，规定了每位教师都应遵守的道德行为标准和教学专业标准，并以此作为新西兰教师的评估标准。

当前，新西兰已经形成了以教育部、新西兰学历认证局、新西兰教学委员会为主体，各部门分工协作的教师教育管理系统，其高效运作为教师教育发展提供了保障。

三、统一完备的教师教育评估体系

2015 年年底，新西兰针对职前教师教育计划进行了一次全面审查。为解决此次审查发现的毕业生成果评估缺乏一致性的问题，以及职前教育重理论、在职教育重实践的问题，相关部门建议引入一种新的评估框架，以实现教师教育的一体化。2018 年，新西兰在《教师注册要求》的基础上制定了《教师专业标准》。

一方面，《教师专业标准》是新西兰职前教师教育开展、评估的重要政策依据。《职前教师教育计划批准、监测和审查要求》明确规定，职前教师教育机构制定的课程框架必须符合《教师专业标准》的要求，证明他们开发的职前教师教育计划和《教师专业标准》之间存在对应关系；每位新教师须通过完成教学实践和各种评估任务来证明自己达到《教师专业标准》。

另一方面，《教师专业标准》同样是新西兰在职教师教育开展、评估的重要政策依据。校领导将结合《教师专业标准》、儿童早期教育服务战略计划、评估管理系统等，为新手教师制定入职指导计划。在入职教育结束时，校领导根据教师表现判定新手教师是否达到《教师专业标准》要求，是否达到获得正式执业证书的条件。《教师专业标准》还是专业成长周期评估工作的重要依据。申请更换教师执业证书时，教师需要提交相关证明，证明自己符合《教师专业标准》的相关要求。

实践证明，以《教师专业标准》为核心的统一完备的教师教育评估体系注重职前在职教育一体化，强调教育理论与实践的融通，关注教师的自我反思、专业发展与终身教育。这是新西兰教师教育体系的显著特征和重要经验。

四、教学与领导并重的教师能力发展理念

促进教师教学能力和领导能力的共同发展，是新西兰教师教育一条行之有效的成功经验。在长期的教育管理过程中，新西兰教育部发现学校自治权的有效发挥同时依赖于学校董事会、校长以及教师的管理能力，因此需要在更加广泛的范围内提升教育从业者的领导力。基于这一认识，新西兰将优质教学和领导力列为《国家教育和学习优先事项》的五个总目标之一。2018年，新西兰教学委员会发布《新西兰教师职业的领导力战略》。《新西兰教师职业的领导力战略》旨在通过提升学前教育和基础教育教师的领导力促进教育公平、提高教育质量。《新西兰教师职业的领导力战略》的

独特之处在于它将领导视为一个系统而不是一个层次，认为无论是在课堂上还是在其他更为广泛的教育场域中，所有的教师都可以并应该发挥领导作用。

同时，《新西兰教师职业的领导力战略》还致力于建立和维护一种能够顺利开展集体工作的文化氛围。长期的学校改革实践证明，校长和所有教师是否具有领导力，是学校能否成功开展自我管理工作的关键。《新西兰教师职业的领导力战略》为学校管理者和教师的领导力培养工作提供了一个指导性框架。该框架将教师职业的领导力细化为9个方面：第一，建立和维持与学生的信任关系；第二，以《怀唐伊条约》为基础，确保教师正确理解新西兰文化遗产；第三，建立具有领导力的团队；第四，具有战略性思维和规划能力；第五，评估相关实践活动；第六，合理管理资源，实现教育愿景和目标；第七，注重领导者自身的发展；第八，确定团队价值观，践行乐观主义，具有能动性和韧性；第九，为组织外的教育事业做出贡献。[1]

《新西兰教师职业的领导力战略》从最初的培训到后续的教学领导实践阶段，为从业者提供了全面支持，使其都能够持续不断地获得高质量的领导力学习和实践机会。《新西兰教师职业的领导力战略》提供了大量反思性问题和相关案例，接受培训的教师可根据自己的情况选择学习和实践的具体内容。

---

[1] 资料来源于新西兰教学委员会官网。

第三节 教师教育的挑战和对策

一、教师教育面临的挑战

（一）师资队伍出现结构性短缺情况

总体上，新西兰中小学教师数量相对充足；但是，新西兰学前教育、特定学科和特定语言的教师仍存在一定缺口，呈现出一定程度的结构性短缺现象。

2021 年，新西兰教育学院在一项调查中发现，教师短缺正在对学前教育的健康发展产生重大影响，一些学前教育机构无法达到所要求的生师比，教学质量和保育质量难以保障，教师的身心健康受到影响。[1]

特定学科教师存在供需不平衡的问题。随着网络技术在教学中的普遍应用以及国家课程对学生网络素养的重视，新西兰对网络技术教师的需求大增。2020—2021 年，各教学科目参与教师教育人数占比下降最大的是科学和艺术，其中科学由 21% 下降到 18%，艺术由 18% 下降到 13%，这势必会影响到师资结构的稳定性。[2]

（二）职前教师教育对学生实践能力培养重视度不够

新西兰近期出现职前教师教育理论与实践失衡现象。新西兰《发展面向未来的初任教师教育的战略选择》指出，学校越来越愿意招聘有实践经

---

[1] BENADE L, DEVINE N, STEWART G. Is our schooling system broken?[J]. New Zealand journal of educational studies, 2021(56): 1-4.

[2] 资料来源于新西兰教育统计局官网。

验的教师而不是应届毕业生。

新西兰教育界对于教师教育存在一种担忧，认为职前教师教育越来越学术化，致使新手教师缺乏管理班级和教学实践的技能，这也是越来越多的学校不愿意聘请新手教师的重要原因。职前教师教育的课程设置与教学如何能够在教育理论和教学实践之间达成动态平衡，确保新手教师未来能够快速适应教学工作，是当前新西兰职前教师教育发展面临的一个挑战。

（三）跨文化背景的教师队伍培养面临较大压力

如何培养出一支具备跨文化背景的优质教师队伍，以解决不同族裔、不同文化背景学生之间存在的学业成绩差异过大问题，是新西兰教师教育面临的又一个现实挑战。

为了应对学生在学业成就方面存在的巨大差异问题，新西兰教育部早在 2010 年就成立了教育劳动力咨询小组。咨询小组建议建立一支能够应对学生群体多样性的教师队伍，希望职前教师教育提供者能够培养出跨越不同文化背景的新型教师。[1] 咨询小组认为具有多元文化背景的教师能够平等对待和尊重所有学生，促进学生的全面成长，更好地消除他们之间的学业成就差距。

2021 年，首次参加毛利语职前教师教育的人数较 2020 年减少了 20%，仅有 200 人（见表 9.6）。[2] 这一情况如果得不到改善，未来毛利语教师的数量就很难得到保证。

---

[1] HENG L, QUINLIVA K, DU PLESSIS R. Exploring the creation of a new initial teacher education (ITE) programme underpinned by inclusion[J]. International journal of inclusive education, 2019(10): 1017-1031.

[2] 资料来源于新西兰教育统计局官网。

表 9.6 2016—2021 年参加毛利语职前教师教育的人数

毛利语职前教师教育	2016 年	2017 年	2018 年	2019 年	2020 年	2021 年
双语式	95	65	125	85	75	65
浸入式 [1]	105	145	140	120	175	135

二、教师教育的应对策略

（一）破解结构同质性，保障师资多元化

新西兰政府对教师教育加大投资。2018 年，在预算中额外增加 2 000 万新西兰元用于吸引新教师入职。[2] 2019 年，学前教育阶段的职前教师教育获得拨款 2 670 万元、初等教育阶段获得拨款 2 070 万元、中等教育阶段获得拨款 810 万元。另外，政府投资还对毛利教师和太平洋岛裔教师的培训给予政策倾斜。2022 年，拨付 500 万元用于学前教育机构和中小学校的教师和领导者的文化水平提升工作。[3]

为了应对特定领域存在的教师队伍结构性短缺的挑战，新西兰积极推进教师教育培养模式多元化，继续推行有限教学授权制度。另外，新西兰还推出了基于就业目的的职前教师教育计划——教学优先计划。教学优先计划招募数学、科学和技术等急需专业的本科毕业生进入学校，允许他们在完成研究生学习的同时承担教学任务。教学优先计划包括为期 8 周的密集教学准备和 2 年的低收入社区的学校工作时长。[4] 数据显示，有 42% 的教学

[1] 双语式毛利语授课时间占比为 51%—80%，浸入式毛利语授课时间占比为 81%—100%。

[2] 熊岚. 新西兰教育部提高中学教师工资待遇 [J]. 世界教育信息，2018（20）：75-76.

[3] 资料来源于新西兰教育部官网.

[4] 陈楚舒. 新西兰教学优先计划述评 [J]. 世界教育信息，2014（15）：37-41.

优先计划成员教授数学、科学或技术科目，他们直接为 14 000 名新西兰学生提供服务，其中包括 4 000 名毛利学生和太平洋岛裔学生。[1] 教学优先计划在一定程度上缓解了当前新西兰部分学科师资缺乏的压力，并为低收入社区的学生提供了更多的教育机会。

为了缓解学前教育师资压力，新西兰积极招聘国际教师。2021 年，完成新西兰职前教师教育的国际教师人数相较于 2020 年增加了 7.5%，达到 575 人，其中 91% 的人进入新西兰学前教育领域工作。当前，新西兰 90% 以上的学前教育教师是女性。[2] 针对这一情况，新西兰提出，教育部在未来几年要采取措施解决教育领域潜在的薪酬差距问题，使不同性别和族裔的教师都能得到相对公平的待遇，进一步提升教师职业的吸引力。

（二）打破传统封闭模式，发展协作伙伴关系

逐渐打破职前教师教育仅仅是高等教育机构的责任的传统观念，发展协作伙伴关系，让包括中小学在内的相关主体参与到职前教师教育中，从而实现教师理论和实践能力的均衡发展。中小学既是职前教师教育学生的实践场所，也是职前教师教育的受益者，经验丰富的中小学教师可以在实践指导中和新手教师共同成长，新手教师又能成为中小学的优秀"准"教师。

为了打破职前教师教育的相对封闭性，2019 年，新西兰教学委员会在先前的工作基础上发布了《职前教师教育计划批准、监测和审查要求》，要求所有职前教师教育计划都要发展和支持真正的伙伴关系，以有效和连贯的方式将理论与实践结合在一起。2022 年，新西兰教学委员会发布《创建一个公平的、面向未来的教师教育体系》，要求教师教育根据新西兰独特的社会文化背景构建伙伴关系，努力使每个职前教师教育接受者都具备适应

---

[1] 资料来源于新西兰政府官网。

[2] 资料来源于新西兰教育统计局官网。

不断变化的教育环境的能力。

新西兰正在构建公平的、面向未来的职前教师教育新系统。较之以前相对封闭的系统，新系统更加开放，更加重视合作伙伴关系。首先，新系统要求职前教师教育提供者在项目设计的早期阶段就让专业合作伙伴参与教师专业标准的分解工作。其次，新系统强调建立真正的互惠伙伴关系，教师教育机构要和合作伙伴共同支持师范生的发展。新西兰教学委员会希望通过广泛的合作伙伴关系帮助师范生了解理论知识和实践技能之间的关系，使职前教师教育提供者能够以更灵活的方式开展工作，更好地支持师范生专业领域课程的学习。

实践表明，真正的合作伙伴关系强化了职前教师教育的实习环节，为师范生提供真实多样的教学环境。新西兰教学委员会希望合作伙伴关系的范围更广泛，尽早扩展到早教中心、社区团体、毛利人群体等，也希望合作伙伴参与关键教学任务制定工作、最终综合评估工作等，从而使教学任务安排更加科学、评估效果更有说服力。

（三）消除种族偏见，提升教师文化响应力

目前，新西兰毛利中学教师和太平洋岛裔中学教师占比分别约为 12.4% 和 3.3%，而毛利中学生和太平洋岛裔中学生占比预测在 2028 年将分别达到 18% 和 14%。[1] 当前，少数族裔教师的数量远远不能满足多族裔学生发展的需求。为了有效解决教师队伍的结构性问题，新西兰教学委员会成立了毛利语咨询小组，旨在为毛利教育行业实施新的职前教师教育标准提供建议和指导。同时，毛利语咨询小组与新西兰教学委员会共同设计一个新的评估框架，以支持在毛利中等教育机构实施新的职前教师教育标准。

---

[1] 资料来源于新西兰统计局官网。

在毛利语咨询小组的协助下，新西兰教学委员会于 2022 年发布了《毛利职前教师教育计划批准、监测和审查标准》，要求职前教师教育机构提供符合毛利人学前和基础教育要求的学习计划和课程标准。新西兰《2020—2030 年太平洋教育行动计划》明确提出，要培养更多深谙太平洋传统的教师、领导者和教育专业人士。目前许多职前教师教育机构与太平洋岛屿的合作伙伴关系还处于早期阶段，但大部分机构已经开始依靠自身发展关系或向所在地区的教师和领导者寻求相关支持和帮助。

面对新西兰教育系统中存在的种族偏见问题，新西兰教学委员会还与人权委员会合作推广消除种族主义教育项目，强调教师通过言传身教使学生远离种族歧视的影响，通过自身的专业知识以及模范带头作用激励其他人。为进一步消除种族偏见所造成的教育不公平现象，《职前教师教育计划批准、监测和审查要求》建议对师范生进行以下方面的能力评估：利用丰富的毛利文化资源提升学习成效的能力；利用当地历史和知识支持教学设计的能力；研究概念、主题、故事和示例与毛利人和太平洋岛裔学习者产生共鸣，并通过新的教学方法帮助其学习的能力。《创建一个公平的、面向未来的教师教育体系》建议所有职前教师教育计划支持师范生学习毛利语，进而理解毛利世界观与毛利学习者之间的相关性。在新西兰，许多职前教师教育机构都聘有太平洋地区研究顾问，确保教育内容充分反映太平洋岛裔的需求、愿望；师范生应把相关内容融入未来教学工作中，提升自身的多元文化素养，助力毛利学生和太平洋岛裔学生取得学业成功。

第十章 教育政策

第一节 政策与规划

经过长期发展与持续改革，新西兰在学前教育、基础教育、高等教育、职业教育、成人教育、教师教育、国际教育等方面制定了一系列行之有效的政策法规，建立起了一套独具特色的教育政策体系。近年来，新西兰政府根据国内外形势调整教育领域的发展目标和计划，发布了多个政策与规划，为教育发展提供政策支持。以下选取《2020年高等教育战略》《新西兰国际教育战略（2018—2030年）》《出勤率和参与度战略》三个新西兰近五年发布的重要文件，展现新西兰在高等教育、国际教育、基础教育等领域的政策规划、实施现状与现实挑战。

一、《2020年高等教育战略》

2020年，新西兰教育部发布了《2020年高等教育战略》。《2020年高等教育战略》旨在指导新西兰政府采取进一步行动推动高等教育系统建设工作。该战略明确了新西兰政府促进高等教育发展需完成的短期和中期的优先事项，以及长期发展的战略方向，有助于推动新西兰实现经济、社会和环境发展目标，达成毛利人和其他人口群体的发展目标。

（一）核心目标

《2020 年高等教育战略》提出了新西兰高等教育未来发展的 5 个核心目标。第一，以学习者为中心，使学习者及其家人成为高等教育的中心。第二，实现无障碍教育，使每个高等教育学习者都能获得良好的教育机会和教育成果。第三，优质的教学和领导，用高质量的教学和领导管理能力为高等教育学习者及其家人带去改变。第四，指向当前与未来的学习，学习与新西兰人当前及未来相关的知识和技能。第五，打造世界级的包容性公共教育，使新西兰教育值得信赖且可持续发展。

（二）优先事项

根据上述 5 个核心目标，《2020 年高等教育战略》进一步确定了 8 个优先事项（见表 10.1）。[1]

表 10.1 《2020 年高等教育战略》优先事项

核心目标	优先事项
以学习者为中心	1. 确保学习场所是安全、包容的，是不存在种族主义、歧视和欺凌行为的。 2. 对每一位学习者都抱有高期望；与家庭和社区合作，提供符合学生需求，维护其个人身份认知、语言和文化的教育。
实现无障碍教育	3. 清除教育障碍，关注毛利学习者和太平洋岛裔学习者、残疾学习者、有其他特殊需求的学习者。 4. 确保每个学习者都具备扎实的语言知识、读写能力和计算能力。

[1] 资料来源于新西兰教育部官网。

续表

核心目标	优先事项
优质的教学 和领导	5. 将毛利语和毛利文化融入日常教学安排中。 6. 加强教职工培养工作，提升整个教育队伍的教学、领导能力。
指向当前与 未来的学习	7. 与行业和雇主合作，确保学习者在工作中可以获得技能和知识。
打造世界级 的包容性公 共教育	8. 提高学术研究和毛利知识在应对地区和全球挑战中的贡献率。

（三）具体举措

为了实现核心目标、完成优先事项，《2020 年高等教育战略》为高等教育机构（见表 10.2）和政府（见表 10.3）分别制定了具有针对性的举措。[1]

表 10.2《2020 年高等教育战略》中针对高等教育机构的举措

优先事项	具体举措
优先事项 1	确保拥有健全的政策、计划，用以解决对学生、教职工及其家庭造成负面影响的种族主义、偏见和低期望问题。
	审查并优化现有机制，听取学习者、家庭和社区的想法。
	提供一个安全的学习环境，为学习者的基本需求及其身心健康提供支持。
优先事项 2	确定一个完整的组织结构方式，以满足所有学习者的需求和愿望。
	培养教职工在教学中重视语言、文化和个人身份认同的能力。
	与毛利人建立良好关系，让毛利人参与决策，与毛利人合作，支持毛利人自决权，帮助毛利人在教育上取得成功。

---

[1] 资料来源于新西兰教育部官网。

优先事项	具体举措
优先事项3	与学校、家庭、社区和行业合作，使所有学习者都能在教育和培训中取得成功。
	减少阻碍学习的因素，支持学习者接受教育并取得成功。
	在可能的情况下，降低部分成本，颁布政策促使高等教育机构减少对家庭的经济依赖。
	制定强有力的政策、计划，支持残疾学习者群体取得成功。
优先事项4	确保成年学习者能够在社区、工作场所、高等教育机构获得学习的机会，提高自身的读写能力和算术能力。
	培养学习者的数字素养。
	确保所有学习者都有不断提升沟通、解决问题、批判性思维、人际交往等能力的机会。
	重视太平洋岛裔语言和毛利语，并提供使用这些语言的学习机会。
优先事项5	保证毛利人的建议权，并将毛利文化融入新西兰高等教育价值观和组织文化中。
	为教育工作者提供学习和发展的机会，培养他们在毛利语和毛利文化方面的教学能力。
	鼓励领导者学习毛利语，并在各级活动中使用毛利语。
	确保高等教育相关的战略、行动、资源等体现《怀唐伊条约》相关精神。
优先事项6	提升教职工的教学和领导能力。
	重视教职工队伍的多样性，雇佣具有不同文化背景、不同身份认知的员工。
优先事项7	确保教学内容能够满足学习者、雇主和行业的需求，教授与工作相关的技能。
	提供更完善的职业规划帮助，支持学习者求职。
	提供灵活的、及时的终身学习的选择。
	提供有助于使新西兰向碳中和经济转型的相关技能。
优先事项8	建立一支多样化的、可持续的研究队伍，扩大人才储备库。
	支持对解决经济、社会和环境问题做出贡献的创新研究。
	通过跨学科和跨机构的合作，应对本地和全球挑战。

表 10.3 新西兰《2020 年高等教育战略》中针对政府的举措

优先事项	具体举措
优先事项 1	在相关文件中体现对国内和国际高等教育学生的人文关怀。
	与高等教育机构合作，制定教育环境安全性和包容性框架。
	倾听学习者的意见，使政府工作能够真正满足学习者的需求。
优先事项 2	支持太平洋语言学习。
	审查高等教育投资体系，关注边缘群体，使高等教育机构更好地满足学习者的需求。
	赋权学习者，鼓励学习者发声。
	与高等教育机构合作，推广创新的工作方法。
	与毛利人合作，确保教育系统能够满足毛利人及其家庭的需求。
优先事项 3	确保财政拨款更具针对性，并能够帮助边缘群体接受高等教育。
	提高高等教育机构判断学习者的学习需求和学习障碍的能力。
	通过跨系统协调，提供个性化的、灵活的学习环境。
	制定支持残疾学生等群体接受高等教育的指南。
	通过太平洋教育行动计划，帮助太平洋岛裔学习者及其家庭。
	与毛利皇家高等教育集团合作，回应其关于高等教育如何更好地满足毛利学生和社区需求的意见和建议。
优先事项 4	投资成人社区教育，为更多的学习者提供无障碍教育、继续教育和就业的机会。
	加强基本素养教育，使学习者未来有机会接受更高水平的教育并顺利就业。
	在职业教育改革的背景下，确保学生学习高质量的读写和算术课程。
优先事项 5	投资毛利人教育并与毛利人合作。
	在高等教育中纳入毛利语和毛利文化。
	计划采用毛利语和英语制定双语资格证书和毕业生档案。
	审查高等教育中对毛利语和毛利文化相关事务的拨款情况。

续表

优先事项	具体举措
优先事项 6	通过外部评估和审查、项目监督等措施，确保教学质量。
	支持高等教育机构的发展，提升其教学能力和教学水平。
	制定高等教育投资框架，并对优先资助对象以及如何使用拨款做出说明。
优先事项 7	开发支持学习者个性化职业发展的工具，帮助学习者在教育和就业之间转换，帮助被迫离职的人。
	进行职业教育改革，建立劳动力发展委员会、职业卓越中心，构建新的统一资助体系。
	审查高等教育投资体系，在更广泛的学科范围内整合工作与学习资源。
	与学校、高等教育机构、行业、雇主和社区合作，提供更优质的就业服务。
	完善国家资格框架，为终身学习创造条件，实施更灵活的资格认证和学历认可制度。
优先事项 8	与毛利大学合作，支持其在高等教育系统中发挥独特作用。
	支持以毛利人为主导的和以毛利文化为基础的相关行动方案。
	鼓励高等教育机构做出科研贡献。
	对绩效研究基金进行独立审查。
	与毛利大学建立持久的伙伴关系，为毛利大学制定新的行动计划。

二、《新西兰国际教育战略（2018—2030 年）》

2018 年，《新西兰国际教育战略（2018—2030 年）》发布，对新西兰国际教育事业进行了系统的规划，成为指导新西兰国际教育未来发展方向的重要政策文件。新西兰政府试图通过构建世界一流的国际教育体系使新西兰与世界高度联通，借助教育交流与合作，促进新西兰经济、社会、文化领域的发展。新西兰政府看重国际学生对新西兰发展所做的贡献，采取相应政策措施保障国际学生能够在友好、安全、健康的环境中学习和生活，使他们在新西兰能够获得高质量的教育体验。[1]

（一）核心目标

《新西兰国际教育战略（2018—2030年）》明确了新西兰国际教育未来发展的三大核心目标：提供优质的教育和良好的体验、可持续发展、培养全球公民。每个核心目标下各包含三个具体目标（见表10.4）。[2]

表10.4《新西兰国际教育战略（2018—2030年）》目标

核心目标	具体目标
提供优质的教育和良好的体验	确保国际学生接受高质量的教育。
	为国际学生营造友好安全的环境。
	为国际学生提供高质量的教育体验。
可持续发展	打造高质量的国际教育，使其因独特的新西兰特色而备受青睐。
	使新西兰各地都能够享受到国际教育的好处。
	通过多元市场、人员流动、创新产品、多样化服务，使新西兰国际教育蓬勃发展。
培养全球公民	使所有学生都能具备在全球范围内生活、工作、学习的知识和技能。
	通过国际教育，为新西兰创造更强大的全球联系、研究链接、伙伴关系。
	使新西兰人理解并享受国际教育带来的好处。

---

[1] 杨蕊. 新西兰国际教育战略：动因、目标与价值取向 [J]. 世界教育信息，2020（11）：15-19+57.

[2] 资料来源于新西兰教育部官网。

（二）评价标准和衡量指标

为了确保战略的顺利实施，《新西兰国际教育战略（2018—2030 年）》提出多个评价标准及衡量指标，用以评价相关领域的工作进度（见表 10.5）。[1]

表 10.5《新西兰国际教育战略（2018—2030 年）》目标评价标准及衡量指标

核心目标	评价标准	衡量指标
提供优质的教育和良好的体验	国际学生满意度	2025 年达到 92%—95%。 2030 年达到 94%—97%。
	国际学生对教育质量的看法	应设定相关基准和目标。
	新西兰作为教育提供国的国际声誉	应设定相关基准和目标。
	国际校友的影响力	应设定相关基准和目标。
可持续发展	产业经济价值	2025 年，达到 60 亿新西兰元。
	市场多元化	应设定相关基准和目标。
	各地区国际学生的比例	到 2030 年，各地区国际学生的比例应增加。
	国际学生接受更高水平的教育	到 2030 年，参加教育升学通道学习的学生人数增加一倍。
培养全球公民	新西兰学生获得国际体验	拥有留学经历的新西兰学生数量增加。
	培养学生成为世界公民的能力	应设定相关基准和目标。

（三）具体举措

基于核心目标、评价标准和衡量指标，《新西兰国际教育战略（2018—2030 年）》提出了多项具体举措，并将各项举措按照时间跨度分为短期举

---

[1] 资料来源于新西兰教育部官网。

措（2018—2020 年）、中期举措（2018—2025 年）和长期举措（2018—2030年）。[1] 新西兰教育部，新西兰学历认证局，新西兰教育推广局，新西兰商业、创新与就业部，新西兰移民局是实施各项举措的主体。同时，每项举措都有指定的主导机构，主导机构在各部门合作时发挥主要作用。

为了提供优质的教育和良好的学生体验，新西兰教育部应支持旨在改善国际学生福祉的举措，不断完善《国际学生教育关怀行为守则》，使相关举措符合《新西兰国际教育战略（2018—2030 年）》的愿景和目标。新西兰学历认证局应继续通过外部评估和审查、必要的调查行动等，严格监测国际教育的质量。新西兰教育推广局应继续为学生和教育机构提供清晰、及时、以客户为中心的教育和移民信息，实施国际学生赴新西兰留学的相关计划并监督相关活动，同时还应继续研究市场和国际社会对新西兰教育质量的看法，开展纵向研究追踪国际校友的发展情况。新西兰商业、创新与就业部与新西兰移民局共同对剥削移民和国际学生的情况进行调查，为相关政策制定工作提供信息，同时通过制定合理的移民政策，激励国际学生进行高质量的学习，确保希望留在新西兰的学生具备必要的技能和资格。

为实现可持续发展，新西兰教育部应确保教育出口税的可持续性和正规性，并将新西兰的国际教育绩效指标与其他国家进行比较。新西兰教育部还应与新西兰商业、创新与就业部和国际教育机构合作，在符合新西兰最大利益的情况下，创造学习和工作之间的转换路径。新西兰教育推广局则负责与教育提供者合作，使国际学生的招生更符合新西兰国家和地区的需求；与区域经济发展机构合作，满足区域未来的劳动力需求；与教育行业和其他行业合作，推出符合新西兰利益和发展需求的专业教育产品。同时，新西兰教育推广局应成立一个全行业协会，利用强大的市场研究能力，实现市场最大化和产品多样化；鼓励创新性教育举措和方法，探索在线上

---

[1] 资料来源于新西兰教育部官网。

和海外提供产品的机会。此外，新西兰商业、创新与就业部还应和新西兰移民局合作评估国际教育对国内劳动力市场的长期影响。

为培养全球公民，新西兰教育部应审查奖学金获得者和交流项目人员；培养学生适应全球化的能力；支持学校提供语言学习服务，促进国际教育成为一门学术学科，提供国际教育领域的奖学金并拓宽专业发展途径；与新西兰教育审查办公室合作，探索学校应对全球化的办法。新西兰教育部还应与新西兰外交与贸易部合作，加强新西兰与太平洋地区其他教育系统的联系，为太平洋地区的学生在当地或在新西兰接受教育创造机会，支持新西兰政府的太平洋重启计划。新西兰教育推广局应发挥领导作用，优化所有新西兰人的国际教育体验；利用世界各地多样的、不断增长的新西兰毕业生群体，宣传新西兰。新西兰高等教育委员会则需要监督亚太卓越中心的工作。

三、《出勤率和参与度战略》

2022 年，新西兰教育部出台《出勤率和参与度战略》，以应对新西兰中小学学生出勤率持续下降的问题。2018 年的一项调查显示，29% 的新西兰学生在调查前两周内至少有一天逃课，高于经济合作与发展组织成员平均水平（21%）。[1] 2022 年的《学校出勤率调查报告》指出，新西兰定期出勤（即出勤率达到90% 及以上）的学生比例从 2015 年的 69.5% 下降到 2019 年的 57.7%。[2] 受新冠肺炎疫情的影响，新西兰学校定期出勤人数比例持续下降。与 2015 年相比，2021 年，欧裔和亚裔学生的定期出勤人数分别下降

---

[1] 资料来源于新西兰斯塔弗新闻官网。

[2] New Zealand Education and Workforce Committee. Inquiry into school attendance: report of the Education and Workforce Committee[R]. Wellington: Education and Workforce Committee, 2022.

了 10% 和 7%；毛利学生和太平洋岛裔学生的定期出勤人数下降了 12.3% 和 15.8%。[1] 在这样的背景下，制定并发布《出勤率和参与度战略》是新西兰政府提高学生出勤率的重要举措。

（一）发展愿景

《出勤率和参与度战略》将学校、学生、父母及其他家庭成员、教育部下属的教育服务部门视为教育的主要参与群体，从学生出勤率、参与度、学习进步三个方面提出了愿景。

在提升学生出勤率方面，《出勤率和参与度战略》对学生家庭、中小学校、教育服务部门提出要求，强调父母、监护人和其他家庭成员有责任确保家中的学龄儿童注册入学，并按时上学；中小学须根据《出勤率和参与度战略》设立相关目标并在学生旷课时与其父母、监护人或其他家庭成员沟通，并具有判断何时可能出现更严重的出勤问题的能力；教育服务部门不仅需要将中小学生出勤率和参与度视为与学校、家长和社区工作的优先事项，还要鼓励社会服务机构和政府机构合作，解决影响出勤率的社会问题。在提高中小学生参与度方面，《出勤率和参与度战略》要求，中小学校不仅要为学生营造一个安全舒适的环境，也要为中小学生提供反映其身份、语言、文化特征的参与性学习环境，与教育服务部门建立联系，聘请能够与学生建立紧密联系的教师。在学习进步方面，《出勤率和参与度战略》指出，当上述两个方面的愿景达成时，新西兰中小学生将会定期出勤、参与学习活动，并取得进步，这将提升学生的幸福感。

---

[1] New Zealand Education and Workforce Committee. Inquiry into school attendance: report of the Education and Workforce Committee[R]. Wellington: Education and Workforce Committee, 2022.

（二）衡量标准和政策目标

基于 2015 年和 2021 年的相关数据，《出勤率和参与度战略》以中小学生定期出勤人数占比、轻度旷课人数占比、长期旷课人数占比和中小学校对学生无故旷课采取主动干预措施的人数比例为衡量标准，制定了 2024 年和 2026 年的目标（见表 10.6）。[1]

表 10.6《出勤率和参与度战略》的衡量标准、阶段目标与往年情况

衡量标准	2024 年目标	2026 年目标	2015 年情况	2021 年情况
中小学生定期出勤[2] 人数占比	70%	75%	69.5%	59.7%
中小学生轻度旷课[3] 人数占比	6%	4%	6.3%	8.5%
中小学生长期旷课[4] 人数占比	5%	3%	4.6%	7.7%
中小学采取主动干预措施的人数比例	95%	100%	—	—

（三）优先举措

新西兰在提升中小学生出勤率方面，有以下八个方面的举措。第一，教育服务部门将开展一系列区域性和全国性的公众活动，强调父母、监护人和其他家庭成员认真履行其监督中小学生按时上学的责任。第二，教育服务部门将学生出勤率作为与学校定期交流的优先事项，为学校分析出勤率数据提供支持。第三，教育服务部门需要考虑是否增加额外的职位（如

---

[1] 资料来源于新西兰教育部官网。

[2] 出勤率达到 90% 及以上，每两周出勤至少 9 天。

[3] 出勤率达到 70%—80%，每两周旷课 2—3 天。

[4] 出勤率低于 70%，每两周旷课超过 3 天。

出勤干事）以支持学校提升学生出勤率。第四，教育服务部门应重新规划考勤服务工作，使其更接近学校、学生、学生父母、监护人和其他家庭成员的实际情况。第五，教育服务部门职员将与学校、学生、太平洋岛裔社区等主体合作，探索和分享解决学生出勤率低这一问题的方法。第六，各地的领导应在提高学校出勤率和参与度的事务中发挥关键作用，协调政府机构和社会服务部门，以满足学生及其父母、监护人和其他家庭成员的社会和经济需求。第七，教育部将审查应对长期旷课问题的监管方式，对旷课行为进行分级应对，激励父母、监护人和其他家庭成员履行《2020年教育和培训法》规定的职责。第八，教育部将与儿童事务部合作，为学校提供所需的数据和信息。

在增加中小学生参与度方面，首先，为学校和社区提供针对性的帮助，设立地区应对基金，以帮助新西兰学生在废除新冠肺炎疫情保护框架的过渡时期重新参与学习。其次，逐步重新设计另类教育（或称非主流教育）服务模式，以更好地满足个体需求，为出勤困难的学生提供更多的选择。再次，支持学校实施"学习支持投递模型"，以满足当地社区所有学习者的学习需求。最后，教育部各地方办事处应积极与当地学校合作，落实国家教育政策和战略。

在学习进步方面的优先措施主要包括加强国家课程建设及在各地推广国家课程，使所有中小学生能在识字、沟通、数学等基本技能的学习中取得进步并获得成就感。

第二节 实施与挑战

近五年来，新西兰政府陆续出台并实施了《2020年高等教育战略》《新西兰国际教育战略（2018—2030年）》《出勤率和参与度战略》等一系列教育政策，在加快高等教育发展、推进国际教育发展、提升中小学生出勤率与参与度等方面，取得了一些新的进展，但同时也面临着一些问题与挑战，需要认真面对并及时调整。

一、《2020 年高等教育战略》的实施与挑战

（一）实施现状

依据《2020 年高等教育战略》要求，新西兰政府投入大量资金支持新西兰高等教育。2021 年，新西兰政府为高等教育拨款超过 4.7 亿新西兰元，其中约 1.1 亿新西兰元用于补贴未来四年的高等教育学费，580 万新西兰元用于新冠肺炎疫情临时基金。从 2022 年 4 月 1 日起，高等教育阶段学生每周每人增加 25 新西兰元的资助。新西兰政府还承诺，将增加资金投入，从 2021—2022 财年的 1 800 万新西兰元增加到 2022—20223 财年的 6 700 万新西兰元。[1] 此外，根据《2020 年高等教育战略》的要求，与高等教育相关的多个部门也进行了改革。

（二）面临的挑战

政策实施面临的第一个挑战体现在教育公平方面。由于该战略要求政府减少干预，这导致相关措施难以在高等教育机构中落实，而高等教育机构在促进高等教育公平领域缺乏变革的主动性，未能将毛利和太平洋岛裔语言、文化等内容有效融入改革行动中，导致毛利学生和太平洋岛裔学生

---

[1] 资料来源于新西兰政府官网。

在受教育机会方面，以及毛利教师和太平洋岛裔教师在晋升机会、工资福利方面依旧面临不平等的问题。有学者呼吁，政府应在全国范围内审查高等教育机构，建立一个以《怀唐伊条约》精神为荣的高等教育体系，从而为包括毛利人在内的所有人提供更加平等包容的学习和研究环境。[1] 如何合理发挥政府干预作用，如何界定政府和高等教育机构在各工作领域的角色，是有效实施《2020 年高等教育战略》需要解决的现实问题。

《2020 年高等教育战略》面临的第二个挑战体现在跨部门合作方面。目前，只有教育部和各高等教育机构被视为实施《2020 年高等教育战略》具体措施的两大主体，然而，落实《2020 年高等教育战略》中各项举措、实现相关目标，还需要新西兰学历认证局、新西兰教育推广局等机构在相关领域发挥各自的作用。但是，《2020 年高等教育战略》中缺少与跨部门合作相关的具体描述和指导，这影响到了战略的实施效果。

二、《新西兰国际教育战略（2018—2030 年）》的实施与挑战

（一）实施现状

目前，《新西兰国际教育战略（2018—2030 年）》中的许多短期举措（2018—2020 年）已落实。新版国家课程《全球公民教育》已在各教育机构推广，该课程旨在提高新西兰国内及国际学生的全球适应能力，使其掌握在世界各地学习、工作和生活的知识和技能。[2]

---

[1] 资料来源于新西兰毛利卓越研究中心官网。

[2] 关荆晶，李宝强，石立国. 新西兰国际教育的新战略：背景、内涵及启示 [J]. 高教探索，2020（4）：70-77.

为帮助在新西兰留学的国际学生能够在学习和工作环境中顺利转换，新西兰政府依据《新西兰国际教育战略（2018—2030 年）》，为取得本科及以上学历的国际学生提供三年的开放式工作签证。在奥克兰地区以外就读的国际学生满足相关条件后，还可再获得两年的开放式工作签证，部分专业还为国际学生的配偶、子女等提供生活和工作方面的帮助。[1] 这些新政策为国际学生在新西兰工作和生活提供了便利，为新西兰吸引和输送了高质量的劳动力。

（二）面临的挑战

首先，《新西兰国际教育战略（2018—2030 年）》中所规划的各项战略目标及其各项举措涉及的主体众多，如新西兰教育部、新西兰教育推广局、新西兰学历认证局、新西兰商业、创新与就业部和新西兰移民局等。[2] 如何促进各部门通力合作，进一步合理分配各部门的具体工作，是落实《新西兰国际教育战略（2018—2030 年）》需要考虑的重要现实问题。[3]

其次，《新西兰国际教育战略（2018—2030 年）》需要根据不断变化的国际留学环境做出相应的调整。随着教育国际化趋势的增强，世界各国纷纷采取措施发展和完善本国的国际教育以便吸引更多的国外留学生，新西兰政府也需要在留学生输出与输入之间寻找平衡。此外，随着教育方式的不断更新，线上教学使世界各地的学生不用出国便可享受到优质的教育资源。面对激烈的国际竞争与生源流失，新西兰政府需要不断及时调整《新西兰国际教育战略（2018—2030 年）》所规划的各项目标及其评价指标，为

---

[1] 资料来源于新西兰移民局官网。

[2] 资料来源于新西兰教育部官网。

[3] 杨蕊. 新西兰国际教育战略：动因、目标与价值取向 [J]. 世界教育信息，2020（11）：15-19+57.

教育部门和机构提供最新的资讯和指导，进一步提升国际教育战略的务实性与针对性，不断增强新西兰国际教育的吸引力和竞争力。

三、《出勤率和参与度战略》的实施与挑战

（一）实施现状

根据《出勤率和参与度战略》，2022 年，新西兰政府通过主流媒体开启了全国性的教育宣传活动，旨在使社会各界都发挥作用，提高人们对中小学生出勤率和参与度的重视程度。2022 年，新西兰启动全国性的教育宣传活动——在校的每一天都是重要的一天。[1]

2022 年，新西兰政府提供 8 800 万新西兰元用以支持地方学校提高中小学生的出勤率和参与度。在此基础上，新西兰政府还专门拨款 770 万新西兰元为少数族裔学生提供针对性帮助。[2] 2023 年，教育服务部门为新设立的出勤服务部门投入额外资金，用以开发一个高效收集和分析出勤率和参与度数据的系统。[3]

（二）面临的挑战

受新冠肺炎疫情的影响，2022 年，新西兰全国中小学生出勤率和参与度不高。2022 年第二学期的数据显示，与 2021 年相比，中小学生定期出勤人数占比下降了约 20%，而长期旷课人数占比上升了约 6%。[4]

---

[1] 资料来源于新西兰教育部官网。

[2] 资料来源于新西兰斯塔弗新闻官网。

[3] 资料来源于新西兰教育部官网。

[4] 资料来源于新西兰教育部官网。

　　此外，《出勤率和参与度战略》中缺少具体的指导，这影响到了政策的实施效果。曼努瑞瓦中学校长表示，除了资金支持，教育部还应该提供更多有关政策实施的细节指导。除此之外，教育部及相关部门还需要提供学校与社区的合作方式、获取资源的途径等信息，以便帮助学校克服实施相关举措时所遇到的困难，达到《出勤率和参与度战略》所制定的战略目标。[1]

---

[1] 资料来源于新西兰斯塔弗新闻官网。

第十一章 教育行政

　　新西兰教育行政体系包括中央教育行政和地方教育行政两个部分。经过不断改革，新西兰逐步建立起以教育部为主导，由新西兰教育审查办公室、新西兰学历认证局、新西兰高等教育委员会、新西兰教育推广局等机构分工合作的中央教育行政体系。新西兰地方教育行政主体则主要由教育部地方办公室和学校董事会构成。

第一节　中央教育行政

　　新西兰教育体系先后经历了 4 个发展阶段，新西兰教育行政体系也呈现出与之对应的 4 种形态：殖民前的新西兰教育行政体系、殖民时期的新西兰教育行政体系、20 世纪的新西兰教育行政体系、20 世纪 90 年代后的新西兰教育行政体系。《教育法（1989 年）》的颁行是新西兰教育行政改革进程中的重要事件，成为新西兰教育行政体系现代化的分水岭。

一、教育行政体系的历史沿革

（一）1989年以前的教育行政体系

19世纪以前，新西兰主要通过当地传统部落法进行教育管理。19世纪，传教士兴办学校。伴随着学校教育的兴起，新西兰国家教育行政体系逐步建立。

1840年，新西兰成为英国殖民地，仿照英国建立了一整套公办学校体系及其行政管理体系，并针对毛利人建立了一套独立的土著学校体系及其行政管理体系。1865年，新西兰政府接管了土著居民事务，仍沿用之前公办学校体系与土著学校体系并行的教育行政体系。1877年，新西兰颁布了《教育法（1877年）》，逐渐建立起一个由教育部长以及地区性、各学段教育委员会组成的中央教育行政机构——教育部，负责统管新西兰境内的各级各类教育机构。直到1989年，新西兰的教育行政体制一直奉行国家统一领导，教育部和各地区教育厅协同工作，地区教育委员会、中学管理委员会、高等教育协会辅助的传统科层制管理模式（见图11.1）。

1989年以前，新西兰教育行政体系是一种垂直分配教育权力与教育资源的传统科层制等级机构体系。作为中央教育行政机构的教育部有极大的决策权，发挥着最为重要的领导作用。虽然新西兰在各地设置了教育厅，并在教育厅下面分别设置了管理小学教育的地区教育委员会、管理中学教育的中学管理委员会、管理高等教育的高等教育协会等机构，但是这些机构只有有限的、由国家与教育部赋予的非决策性权力，其主要职能是在本地区或本领域落实国家教育政策。这一时期，教育部的权力过分集中，机构过于庞大。当时的教育部除了负责管理固定资产、培训教师等学校内外部具体事务之外，还通过国家督学对各级各类学校进行日常督导，在教师

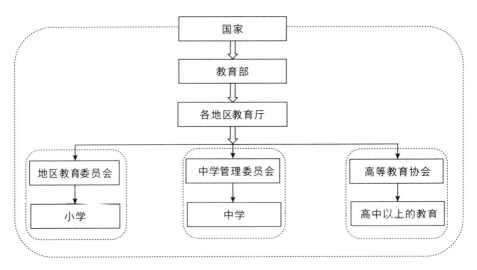

图 11.1 1877—1989 年新西兰教育行政体系

评价、课程实施等方面为学校提供指导和帮助。[1]

（二）1989 年以后的教育行政体系

自 20 世纪 80 年代以来，新西兰对教育行政体系进行了改革。

《皮科特报告》和《明日学校》是引领新西兰教育体系重构工作的纲领性文件，这两个文件的核心主张被吸纳进随后颁布的《教育法（1989 年）》，成为新西兰国家的法定政策。

新西兰教育行政体系改革主要围绕以下几个方面展开：将教育监管和教育协调职责从国家层面转移至各种经选举产生的董事会、地方教育协会和地区教育委员会；国家通过签发许可证的形式，加强对部分教育服务、国家课程大纲、教育评估程序等工作的监管；将职员聘用权力从国家层面转移到经选举产生的学校董事会；将教育固定资产、教育经费以及其他财

---

[1] 莱文. 教育改革：从启动到成果 [M]. 项贤明，洪成文，译. 北京：教育科学出版社，2004：47.

产的经营管理权从国家层面转移到相关董事会；强调学前和基础教育领域的市场选择原则，推行付费高等教育（见图11.2）。[1]

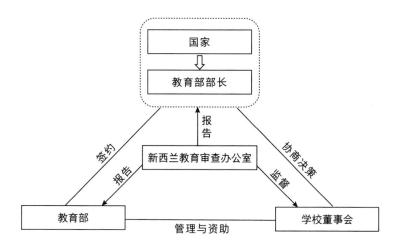

图 11.2 1989 年后新西兰教育行政体系

　　1989 年改革后形成的教育行政体系沿用至今。此次改革的突出特征是变多层级的传统科层制模式为更加扁平化模式。经过这次机构改革，新西兰原来的教育部分化为新的教育部、新西兰学历认证局、新西兰教育审查办公室等教育管理机构。从机构属性来看，新西兰学历认证局、新西兰教育审查办公室都属于独立的第三方机构，它们主要通过与教育部签订教育合同的形式来履行相应职责。教育部通过简政分权的方式在合理分配教育资源与大幅提升管理效率的同时，构建起了不同教育管理机构之间相互制衡的行政运行机制。在新的教育行政体系框架下，学校真正成为教育管理的主导机构，政府则主要通过签约和问责的方式对各种工作进行协调、评估与监控，以保证学校的办学质量。新的教育行政体系可以使教育部、新西兰学历认证局、新西兰教育审查办公室、学校董事会等更好地行使各自权力，发挥自身优势。

---

[1] 赵菊珊. 新自由主义与新西兰的教育改革 [J]. 外国教育研究，2001（1）：34-40.

二、现行中央教育行政机构

（一）新西兰教育部

现在的新西兰教育部成立于 1989 年，是负责监管新西兰教育系统的公共服务部门和最高行政主管机构。新西兰教育部致力于建立公平、卓越的新西兰教育体系。

新西兰教育部在全国教育发展工作中发挥战略领导作用，主要任务是为教育部门制定政策和发展战略，提供支持；开展教育研究，考核各教育部门的工作成效；协调教育部门与其他部门的合作。

为了更好地监督和支持新西兰各级教育的发展，新西兰教育部下设幼儿咨询委员会、课程中心等直属机构，为新西兰学前教育、基础教育和高等教育提供针对性指导。新西兰教育部还负责收集和评估各项教育数据，建立全国学生指数、公平指数等核心数据库，并以儿童早期学习简报、中小学领导简报等形式发布教育发展动态和教学资源。同时，新西兰教育部监督新西兰学历认证局、新西兰高等教育委员会和新西兰教育推广局三个机构的工作。[1]

（二）新西兰教育审查办公室

新西兰教育审查办公室是新西兰政府的外部评估机构，为学前教育机构、中小学校等提供信息和便利。新西兰教育审查办公室是教育部权力下放的产物，是 1989 年教育行政体系改革后的一个新设机构。新西兰教育审查办公室的主要职能是对学校的运营情况进行督导评估，并将结果及时向国家、教育部以及社会公众发布。其评估指标主要包括学生的学业成绩，

---

[1] 资料来源于新西兰教育部官网。

学习参与度，学校管理情况，学生知识、技能和价值观情况四个维度，学业成绩在这其中居于核心地位。值得注意的是，新西兰教育审查办公室在评价学校工作时并没有一个预先设定的统一标准，而是根据学校、社区等评估相关方提供的资料，进行分析讨论，制定针对每所学校的评估范围、领域及其标准，据此对被评估学校开展实地考察，对学校办学的优缺点进行总结，并提出具体的改善意见。新西兰教育审查办公室在与学校董事会充分交流后撰写评估报告，并向教育部提交报告，向社会公众发布评估报告。在督导评估方式上，新西兰教育审查办公室放弃了此前以过程为导向的传统方式，转而坚持结果导向，每隔一年对地方所有学校进行一次督导评估，并根据评估结果开展问责工作，来保障教育督导评估工作的效果。

（三）新西兰学历认证局

依据《教育法（1989年）》，新西兰学历认证局成立。1990年，新西兰学历认证局正式接管原大学入学委员会、新西兰教育部审查委员会、专业认证委员会和高级职业奖认证局的工作，负责认证国家级教育成就和证书、发放中学生奖学金，以及监管高等教育和培训机构的教育质量。[1]

新西兰学历认证局负责新西兰教育评估和资格认证工作，目的是确保新西兰的学习者能够获得高质量的终身教育，并有能力将在新西兰获得的教育和培训成就应用于世界各地。同时，新西兰学历认证局完整地记录新西兰学习者的教育经历及成就，提供各种资源和服务以确保他们取得成功。

新西兰学历认证局由首席执行官办公室、毛利副首席执行官办公室、太平洋岛裔副首席执行官办公室、评估部、质量保障部、战略和企业服务部组成。[2] 首席执行官办公室负责指导和支持整个新西兰学历认证局的工作，

---

[1] 资料来源于新西兰学历认证局官网。

[2] 资料来源于新西兰学历认证局官网。

与教育部部长保持联络。毛利副首席执行官办公室和太平洋岛裔副首席执行官办公室分别负责有关毛利学习者和太平洋岛裔学习者的事务，制定战略行动支持毛利人和太平洋岛裔取得教育成功，并培养新西兰学历认证机构员工的毛利语和太平洋岛语能力。评估部负责确保新西兰中学评估和审核工作的有效性，制定并审查教育评估标准；及时更新中学生的学习记录，与学校合作为学生提供个性化的教育支持和帮助。质量保障部负责除大学外的高等教育机构的质量保障工作，落实针对国际和国内学生的《教育关怀行为守则》。战略和企业服务部监督新西兰学历认证局的战略、规划执行情况和绩效情况，为客户提供优质服务，为认证局领导团队和工作人员提供内部支持和法律服务。[1]

（四）新西兰高等教育委员会

新西兰高等教育委员会成立于 2003 年，旨在确保所有新西兰人都具备能够充实自身的知识、技能和信心。目前，新西兰高等教育委员会已为新西兰 700 多个高等教育机构和职业培训机构投入超过 30 亿新西兰元，为成千上万的学生提供了数千门课程。[2] 新西兰高等教育委员会目前拥有大约 400 名员工，与高等教育机构以及其他利益相关者保持联系。新西兰高等教育委员会下设 5 个理事会：信息理事会、企业和财政理事会、交付理事会、职业和投资规划理事会、学生平等成功理事会，每个理事会由一位副首席执行官领导。[3]

信息理事会负责提供信息和通信技术基础设施，为同事、客户、高等教育机构和其他机构提供数据产品和通信技术工具等。信息理事会通过管

---

[1] 资料来源于新西兰学历认证局官网。

[2] 资料来源于新西兰高等教育委员会官网。

[3] 资料来源于新西兰高等教育委员会官网。

理新西兰高等教育委员会的数据资产和数据关系，促使新西兰高等教育委员会成为高等教育系统、学生和其他利益相关者信赖的"信息经纪人"。[1]同时，信息理事会还负责管理新西兰高等教育委员会所有的技术资源，支持委员会技术发展规划的制定与实施工作。

企业和财政理事会负责提供商业和财政支持服务，确保新西兰高等教育委员会高效运作。企业和财政理事会还负责财政监管工作，围绕人力资源管理、组织规划和报告、方案管理、采购和财产服务等提供商业支持和建议。

交付理事会是新西兰高等教育委员会中面向客户的组织，负责高等教育相关产品及服务的交付工作。交付理事会管理高等教育机构的投资周期，审查高等教育机构的财政状况，管理新西兰高等教育委员会与高等教育机构、雇主等的关系。交付理事会由管理和政府公共机构所有权组、客户联系组、经费专家组、支持交付组、投资关系管理组、业务及伙伴关系组构成。

职业和投资规划理事会的主要职责是制定使高等教育组织能高效实现其职业和投资领域目标的战略，传播新西兰高等教育委员会的发展愿景。职业和投资规划理事会需与其他理事会合作完成战略的设计和调整工作，确保其成功交付与实施。

学生平等成功理事会的职能是指导新西兰高等教育委员会如何针对毛利人、太平洋岛裔、贫困人群等开展工作，旨在实现所有新西兰人都能平等地接受高等教育并取得成功的美好愿景。学生平等成功理事会成员有战略家、设计师、分析师、工作执行人员，他们均来自新西兰高等教育委员会。

（五）新西兰教育推广局

新西兰教育推广局成立于 2011 年，旨在帮助新西兰在国际上取得社会、

---

[1] 资料来源于新西兰高等教育委员会官网。

文化和经济效益。新西兰教育推广局与中国、印度、巴西、韩国、泰国等国家建立了联络网，总部设在惠灵顿。[1]

为发展和推广新西兰国际教育、提高新西兰国际教育知名度，新西兰教育推广局与新西兰移民局、旅游局等部门合作，开展定期讲座、开发数字资源，提高新西兰提供海外教育和线上教育的能力；开展研究和市场分析，评估国际教育战略的有效性。同时，新西兰教育推广局还通过网上社区等平台分享教育资源，在生活和学习上为国际学生提供帮助。

第二节　地方教育行政

新西兰教育部在各地的教育部地方办公室（local Ministry offices）主要负责管理学前教育和基础教育，是新西兰地方教育行政的重要机构。学校董事会取代历史上的地区教育委员会，全面负责学校管理工作，也是新西兰地方教育行政的重要组成部分。

一、教育部地方办公室

为了更好地管理全国教育事业，新西兰教育部将全国分为 10 个地方教育区，每个地方教育区都设有教育部地方办公室，机构数量不等。数量最少的是霍克湾–泰拉威提教育区（2 个），最多的则是纳尔逊–莫尔伯勒–西岸教育区（5 个）。

教育部地方办公室为新西兰各地教育工作者、学生、家庭和社区提供

---

[1] 资料来源于新西兰教育推广局官网。

多种服务。学习者及其家庭可以申请学习支持服务、学校交通援助，投诉不满意的教育服务。教育部地方办公室还负责处理 1989 年前在寄宿制特殊学校受忽视或虐待学生及家长的索赔工作。学校和教育工作者遇到危机事件可向地方办公室的创伤事故小组寻求帮助。人们可以通过打电话、发送邮件或提交表格三种方式联系当地的教育部地方办公室，获取相关服务。

二、学校董事会

为了解决原有教育行政体系管理层级过多、反应迟钝、效率低下等问题，充分激发学校的积极性，新西兰在教育行政体系改革过程中推行了一种建立在特许状基础上的学校董事会教育管理模式。特许状与学校董事会是这一管理模式的两个关键构成要素。特许状是指政府、社区与学校之间签订的关于学校职责的契约，它既是学校董事会运营学校的基本原则，也是政府机构、教育督导评估机构对学校各项工作进行监督、评估、问责、指导的重要依据。在政府、社区、学校三方充分协商的基础上，学校特许状就办学目标、教育质量、课程标准等事项进行明确规定。学校董事会则是学校自治管理的权力机构，在政府特许的范围内自主开展各项教育教学活动与管理工作，是新西兰教育行政体系权力下移的改革成果。学校董事会的设立有利于贯彻落实新西兰国家课程标准和实现教育公平理念。基于特许状的学校董事会教育管理模式，是新西兰教育行政体系改革所奉行的效益至上与分权原则的具体体现。

使所有学生的学业成就达到《国家教育指南》的要求，使不同群体都能公平、自由地接受学校教育，是学校董事会教育管理模式的重要目标。为了实现上述目标，特许状包括一些强制性内容：学校董事会必须对教育公平、毛利人受教育权、人事调动、财务配置等相关问题给予充分关注。除了上述强制性内容之外，特许状的核心部分还包括一些指导性原则，如学校活动应有助于学生提升学习效果、满足自身发展需求，保护学生人格尊严，激发学生潜能等。

在人员构成结构方面，学校董事会最初全部由学生家长组成，后来这一状况有所调整，家长所占比例有所下降。目前，在新西兰的学校董事会人员构成中，家长占比 50% 左右，其余人员包括校长，学校土地拥有者，经选举产生的教师代表（1 名）、学生代表（1 名，仅限中学）等。[1]

学校董事会是教育部权力下放的产物。由此，新西兰对各级学校的实际控制权就从教育部下移到由地方选举的、家长占多数的学校董事会。学校董事会的设立标志着新西兰学校真正拥有了自我管理的权力，它取代了原有教育行政体系中地区教育委员会的职能，使教育行政体系更加扁平化。

学校董事会的工作态度、决策能力、运行效率等会对学校教育质量、学生学业成绩、学校预算产生重要影响。因此，新西兰在向学校董事会赋权的同时，也加强了对其履职情况的监督工作。如果一所学校在新西兰教育审查办公室的评估结果中表现不佳，学校董事会就必须接受教育部及其所属机构的问责与指导；当出现更加严重的情况时，学校董事会可能会被解散，问题学校甚至可能被关闭。

---

[1] 田凌晖. 新西兰公共教育改革：制度变迁与组织重构 [J]. 外国中小学教育，2006（11）：1-7.

第十二章 中新教育交流

第一节 教育交流的历史与现状

随着中国经济社会发展、国际地位提升及"一带一路"倡议的推进，中新关系不断发展，教育交流合作的深度和宽度均有大幅提高，两国建立起了双边教育交流定期磋商机制；双方在留学人员互换、代表团互访、校际交流、教育信息与资料互换、语言教学与学术研究合作等方面开展了广泛深入的合作，逐步建立起中新战略性教育伙伴关系框架。

一、教育交流历史

两国教育交流合作起步早、发展快。1972年，中国与新西兰建交。1974年，双方就设立了政府互换奖学金项目，开始互派少量留学人员。1994年，两国签署了关于基础教育和高等教育以及高校科研的合作协议。1998年，新西兰政府宣布，将中国自费赴新留学生名额增加至4 000名。1999年，新西兰取消对中国赴新留学生的名额限制。

二、教育交流现状

进入 21 世纪以来，中国与新西兰之间的教育互访更加频繁，教育交流合作不断深化。2001 年，中新双方建立了中新教育联合工作组磋商机制。2002 年，中新双方召开中新教育联合工作组磋商机制第一次会议。同年，双方签署《中华人民共和国教育部和新西兰教育部关于教育与培训合作的谅解备忘录》。自此，中新双方的教育交流从互派留学生拓展到院校合作和教育项目合作。随着教育与培训在国家发展中的重要性增加以及中新双方对长期稳定发展的双边关系的肯定，《中华人民共和国教育部和新西兰教育部关于教育与培训合作的谅解备忘录》分别于 2006 年、2009 年进行了更新和完善。2007 年，奥克兰大学孔子学院举行揭牌仪式。2008 年，中新两国签订《中华人民共和国政府与新西兰政府关于在高等教育领域内相互承认学历和学位的协议》，将 2002 年签订的《中华人民共和国教育部和新西兰教育部关于教育与培训合作的谅解备忘录》中涉及的高等教育学历和学位互认事宜升级为两国中央政府间的重要协议。2008 年，两国设立中新政府博士研究生奖学金项目，每年向对方国家的 10 名学生提供为期 3 年的博士学位奖学金。2009 年，国务院副总理李克强访新期间为坎特伯雷大学孔子学院揭牌。2010 年，国家副主席习近平访新，并为惠灵顿维多利亚大学孔子学院揭牌。2011 年，惠灵顿维多利亚大学孔子学院正式运营。2012 年，双方签署《中新关于教育与培训的合作安排》。2013 年，中新双方签署《中新关于确认和指导战略性教育伙伴关系的安排》。

2014 年，习近平主席访问新西兰，两国关系步入新的发展阶段。访问结束时，中新双方签署了包括中国在新设立文化中心等一系列涉及文化教育的双边合作文件。2015 年，惠灵顿中国文化中心正式揭牌，这是中国文化部在全球设立的第 24 个海外中国文化中心。2017 年，李克强总理访问新西兰，双方签署关于加强"一带一路"倡议合作的备忘录并宣布建设中国在新西兰的第二个中国文化中心——奥克兰中国文化中心。2021年，中新教育联合工作组磋商机制第九次会议召开，双方就继续深化中新教育交流合作达成共识。此次会议主要涉及职业教育、高等教育、语言教学、在线教育、后疫情时代的教育合作与联合科研等诸多方面。

目前，中新两国在教育领域的交流与合作呈现出持续发展的良好态势。新西兰已经成为中国学生出国留学的主要目的国之一，中国也成了新西兰最大的海外留学生来源国。

第二节 教育交流的模式与原则

一、教育交流的主要模式

伴随着两国关系发展，中新两国教育交流合作的模式从最初单一的互派留学生，逐步发展延伸为互派留学生、"项目＋院校"合作、教育研讨多模式并存的新格局。

（一）互派留学生

互派留学生是中新教育交流最初的合作模式。新西兰是较早接受中国留学生的西方发达国家之一。为了更好地推进互派留学生工作，早在1974年中新双方就设立了政府互换奖学金项目。此后，中新互派留学生的规模不断扩大，层次水平持续提升。2008年以后，根据中新政府博士研究生奖学金项目相关协议，两国政府每年资助10名对方学生赴本国攻读3年的博士学位。据统计，2010—2012年，中国共有公派赴新博士研究生及访问学者 230 余人。从 2012 年开始，中国公派赴新博士研究生及访问学者数量逐年增多，本科层次的公派交换生数量也显著增加。到 2021 年，新西兰境内持学生签证的中国留学生达到 7 072 人。[1]

随着中国政府实施"支持留学，鼓励回国，来去自由"的出国留学政策，自费留学成为中新之间互派留学生的一个重要部分。在这一政策背景下，1998 年，新西兰政府宣布大幅增加中国自费赴新西兰留学生的名额至 4 000 人。[2]

自费留学政策有力推动了中新两国之间的教育交流与合作。进入 21 世纪以后，中国在新西兰的各类留学生人数快速增长。为了更好地保护留学生的合法权益，改善留学生的学习环境，中国驻新西兰大使馆和驻奥克兰总领馆与新方多次沟通协调，为中国留学生编写了《新西兰中国留学生学习生活指南》，向中国在新留学生提供各种必要的信息与服务，进一步加强对在新留学生的教育指导和关心支持。

2014 年，新西兰各类高等教育机构中约有 3 万余名中国留学生，各类基础教育机构中约有中国学生 2.2 万人。自 1974 年中新互派留学生政策实施以来，共约 6 万名中国留学人员毕业后留在新西兰工作生活。同时，新西兰来华留学生人数也逐年递增。1974 年，新西兰来华留学生仅 3 人。到 2013 年，中国成为新西兰排名第六的国际交流与留学目的国，仅在华交流生人数就达到 54 人。[3]

（二）"项目 + 院校"合作

以"三兄弟"教育合作项目为代表的、依托双方高等院校开展的一

---

[1] 资料来源于印度新闻链接官网。

[2] 刘薇禛平. 中国与新西兰建交 48 年 始于人民，长于人文——专访新西兰驻华大使傅恩莱 [J]. 留学，2020（15）：40-50.

[3] 资料来源于国际教育协会官网。

批"项目＋院校"式教育合作正在不断丰富和深化中新教育交流的形式与内涵。

2005 年，中国与新西兰之间开展"三兄弟"合作项目。"三兄弟"教育合作指由中新三所高等院校构成三兄弟合作伙伴关系，围绕一个高端教育交流主题或科研课题，进行人才交流与协同攻关工作。借助这一新型合作模式，中新院校之间已经取得了许多高水平的研究成果。

"项目＋院校"合作模式的创新发展，体现了两国之间教育交流与合作在内容与方式上的灵活性与创新性，拓展了中新两国的教育交流领域与合作空间。目前，中国许多高等教育院校都与新西兰的大学与理工学院建立了密切的伙伴关系，开展了一系列高水平的项目合作。正如新西兰教育部部长所言，中新教育合作在深度方面已经从互派留学生延伸到项目合作和院校合作，在宽度方面已经从中国东部沿海延伸至中西部内陆地区。[1]

2019 年，由中国陕西工业职业技术学院与新西兰怀卡托理工学院共建的中国–新西兰职业教育示范项目教师培训基地在陕西工业职业技术学院挂牌成立。该基地的运作在很大程度上体现了中新两国在职业教育领域开展交流与合作的"项目＋院校"模式特征。该中心为两国职业教育机构和行业人士开展交流、增进了解、相互合作、协同攻关搭建了平台。

经过中新双方的共同努力，"项目＋院校"的合作模式运行良好，发展势头强劲，产出了一批高水平教育合作成果，有力推动了中新两国之间教育交流与合作的领域拓展与水平提升。

（三）教育研讨

中新之间定期与不定期地在学前教育、职业教育、高等教育等领域开

---

[1] 孟蕾. 新西兰教育部长访华推动中新教育合作，教育出口成为新西兰的第四大支柱产业——专访新西兰教育部长克里斯·希普金斯 [J]. 留学，2018（14）：39-44.

展高层次研讨，这是中新两国教育交流与合作的又一个重要模式。

2020 年，中新首届学前教育研讨会——"2020 中国–新西兰学前教育研讨会"顺利召开，为两国教育交流合作的良好伙伴关系注入了新的内涵。本次研讨会围绕学前教育政策及理念，学前师资培养，学前课程设计，幼儿园文化环境建设，幼儿园与家庭、社区合作等议题进行了广泛交流与深入研讨，双方同意在学前教育领域建立新的合作关系、定制新的培训项目。2021 年，中新两国共同举办了第二届学前教育研讨会，会议主题为"面向未来的学前教育教师高质量发展"。研讨会上，中新双方代表就学前教育质量提升、学前教师培养与发展等问题展开了深入交流，达成了许多共识。学前教育研讨会致力于双方互学互鉴，互通有无，必将逐步发展成为促进中新学前教育领域交流合作的一个机制化研讨交流平台，有力推动两国学前教育交流合作不断取得新成果。

中国和新西兰还在职业教育领域举办相关研讨会。2006 年，两国举办首届"新西兰–中国专业人才暨职业教育研讨会"。研讨会增进了两国在职业教育领域的相互了解与互学互鉴，促进了中国职业教育培训的进一步发展。

2013 年，两国教育部签署《中新关于确认和指导战略性教育伙伴关系的安排》，启动中新职业教育与培训合作示范项目。双方同意将"中国–新西兰职业教育研讨会"作为中新两国职业教育合作的一个重要组成部分，每年举办一次。借助职业教育研讨会这一平台，中新两国相互交流各自职业教育的最新成果与先进经验，有利于形成国际先进职业教育理念，有利于培养富有国际视野的职业教育教师队伍，推动提升两国职业教育实践成效。

教育研讨与前两种合作模式，尤其是"项目＋院校"合作相伴而行，三种模式相互支撑、相互促进，共同发展。一方面，中新之间开展的许多高层次教育研讨都建立在两国互派留学生、持续开展校际项目合作的基础上；另一方面，中新之间的高层次教育研讨又为两国留学生互派工作的顺利开展以及基于项目的院校交流合作奠定了基础、指明了方向。

二、教育交流原则

中新两国之所以能够在教育领域持续发展友好交流合作关系，主要得益于双方始终坚持平等互利、友好磋商的交流原则，在相互尊重、相互理解、互利互惠、沟通磋商的基础上开展各项合作。

（一）平等互利原则

纵观中新教育交流的发展历史，正是基于平等互利这一原则，才使得中新两国教育交流合作在广度和深度两个方面获得快速发展，取得了良好成效。

2008 年，中新两国政府在平等互利的基础上重新审视 2002 年签订的《中新关于教育与培训合作的谅解备忘录》，双方就建立两国间高等教育领域内的学历与学位互认机制达成共识，续签了《中华人民共和国政府与新西兰政府关于在高等教育领域内相互承认学历和学位的协议》。根据协议规定，双方政府尊重和承认两国高等教育机构根据相关规定接受留学申请和评估留学资格的自主权，并强调本协议适用于中国政府承认的拥有学位授予权的所有中国高等教育机构及研究机构，以及新西兰政府承认的拥有学位授予权的所有新西兰高等教育机构及研究机构。这一协议体现了平等互利原则，深入推进了两国在高等教育领域内的交流与合作。

基于对教育和培训在国家发展中的重要性认识以及双方长期稳定的关系发展，2009 年，中国教育部与新西兰教育部，本着平等互利的原则，重新签署《中华人民共和国教育部和新西兰教育部关于教育与培训合作的谅解备忘录》，以取代双方于 2006 年签署的《中华人民共和国教育部和新西兰教育部关于教育与培训合作的谅解备忘录》。新的《中华人民共和国教育部和新西兰教育部关于教育与培训合作的谅解备忘录》规定，双方在平等和互利的基础上，就共同感兴趣的领域开展教育与培训合作项目。为此，两国政府设立了双边博士研究生奖学金项目，相互资助学生至对方国家学习。

（二）友好磋商原则

友好磋商原则是中国与新西兰开展教育交流与合作的又一个指导性原则。在友好磋商原则的指导下，两国建立起了一整套教育交流工作机制，保障了两国之间教育交流与合作的顺利开展。在这些工作机制中，最具代表性与影响力的是创设于 2002 年的中新教育联合工作组磋商机制，这是中国与世界其他国家教育部设立的首个副部级教育交流磋商机制。

中新教育联合工作组磋商机制设立以来，搭建起中新教育交流与合作的沟通平台。2021 年，中新教育联合工作组磋商机制第九次会议顺利召开。会上，中新双方一致认为两国互为重要合作伙伴，教育交流与合作是推动中新双边关系发展的重要组成部分。这次会议就加强两国在语言教学、高等教育科研合作和学生交流、职业教育、学前教育、中小学姊妹学校、学历认证等领域的合作事宜进行了深度研讨，对后疫情时代中新教育交流与合作的新模式、新路径进行了积极探索。

此外，在友好磋商原则指导下，中新两国还建立了中国驻新西兰使馆教育处与新西兰教育部相关部门工作例会机制、中国驻新西兰大使与新西兰教育部秘书长级以上官员不定期会晤机制等。这些机制对提升两国教育交流与合作质量发挥着十分重要的作用。

第三节 教育交流案例与思考

建交以来，中新两国的教育交流与合作已经成为国际教育交流与合作的一个范本。这其中，涌现出一些极具代表性的双边教育交流合作的成功案例。

一、教育交流的代表性案例

"三兄弟"教育合作计划的实施与新西兰孔子学院建设，是两个富有代表性的教育交流与合作成功范例。

（一）"三兄弟"教育合作计划

始于 2005 年并持续开展至今的"三兄弟"教育合作计划，是中新两国深入持久开展教育交流与合作的卓有成效的典范案例。为了支持西部大开发战略，中国教育部制定了"对口支援西部地区高等学校计划"。2005 年，中新两国教育部同意启动中新"三兄弟"教育合作计划。所谓"三兄弟"合作计划，是指由"三兄弟"（一所新西兰大学、一所中国发达地区重点大学、一所中国中西部地区大学）组成合作伙伴关系，三所高校借助高端人才交流与科研合作项目，实现"二帮一"的效果。该计划把一所新西兰高校作为"第三位兄弟"纳入科研项目合作之中，由原来的中国东西部高校之间的"两兄弟"合作伙伴关系升级为中新两国高校之间的"三兄弟"关系，由中国国内教育交流与合作计划升级为中新国际教育交流与合作项目。

新西兰梅西大学、北京大学、新疆石河子大学于 2005 年共同开展的"绵羊非季节性产羔特性的基因标记研究"项目，是第一个"三兄弟"教育合作项目。此后，包括清华大学、浙江大学、复旦大学、上海交通大学、中国农业大学在内的中国名校，联合包括奥克兰大学、奥克兰理工大学、林肯大学、怀卡托大学在内的新西兰名校，与中国中西部地区的青海大学、内蒙古大学、新疆大学、贵州大学、云南大学等结成兄弟般的合作伙伴关系，围绕农业、生物、环境、食品、艺术、人文社会科学等领域展开深入持久的交流与合作，取得了显著成效，获得社会各界的广泛认可与大力支持。2021 年，中新两国共同举办"中国–新西兰三兄弟教育合作项目"论坛，论坛对"三兄弟"教育合作计划的实施成效进行了阶段性总结，对"三兄弟"教育合作计划的发展前景和合作方向做出了前瞻性规划和指导。

"三兄弟"合作计划提升了中国中西部地区高校教学科研水平，有力推动了中新高等院校之间的教育交流与合作，取得了一系列重要的合作成果。"三兄弟"合作计划已成为中新高等教育交流与合作的一大亮点，成为中新有效开展教育交流与合作的一个范例。在这一计划的带动下，中新两国的教育交流与合作正在扩大至更为广泛的空间和领域。[1]

（二）新西兰的孔子学院及其建设成效

目前，中国与新西兰著名公立大学合作共建了 3 所孔子学院：奥克兰大学孔子学院、坎特伯雷大学孔子学院、惠灵顿维多利亚大学孔子学院。这 3 所孔子学院长期致力于国际中文教育以及中国语言文化推广，在深化中新教育交流与合作方面发挥了重要作用，促进了中新人文交流与双边合作。

坐落于新西兰最大城市奥克兰的奥克兰大学孔子学院，是中国在新西兰设立的第一所孔子学院。奥克兰大学孔子学院创办于 2007 年，在新西兰中小学校开设中文教学项目，开展多种形式的中文培训与中国文化推广活

---

[1] 刘薇禛平. 中国与新西兰建交 48 年 始于人民，长于人文——专访新西兰驻华大使傅恩莱 [J]. 留学，2020（15）：40-50.

动，向新西兰各界提供纯正的中国文化教育以及经济社会等方面的信息咨询，开展当代中国研究，对于中新两国之间友好合作关系的持续推进发挥了积极作用。

自成立以来，奥克兰大学孔子学院在中文教学与中国文化传播方面取得了丰硕成果，多次被授予"全球示范孔子学院"荣誉，斩获"孔子学院开创者奖"。2017 年，在奥克兰大学孔子学院成立十周年之际，学院成功举办了新西兰"'一带一路'与中新伙伴关系论坛""2017 年大洋洲地区孔子学院联席会议"。[1] 2018 年，由复旦大学与奥克兰大学共建的奥克兰大学示范孔子学院及复旦大学–奥克兰大学大洋洲中国研究中心在奥克兰大学成立。如今，奥克兰大学孔子学院已经发展成为名副其实的"全球示范孔子学院"之一。

2009 年，华中理工大学与新西兰坎特伯雷大学共办新西兰第二所孔子学院——坎特伯雷大学孔子学院。坎特伯雷大学孔子学院设立于新西兰南岛最大城市——克赖斯特彻奇的著名公立大学——坎特伯雷大学。自成立以来，坎特伯雷大学孔子学院十余年如一日地开展工作，积极在新西兰南岛开展中文教育培训，推广中国语言文化。

坎特伯雷大学孔子学院曾荣获"全球示范孔子学院"称号，"孔子学院聚焦论坛"是其主推活动。基于坎特伯雷大学孔子学院在中文推广、中国文化传播、两国文化教育交流方面所做出的突出贡献，2016 年，新西兰克赖斯特彻奇市政府破例授予首任坎特伯雷大学孔子学院中方院长胡泓"荣誉市民"称号。2017 年，坎特伯雷大学孔子学院与路易·艾黎 120 周年纪念委员会联合举办新西兰著名社会活动家路易·艾黎生平研究学术论坛。2019 年在坎特伯雷大学孔子学院成立十周年之际，新西兰南岛学习中文的人数已经多达 11 000 人，开设中文课的中小学校也从最初的

---

[1] 中华人民共和国驻奥克兰总领馆. 许尔文总领事出席大洋洲地区孔子学院联席会议欢迎晚宴 [EB/OL]. [2023-06-21]. http://auckland.china-consulate.gov.cn/chn/xwdt/201710/t20171027_193563.htm.

8 所发展到 100 多所。坎特伯雷大学孔子学院的出色表现赢得了坎特伯雷大学的充分尊重与高度重视，正如坎特伯雷大学校长所说，孔子学院已经成为坎特伯雷大学的中流砥柱。[1]

经过十多年的建设与发展，中新双方都已充分认识到坎特伯雷大学孔子学院在促进两国教育交流与人文合作方面的独特价值与重要作用。坎特伯雷大学孔子学院不仅仅从事中文教学，还积极推动中新双方学术交流与人文合作，增进两国人民相互了解与信任，成为进一步发展中新关系的重要桥梁和纽带。

新西兰惠灵顿维多利亚大学孔子学院是新西兰第三所孔子学院，由中国的厦门大学与新西兰的惠灵顿维多利亚大学共办。2011 年，新西兰惠灵顿维多利亚大学孔子学院正式揭幕。近年来，随着中新关系日益紧密，两国在文化教育领域的交流与合作蓬勃展开，更多的新西兰人开始热衷于中文学习，新西兰惠灵顿维多利亚大学孔子学院除了向当地人提供中文教学外，还通过开设中国传统乐器、关汉卿杂剧选、鲁迅小说等课程向新西兰推广中国文化。惠灵顿维多利亚大学孔子学院的一个重要优势是能够通过举办"毛利语言与文化"主题讲座，与当地人展开深入交流，从而很好地融入新西兰当地文化。此外，惠灵顿维多利亚大学孔子学院还与惠灵顿维多利亚大学终身教育中心合作，为新西兰外交官开设一对一个性化中文课程。2019 年，惠灵顿维多利亚大学孔子学院在当地广播中开设"空中汉语角"节目，开辟了新西兰中文教学的新形式。[2]

惠灵顿维多利亚大学孔子学院在中文推广、中国文化传播、两国文化交流方面所做出的努力，赢得了新西兰人民的广泛赞誉。惠灵顿维多利亚

---

[1] 中国新闻网. 新西兰坎特伯雷大学孔子学院举行十周年庆典 [EB/OL]. [2023-06-21]. https://baijiahao. baidu.com/s?id=1648966293822185814&wfr=spider&for=pc.

[2] 殷淑芬，黎瑛. "一带一路"背景下新西兰孔子学院的建设路径探析 [J]. 世界教育信息，2019（24）：26-31.

大学孔子学院正将两国友谊的种子播撒到年轻一代的心中，为增进两国人民之间的相互理解与人文交流做出更大贡献。

二、教育交流合作的思考

可以看出，两国正在不断扩大教育交流合作范围，积极构建中新战略性教育伙伴关系；持续创新教育交流合作形式，坚持做大做强优势合作项目，充分发挥优势合作项目的示范效能。

中新双方未来应该密切结合中国"一带一路"倡议与新西兰面向亚洲、融入亚洲经济发展的既定国策这一背景，围绕两国签署的《中新关于确认和指导战略性教育伙伴关系的安排》，抢抓机遇，积极谋划，合理布局，进一步扩大双边教育交流合作范围和领域。一方面，教育交流合作范围和领域的扩大，将不断丰富中新教育交流合作的形式与内涵，持续构建两国战略性教育伙伴关系；另一方面，中新战略性教育伙伴关系的构建，必将进一步扩大两国之间教育交流与合作的范围和领域，有力提升中新教育交流与合作的质量与水平。在可预见的将来，中新两国可围绕"一带一路"倡议、"双一流"建设、职业教育、人员交流、语言教学等方面展开广泛持久的教育交流与合作，全面推进中新战略性教育伙伴关系的建设与发展。

面向未来，中新两国应该将"三兄弟"教育合作计划、孔子学院建设项目等传统优势合作项目持续做大做强，以点带面，更好地发挥优势合作项目的强大示范效能，推进中新教育交流与合作范围扩大、水平提升。做大做强"三兄弟"教育合作项目，不仅能够帮助中国更多西部高校科研人员和学生获得新西兰学位，使得三方高校的师生长期获益、共同成长，而且能够推进中新高等教育领域的广泛交流与深度合作，进一步丰富中新友好合作关系的内涵。

　　中国在新西兰建设的 3 所孔子学院在中新教育交流与合作过程中扮演着无可替代的角色，中文教育在新西兰进一步受到重视。目前，新西兰 8 所著名公立大学中有 7 所已经开设中文课程，一些技术学院开始设置中文培训课程，部分公立中小学也开始设置中文课程，社区中文学校、周末中文学校逐步发展。中文作为第二语言，已经被新西兰列为中学相关考试和大学入学考试科目。

　　在中新教育交流与合作发展的过程中，教育交流与合作形式不断创新，从互派留学生到项目合作、高校合作与高层研讨，形成了一整套行之有效的交流合作模式，取得了一系列令人瞩目的合作成果。今后，中新两国应继续努力探索，持续创新，积极开展各种灵活多样、深入人心、互利共赢的国际教育交流与合作项目，使教育交流与合作成为中新友好关系的桥梁纽带与重要组成部分。借助教育交流合作这一重要平台，中新双方必将不断增进彼此之间的友谊与互信，双边关系必将迈上新的台阶。

结　语

新西兰地处大洋洲，位于太平洋西南部，境内多山，植被覆盖率高，平原面积相对狭小。新西兰移民众多，主要人口由欧洲移民后裔、毛利人、亚裔、太平洋岛裔组成；官方语言包括英语、毛利语、新西兰手语；第一产业和第二产业规模较小，第三产业规模较大，经济发展依赖国际贸易。

新西兰是一个多元文化国家。早期的毛利人没有自己的文字，玛纳、塔普、乌图是毛利文化的核心。19世纪初，传教士在新西兰传播欧洲文明，欧洲移民推动了新西兰白人文化的形成与发展。进入21世纪，生活在多元文化中的新西兰人信奉平等主义和自由主义，对新思想、新事物普遍持开放包容的态度。毛利文化、太平洋文化和其他文化逐渐融入新西兰主流文化，成为新西兰人身份认同的一部分。

新西兰重视教育，拥有世界瞩目的教育发展成就。在大规模欧洲移民到达新西兰之前，毛利人在这片土地上通过言传身教的形式开展教育活动。随着大量欧洲移民定居新西兰，欧洲的教育理念开始在新西兰传播和发展，新西兰逐渐建立起由学前教育、基础教育、高等教育、职业教育等组成的现代教育体系。新西兰学前教育的教育对象涵盖从出生到小学入学之前的所有儿童。新西兰学前教育以高质量的课程而世界闻名。基础教育涵盖小学、初中和高中教育，其中，6—16岁为义务教育阶段。新西兰在基础教育课程、管理、评价等方面形成了自己的独特风格。新西兰的高等教育主要由大学、理工学院、瓦南加、私立培训机构等高等教育机构提供，在一个半世纪的发展历程中取得了非凡的发展成就。新西兰职业教育在标准制定、学习设计、资金支持等方面优势明显，处于世界领先地位。新西兰成人教育相关政策内容丰富，成人教育体系结构完整、层次清晰，成人再教育比例高。新西兰教师教育拥有成熟的职前培养体系、实践导向的入职指导制度、完善的在职培训制度，以及高效的教师教育管理体系。新西兰尊重多元文化，重视教育公平，维护毛利人、太平洋岛裔及其他弱势群体的受教育权。从教育行政架构到教育政策规划，新西兰积极采取措施保护不同群体的受教育权利，努力维护新西兰教育的公平性与全纳性。

中国与新西兰的文化教育交流起步早，发展快，效果好。近年来，双边教育交流合作的规模与质量均有较大提升。两国建立起了双边教育交流定期磋商机制，搭建起了战略性教育伙伴关系框架，交流形式包括留学人员互换、代表团互访、教育信息与资料互换、语言教学、学术研究合作等。

习近平主席高度重视中新两国关系。2014 年，中新两国宣布建立全面战略伙伴关系。中新两国发表《中华人民共和国和新西兰关于建立全面战略伙伴关系的联合声明》，将深化人文交流，继续鼓励和支持两国智库、青年、媒体开展交流与合作。

2023 年，习近平主席在会见新西兰总理希普金斯时表示，中新关系长期"领跑"中国同发达国家关系。中新双方要加强教育、文化、旅游、地方、民间等领域交流合作，培养更多新时代的"路易·艾黎"，让中新友谊之树更加枝繁叶茂。[1]

建交以来，中国与新西兰的教育交流合作成为不同社会制度、不同历史文化、不同发展阶段国家之间开展相关合作的典范。深入研究新西兰的文化传统、教育历史与发展现状，掌握新西兰教育的特点，总结新西兰教

---

[1] 新华每日电讯. 习近平分别会见巴巴多斯、新西兰、蒙古国、越南总理 [EB/OL]. [2023-07-09]. http://www.xinhuanet.com/mrdx/2023-06/28/c_1310729930.htm.

育的经验，了解新西兰教育面临的挑战与对策，有利于提升两国教育合作的针对性与实效性。相信伴随着"一带一路"倡议的推进，中新两国必将持续拉紧人文交流纽带，积极推动各层级、各领域的文化教育交流与合作，更好地造福于两国人民。

参考文献

一、中文文献

董丹，张媛，邢建军. 意大利文化教育研究 [M]. 北京：外语教学与研究出版社，2022.

冯增俊，陈时见，项贤明. 当代比较教育学 [M]. 2 版. 北京：人民教育出版社，2015.

顾明远. 顾明远教育演讲录 [M]. 北京：人民教育出版社，2014.

贺国庆，朱文富，等. 外国职业教育通史 [M]. 北京：人民教育出版社，2014.

贺武华. 新自由主义主导下的学校重建研究 [M]. 北京：光明日报出版社，2008.

莱文. 教育改革：从启动到成果 [M]. 项贤明，洪成文，译. 北京：教育科学出版社，2004.

李明辉，李育侠. 新西兰教育法律制度研究 [M]. 北京：中国政法大学出版社，2021.

李召存. 追寻课程政策背后的教育意义——基于学前教育课程纲要的国际比较研究 [M]. 上海：华东师范大学出版社，2012.

刘捷. 教育的追问与求索 [M]. 北京：人民出版社，2021.

刘捷. 专业化：挑战 21 世纪的教师 [M]. 北京：教育科学出版社，2002.

刘进，张志强，孔繁盛. "一带一路"高等教育研究（2019）：国际化展望 [M]. 北京：北京理工大学出版社，2020.

刘生全. 教育成层研究 [M]. 北京：教育科学出版社，2011.

卢晓中. 比较教育学 [M]. 北京：人民教育出版社，2020.

陆如俊. 未来学习，重塑角色 [M]. 上海：上海教育出版社，2017.

陆有铨. 教育的哲思与审视 [M]. 北京：人民教育出版社，2016.

诺曼. 新西兰行政改革研究 [M]. 孙迎春，译. 北京：国家行政学院出版社，2006.

秦惠民. 教育法治与大学治理 [M]. 北京：人民出版社，2021.

任钟印. 东西方教育的覃思 [M]. 北京：人民教育出版社，2017.

石筠弢，等. 泰国文化教育研究 [M]. 北京：外语教学与研究出版社，2023.

史密斯. 新西兰史 [M]. 傅有强，译. 北京：商务印书馆，2009.

孙有中. 跨文化研究论丛 [M]. 北京：外语教学与研究出版社，2019.

滕大春. 教育史研究与教育规律探索 [M]. 北京：人民教育出版社，

王承绪，顾明远. 比较教育 [M]. 5 版. 北京：人民教育出版社，2015.

王定华，秦惠民. 北外教育评论：第 2 辑 [M]. 北京：外语教学与研究出版社，2021.

王定华，杨丹. 人类命运的回响——中国共产党外语教育 100 年 [M]. 北京：外语教学与研究出版社，2021.

王定华. 教育路上行与思 [M]. 北京：人民出版社，2020.

王定华. 美国基础教育：观察与研究 [M]. 2 版. 北京：人民教育出版社，2021.

王定华. 美国高等教育：观察与研究 [M]. 2 版. 北京：人民教育出版社，2021.

王定华. 中国基础教育：观察与研究 [M]. 北京：人民教育出版社，2021.

王定华. 中国教师教育：观察与研究 [M]. 北京：人民教育出版社，2020.

王名扬. 美国公立研究型大学内部质量改进的实证研究 [M]. 北京：中国社会科学出版社，2020.

王素华. 新西兰社会与文化 [M]. 武汉：武汉大学出版社，2007.

王章辉. 新西兰 [M]. 北京：社会科学文献出版社，2006.

吴旻雁，黄超. 埃及文化教育研究 [M]. 北京：外语教学与研究出版社，2022.

吴式颖，李明德. 外国教育史教程 [M]. 3 版. 北京：人民教育出版社，2015.

吴文侃，杨汉清. 比较教育学 [M]. 3 版. 北京：人民教育出版社，2015.

吴延熊，等. 新西兰教育启示录 [M]. 南京：南京大学出版社，2014.

习近平. 论坚持推动构建人类命运共同体 [M]. 北京：中央文献出版社，2018.

习近平. 习近平谈"一带一路"[M]. 北京：中央文献出版社，2018.

谢维和. 我的教育觉悟 [M]. 北京：人民教育出版社，2016.

徐辉. 国际教育初探——比较教育的新进展 [M]. 2 版. 成都：四川教育出版社，2005.

徐瑞，刘慧珍. 教育社会学 [M]. 2 版. 北京：北京师范大学出版社，2017.

徐瑞. 新课程下的学生观 [M]. 北京：首都师范大学出版社，2005.

央青. 新西兰中文教育的创新与发展 [M]. 北京：中央民族大学出版社，2020.

袁利平. 智利文化教育研究 [M]. 北京：外语教学与研究出版社，2023.

苑大勇. 国际高等教育协同创新与人才培养比较研究 [M]. 北京：知识产权出版社，2020.

张德祥，李枭鹰. 新西兰教育政策法规 [M]. 大连：大连理工大学出版社，

2020.

郑通涛，方环海，陈荣岚．"一带一路"视角下的教育发展研究 [M]．广州：
世界图书出版广东有限公司，2017.

二、外文文献

LANGLEY J. Tomorrow's schools 20 years on...[M]. Auckland: Cognition Institute, 2009.

METGE J. Tauira: Māori methods of learning and teaching[M]. Auckland: Auckland University Press, 2015.

OECD. Education at a glance 2016: OECD indicators[M]. Paris: OECD Publishing, 2016.

OECD. Education at a glance 2018: OECD indicators[M]. Paris: OECD Publishing, 2018.

OECD. Education policy outlook 2015: making reforms happen[M]. Paris: OECD Publishing, 2015.

OECD. Starting strong V: transitions from early childhood education and care to primary education[M]. Paris: OECD Publishing, 2017.

OECD. TALIS 2018 results (volume I): teachers and school leaders as lifelong learners[M]. Paris: TALIS, OECD Publishing, 2019.

RICE G. The Oxford history of New Zealand[M]. 2nd ed. Oxford: Oxford University Press, 1993.